SERGIO MONDRAGÓN

Algunos poetas de nuestra lengua
Siglos XII al XXI

Sergio Mondragón. (Cuernavaca, Morelos, 1935). Estudió periodismo, profesión que ha ejercido en "El Universal", "Excélsior" (periódico del que fue corresponsal en Japón, donde residió dos años), y la revista "Siempre". Ha sido editor de varias revistas culturales, entre ellas "El corno emplumado", "Japónica", "Memoranda", "Revista de estudios budistas", y es colaborador de la "Revista de literatura mexicana contemporánea", que publican la Editorial Eón y la Universidad de Texas en El Paso. Fue becario del Centro Mexicano de Escritores y profesor visitante en universidades de Illinois, Indiana y Ohio en los Estados Unidos. Es miembro del Sistema Nacional de Creadores de Arte. Autor (o coautor) de cuatro antologías de poesía: hispanoamericana, mexicana, norteamericana y japonesa, y de seis libros de poesía. En 2010 obtuvo el "Premio Internacional de Poesía" Zacatecas, y en 2011 recibió el Premio "Xavier Villaurrutia de escritores para escritores".

ensayo

Algunos poetas de nuestra lengua
Siglos XII al XXI

ensayo

Algunos poetas de nuestra lengua
Siglos XII al XXI

SERGIO MONDRAGÓN

EDICIONES
EÓN

Colección ensayo

Diseño y producción editorial: *Ediciones Eón*

ISBN: 978-607-9426-75-0

Primera edición: enero 2017

Av. México-Coyoacán No. 421
Col. Xoco, Deleg. Benito Juárez
México, D.F., C.P. 03330
Tels.: 5604-1204 / 5688-9112
administracion@edicioneseon.com.mx
www.edicioneseon.com.mx

Impreso y hecho en México
Printed and made in Mexico

La escritura de este libro fue posible gracias al apoyo concedido
al autor por el Fondo Nacional para la Cultura y las Artes,
Conaculta, hoy Secretaría de Cultura.

a Marina
a Carmen Nahuí.

SUMARIO

Prólogo

Algunos poetas de nuestra lengua es la compilación de veinticuatro textos, aproximación a la obra de diecisiete poetas mexicanos, seis españoles y un nicaragüense. En dos de los casos, acercamiento a uno solo de sus poemas. Incluye un texto más, colocado al principio de la segunda parte del libro, que es una introducción al tema general que subyace a estos ensayos: la evolución que han experimentado las formas poéticas en el trabajo de algunos de nuestros poetas.

El libro aborda ciertos momentos que han sido cruciales en la historia de la poesía en lengua española, la que, desde el principio y hasta nuestros días, ha mostrado una vocación experimental signada por la ruptura, la asimetría, la irregularidad y el cambio, en el marco de una doble y permanente actividad: cultivar y socavar al mismo tiempo una estética, en la búsqueda incesante de una perfección expresiva y de una conciencia iluminadora total. Ideal acaso inalcanzable.

Este libro no es exhaustivo. No se ocupa de todos los poetas que han protagonizado los cambios ni reseña todos los momentos que han sido importantes en este proceso de creación y destrucción de las formas poéticas. Intenta llamar la atención sobre esta peculiaridad de la poesía en lengua española, la que es nombrada a lo largo del libro "nuestra poesía", ya se trate de la escrita indistintamente por poetas españoles, mexicanos, o de otros países hispanoamericanos.

Primera parte

La poesía de nuestra lengua: una vocación experimental

RHYTHMUS, UN GESTO VANGUARDISTA EN EL MEDIEVO

NUESTRA POESÍA CONTEMPORÁNEA, en su vertiente más viva y frecuentada por nuestros poetas –ritmo acentual, verso libre, tono de la conversación, irregularidad silábica y estrófica– es la floración de un árbol ancestral que hunde sus raíces en las primeras tentativas de versificación experimental realizadas por los poetas medievales que escribían en latín en los territorios donde más tarde se hablaría español y otras lenguas romance.

Con el eclipse del imperio romano de Occidente en el siglo V, precipitado por acciones guerreras y políticas de visigodos y otros grupos germanos, caía algo más que el sueño de un "destino manifiesto" y una economía: las estructuras de la versificación latina clásica se venían abajo con todos sus andamios al dar el salto los poetas, de una forma de versificar, cuantitativa, como se había hecho siempre, a otra silábica y acentual que ellos inventaron.

La estructura interna del verso sostiene no sólo al poema, sino que éste le da vida al lenguaje y el lenguaje hace posible la vida de los seres humanos. El salto se dio justamente al comienzo de la transición entre el latín popular y las lenguas modernas, en el siglo V, cuando los poetas, primero escribiendo himnos religiosos y más tarde canciones profanas de todo tipo, le dieron la espalda a una prosodia y a una práctica literaria que habían perdido su vigor intelectual y moral –a pesar de todo su aparato de erudita imitación de los modelos anteriores– y no encontraba correspondencia con el presentimiento de la literatura que se estaba gestando y apuntaba ya hacia otra cosa. Así, se desentendían de una forma de versificar cuyo principio rítmico dependía de la sucesión de sílabas que tardaban un mayor o un menor tiempo en su pronunciación –una cadencia métrica–, por otra que enfatizaba el acento: el *rhythmus*. Con esto creaban, sin saberlo, el ritmo que habría de ser el fundamento del mundo moderno de Occidente.

Aunque el *rhythmus* no era del todo desconocido en las letras que se cantaban en un latín indocto en las aldeas del territorio romano desde tiempos remotos, los poetas latinos medievales experimentaban ahora haciendo versiones acentuales de los antiguos versos clásicos cuantitativos y creando formas nuevas, como las conocidas como goliardas, o aun componiendo ingeniosos poemas que podían ser medidos tanto cuantitativa como acentualmente, y también versos irregulares que se adaptaban a la música compuesta previamente para actos religiosos: innovaciones radicales que marcaban el inicio de lo que hoy conocemos como *tradición de la ruptura*; y que ponían sin que nadie se diera cuenta de ello, el soporte más hondo que subyace a las lenguas romance, que son todas acentuales.

Este cambio inauguró el ritmo nuevo, el orbe del español para nosotros. Aquel gesto íntimo de desafección hacia una concepción del mundo que se había derrumbado fue también una postura de temple vanguardista que no escapó al desdén de la asamblea de los doctos en un primer momento. Pero aquello era el embrión remoto –y rimado, otra de las aportaciones de los poetas latinos medievales– de un renacimiento. Escuchas del habla de sus pueblos y centro de su época, los poetas medievales llevaron de un lugar a otro los nuevos vocablos y los tonos del habla mientras elaboraban la estructura que habría de ser sostén de nuestra lengua hasta el presente.

Ellos hicieron posible el milagro del "Cantar de mio Cid" y el "Cántico espiritual" de San Juan de la Cruz, el modernismo hispanoamericano y la vanguardia contemporánea, Octavio Paz, Marco Antonio Montes de Oca y tantos otros poetas en la poesía mexicana; más recientemente, poetas como Coral Bracho y la reverberación verbal de David Huerta, para mencionar sólo algunos nombres que son entre nosotros puntos de referencia. De aquella constelación de poetas medievales, anónimos en su mayor parte, nos han quedado algunos nombres refulgentes como El Archipoeta Goliat, San Columba, Hugo de Orleans, Fulberto, Gautier de Chatillon, y el ancestro de los críticos literarios, el historiador, poeta y monje del siglo VIII Beda el Venerable, que apoyó entusiastamente y a contracorriente la aliteración, las rimas leoninas y los versos acentuales.

Irregularidad moderna y primitiva

Un sustrato de una docena de lenguas y sus respectivas sangres –y aun más– laten en el limo con que fue elaborada la literatura que hoy escribimos, el español que hablamos; y un milenio de vida ha moldeado este idioma para hacerlo cada día más vasto, más rico y vivaz, más flexible y abierto para dar y recibir vitalidad de otras lenguas.

La literatura en español nace moderna y primitiva, en el sentido en que son modernas y primitivas las pinturas de las cuevas de Altamira o las máscaras rituales africanas y otros objetos de uso tradicional que inspiraron el arte de Picasso. Nuestros primeros trazos literarios se dan sobre el trasfondo de la modernidad prosódica que está implícita en la invención del compás acentual en la poesía latina medieval, en la irregularidad métrica y en la creación misma de las lenguas romance. Esto se ve claramente en tres momentos iniciales de nuestro arte literario:

Las glosas. Querer ser literatura

...tal serbicio fere que denante ela sua face gaudiosos seyamus...
Fragmento de glosa del monasterio de San Millán de la Cogolla.

Nuestra literatura, ese ser de palabras que no cesan de repetir su propio nombre y, al hacerlo, profundizan en ellas mismas, nació como todos los cuentos, novelas, ensayos y poemas que han sido escritos hasta el día de hoy, de una voluntad franca de existir, impulso que se expresa en el esfuerzo de todo aquel que escribe. Los documentos literarios más antiguos que conocemos son las glosas, prefiguración arcaica del ensayo moderno, en las que da sus pasos iniciales la literatura en lengua española. Dámaso Alonso las llama *primer vagido de la lengua*, aunque la expresión *primer vagido de nuestra poesía* fue aplicada por Antonio Gil de Zárate al *Cantar de mio Cid*, exactamente un siglo antes que Alonso. Las glosas –comentarios, explicaciones o aclaraciones de textos clásicos latinos que se reducen casi siempre a una sola palabra o a frases muy breves–, se escribían en latín y, hubo algunos casos, en árabe también; pero las glosas de los monasterios de Santo Domingo de Silos y San Millán de la Cogolla –lugar este último en que años más tarde escribiría el poeta Gonzalo de Berceo– están redactadas en español, la lengua que emergía apenas del caldero de fermentos dialectales que era el siglo X. ¿Por qué fueron escritas en español? ¿Por qué esa ruptura temeraria de una tradición? No otra cosa que la voluntad de *querer ser literatura española* –en el comienzo de lo que podemos llamar ya, con legitimidad, nuestra lengua– movió con ánimo experimental la mano heterodoxa del escriba para que aquel portento pudiera haberse dado.

Las jarchas

¡Tant amare, tant amare,
habib, tant amare!
Enfermaron welyos, ¡guay Deus!
e duelen tan male.

Un caso análogo, contemporáneo de las glosas, es el de las jarchas mozárabes, que son nuestro acercamiento inicial a la poesía lírica y que, si bien están redactadas en escritura aljamiada, esto es, en caracteres alfabéticos árabes o hebreos, su contenido es plenamente nuestro y moderno, porque se trata ya de una lengua romance. O, si se quiere, protorromance.

Así, de aquel hervor de palabras latinas, árabes, hebreas y dialectales que le prestaban su aliento al español, surgen estas breves estrofas líricas anónimas que inauguran así mismo lo que siglos más tarde se conocerá como *estrambote*, grupo de versos que algunos autores añadían al final de sus poemas, sobre todo en el caso de la escritura de sonetos. La jarcha era también un añadido en lengua romance que poetas árabes o hebreos, seducidos por la gracia y eufonía de esas pequeñas composiciones, colocaban como estribillo al final de sus poemas, conocidos éstos como *muwashajas*, con lo que rescataban así la lírica popular en español que se cantaba o se decía en las calles. La costumbre de hacer este género de injertos fue iniciada por el poeta de nombre largo, Mocadem ben Moafa el de Cabra el Ciego, que vivió a principios del siglo X en territorio de Andalucía.

La forma de la jarcha es por lo general octosilábica, un diseño connatural al habla castellana, aunque contiene otros versos de diferentes extensiones. De esa polifonía exquisita de la lengua que nacía, y de esos temas de amor y de nostalgia, habría de desgranarse luego todo el repertorio de temas y sonidos que ha tocado nuestra poesía desde entonces. Primitivos y modernos al mismo tiempo, aquellos inicios literarios anónimos fueron emprendidos con los vocablos incipientes y las formas irregulares –"descuidadas e incultas" las ha llamado repetidamente la crítica–, que echaron a andar la poesía en lengua española.

Cantar de mio Cid

Formas irregulares por excelencia son las del poema castellano que informa de la vida del Cid –polvo, sudor y hierro, como lo vio Manuel Machado diez siglos después– la sobria composición compuesta en el año 1140, que incluye en su diseño asimétrico un vislumbre del endecasílabo y una tendencia al verso alejandrino, y que contiene en embrión todas las combinaciones posibles que han cristalizado hasta llegar al verso libre de la escritura contemporánea –un verso éste liberado de la traba de la rima, de la regularidad silábica y de la uniformidad de los acentos, pero más comprometido que ninguno otro con la cadencia acentual y el ritmo y tono del habla; un verso "sólo para poetas eminentes... ya que ninguna otra clase de verso presenta más dificultades" decía a mediados del siglo XIX el gramático Antonio Gil de Zárate. (La variante del verso suelto de la rima y de la regularidad acentual comenzó, al parecer, aplicada al verso endecasílabo por Garcilaso y Boscán, y luego por Juan Meléndez Valdéz, y por Jovellanos, en el género de la epístola; con ello dieron una gran libertad y flexibilidad a los periodos rítmicos internos y de enlace, a las cláusulas y a los hemistiquios de este metro, que se hicieron con ello más o menos largos y variados, lección que, depurada y ampliada por la escritura de Rubén Darío, recoge y aplica impecablemente Octavio Paz en los 584 endecasílabos libres y polirrítmicos que estructuran su admirable *Piedra de sol*).

El *Cantar de mio Cid* describe la gesta en versos que frecuentemente terminan en palabras agudas, en irregularidad silábica y estrófica y en rimas consonantes y asonantes, de cuyos cambios de tono brotan la musicalidad y la plasticidad de esos trazos escriturales que con toda precisión podemos calificar de modernos –según quedó plasmado el poema en el manuscrito "original" de Per Abbat, del año 1307–, en un esquema rítmico y estilístico no muy diferente del empleado desde hace más de un siglo por la poesía moderna.

Se puede trazar la línea de continuidad que va del "¡Dios, qué buen vassallo, si oviesse buen señore!", del poema del Cid, a las *Prosas profanas*, a los *Cantos de vida y esperanza*, epítomes del modernismo literario hispanoamericano, y a los conjuntos de versos de entre cinco y treinta sílabas –y aun más– de las estrofas enteramente libres de *El cántaro roto*.

Gonzalo de Berceo y su abandono de una estética muerta

Gonzalo de Berceo nació en el "Barrio de Berceo", comarca de La Rioja, (célebre ya entonces por sus vinos exquisitos) en las postrimerías del siglo XII, siendo la fecha más probable el año 1198. Es el primer poeta de nuestro idioma de nombre conocido. Su quehacer poético marca en la historia de la poesía en lengua española el salto del "oficio de juglaría" (literatura oral para ser memorizada, modificada, recitada) al de "clerecía" (en el que aparecen los primeros textos escritos), lo que significó un cambio en la concepción del poema y una aproximación al universo de la poesía lírica. El trabajo de Berceo fue también un paso al interior de una sensibilidad que emergía: la de una lengua moderna. Los poetas de la época, clérigos en su mayoría, abandonaban el uso del latín, que la gente ya no entendía, y se expresaban en español escrito. A Berceo le interesaba ser comprendido por un público amplio y por eso escribe poemas en *"romanz paladino"*, como se le llamaba al que más tarde se conocería como español, el idioma que ahora todos hablaban y que algunos sabían ya leer. Es el poeta que inventa las lecturas de poesía como hoy las conocemos, realizadas con un texto en las manos, acontecimiento distinto al ejercido por el juglar, que recitaba de memoria historias y poemas con temas muy diferentes al del mester de clerecía. En los parajes arbolados del convento benedictino de San Millán de la Cogolla, en el que vivió casi toda su vida y al que estaba adscrito como sacerdote, existe un banco de piedra en el que, según dice la tradición, se sentaba el poeta al caer la tarde a leerles sus poemas a los labradores que volvían a casa después de las faenas cotidianas, a los que pedía, en el estilo de los juglares, un vaso de vino y *"sendos paternosters"* como recompensa por su lectura poética. Así, dice en los primeros versos de su poema "Vida del glorioso confesor Santo Domingo de Silos":

> "*...Quiero fer una prosa en romanz paladino*
> *En qual suele el pueblo fablar a su vecino*
> *Ca non so tan letrado por fer otro latino:*
> *Bien valdrá, como creo, un vaso de bon vino...*"

Los temas de los poemas que recitaban los juglares anteriores o contemporáneos de Berceo eran las gestas de los héroes guerreros. Con la afirmación en el uso de las lenguas modernas que se extendían por Europa, cambiaba en la poesía de España el objeto poético: ahora se canta más al héroe virtuoso y a sus aventuras metafísicas, y también a la belleza femenina, y a la Virgen, la mejor entre todas las mujeres. Berceo escribió en versos alejandrinos de rimas consonantes (cerca de trece mil versos), vidas de santos, milagros y elogios de la Virgen María (a la que llama *vid, uva, almendra, granada, oliva, cedro, bálsamo... pértiga en que se hubo la serpiente alzada...)*, y otros poemas de temas religiosos. También es traductor, o copista y glosador al menos, del "Poema de Alexandre" (unos diez mil versos, también alejandrinos), de acuerdo con un manuscrito del siglo XV que fue editado a principios del siglo XX y que se conserva en la Biblioteca Nacional de París. En la última copla –así nombraban en el medievo a lo que hoy llamamos estrofa– de dicho poema, puede leerse:

"...Si queredes saber quién fiso esti ditado,
Gonzalo de Berceo es por nombre clamado..."

La crítica en general, aun en nuestros días, ha rechazado la idea de que Berceo sea el autor –y hasta el copista– del *Alexandre* –el héroe de la antigüedad griega que es allí presentado como un caballero cristiano modelo de virtud y gentileza, protagonista de hechos fantásticos (volar, caminar en el fondo del mar, etc.)–, aduciendo una supuesta impreparación del poeta para lo que hoy llamamos el trabajo académico, dado el agudo contraste que perciben entre la erudición contenida en ese poema y el sencillo realismo del resto de su obra, en la que narra lo que oye decir de sus modelos ideales, lo que ve en el paisaje que lo rodea, y su sentimiento de la naturaleza (material que su ejercicio literario transfigura mediante la nueva estética del recién nacido idioma). La respuesta a esa subestimación de la capacidad intelectual de Berceo es que como visitante frecuente que fue de la vecina biblioteca del monasterio de Silos, y de la del suyo propio, en dichos recintos le fue posible documentarse consultando todas las fuentes necesarias para traducir, "refundir" el poema y escribir el *ditado*. Algunas críticas lo han descalificado diciendo también que escribió en español, *"en romanz, que la pueda saber toda la gent"* (como dice en su "Martirio de San Lorenzo") porque carecía de la capacidad para escribir poemas en latín culto (como lo hacían muchos de sus contemporáneos clérigos del siglo XIII, estando en plena floración el idioma castellano). De nuevo: Berceo dispuso de todos los recursos intelectuales de su tiempo para poder leer los libros en los que inspira su obra, los cuales traduce y reelabora. Así lo afirma él mismo repetidamente a lo largo de su trabajo poético: *"al non escrevimos sinon lo que leemos"*; lo que no le impide reducir, extender o recortar a su arbitrio porciones de la realidad que está leyendo para subordinar esas fuentes a los intereses de su escritura –de "su santa tarea", ironizó, ¿minimizó?, Américo Castro–. Tarea con propósitos edificantes, sin duda, pero también estéticos, frecuentemente visitados por el humor: un ejemplo de todo ello entre muchos otros es el caso del clérigo ignorante (en "Milagros de Nuestra Señora") que provoca con sus tonterías la furia de su obispo, al que Berceo hace exclamar: *"...Dicit al fijo / de la mala putanna / qe venga ante mí..."*, lo que ciertamente es creación suya, pues tal frase no existe en la severa prosa de los *Miracula*, de los cuales está traduciendo.

Más sensato que escatimarle méritos o relegar a la medianía a este maestro fundador de nuestra poesía es pensar que no le interesaba volver al pasado literario transitando las vías de una estética que ya estaba muerta, y que su conciencia de ser un poeta de lengua castellana le indujo a explorar el lenguaje hablado y la forma escrita de una modernidad en botón. Hay una humildad no carente de ironía, y una crítica soterrada, en su propia declaración de no ser suficientemente letrado para escribir en latín. Por otra parte, escribiendo en español daba muestras de obediencia y congruencia con las indicaciones dadas por su modelo y guía, San Benito de Inglaterra (que fue maestro del poeta Beda el Venerable, fue bibliófilo y coleccionista de arte y urgió a sus monjes a mirar hacia adelante e impulsar el trabajo intelectual; fue además el reformador cultural que pulió y extendió la famosa Regla de San Benito de Italia, el fundador de la Orden benedictina). De acuerdo con esa línea, entonces, la tarea obligada y más refinada del ejercicio literario en ese momento para un poeta español era explorar su propia lengua, escribir en español y no en latín, y enriquecer así la cultura de su tiempo en la medida en que puede hacerlo un poeta.

Los escritores de la "Generación del 98" se remontaron al pasado y redescubrieron a Berceo –unos con entusiasmo y otros con indiferencia–. Los más sensibles se dejaron vulnerar por la plasticidad y frescura de su lenguaje y advirtieron con claridad en su obra la conciencia de una escritura que sabe que está poetizando. Rubén Darío por su parte no le escatimó su admiración. Dice en el soneto "A Maestre Gonzalo de Berceo": *"Amo tu delicioso alejandrino... tu antiguo verso, cuyas alas doro / y hago brillar con mi moderno esmalte..."*

La "quaderna vía" con rima consonante fue el vehículo de expresión de la escritura de Berceo y de todo el mester de clerecía, monolítica forma de cuatro versos que él no vaciló en hacer irregular cuando así lo sintió necesario, introduciendo aquí y allá "quadernas" de cinco versos: un juego experimental que seguramente sorprendió y disgustó a la cofradía literaria de su tiempo y que aún hoy algunos atribuirían a su incapacidad para moverse con eficacia en el ataúd de la estrofa de cuatro versos. Hay que releer a este maestro que prefigura y anuncia los siglos de oro españoles, en particular a San Juan de la Cruz y a Fray Luis de León. El intenso lirismo contemplativo de su *"...prado de flores bien poblado / logar cobdiciaduero para hombre cansado..."* de la introducción a su poema "Milagros de nuestra Señora", es el presentimiento del *"...prado de verduras / de flores esmaltado..."* de San Juan, y de la *"...escondida senda / donde el aire el huerto orea / y los árboles menea..."* de Fray Luis. En su obra nos es dado penetrar la gracia de los giros de la poesía de nuestra lengua en sus inicios, conocer el carácter y los sentimientos de los antepasados de nuestro mestizaje, las costumbres y creencias de su tiempo, y el mester de escritor experimental que él inauguró para encantamiento de quienes se ocupan de leerlo con agradecimiento y admiración ocho siglos después.

JUAN RUIZ, ARCIPRESTE DE HITA, Y EL FIN DE UN SISTEMA POÉTICO CERRADO

...Una tacha le fallo al amor poderoso...
es ésta: que el amor siempre fabla mentiroso.

Libro de buen amor

– I –

Un salto hacia adelante

SI EL NOMBRE DE GONZALO DE BERCEO es la figura señera del siglo XIII en nuestra poesía, el de Juan Ruiz, Arcipreste de Hita (1283-1351), llena la totalidad del siglo XIV con su obra innovadora y penetrante. Rebeldía y temperamento crítico son los motores intelectuales de su quehacer poético; inventiva y coherencia, las señales de su genio alegre y generoso. Bajo esas actitudes alienta su libertad ejemplar y la verdad de su escritura, pero también se muestra en ella la gran vocación que ha tenido la poesía en lengua española, desde sus inicios hasta el día de hoy, por la ruptura (asimetría) de las formas: ese ir hacia adelante en una búsqueda incansable de la irregularidad en el poema (otra armonía), puente para el hallazgo del significado, e instrumento para el esclarecimiento del sentido último del mundo y la poesía.

Su *Libro de buen amor*, llamado así a partir de que Ramón Menéndez Pidal lo bautizó con este nombre, y conocido en la Edad Media como *Libro del Arcipreste*, es paralelamente un canto al erotismo de los cuerpos y una respuesta crítica a la moral eclesiástica de su tiempo, en particular en lo que se refiere a la represión de la sexualidad, negada y prohibida por la iglesia católica de Roma a los religiosos hombres y mujeres a pesar de que era una práctica común entre la clerecía medieval castellana, aceptada dicha situación por la iglesia local, y alentada socialmente; y es así mismo una crítica de la forma poética por excelencia de su época, la "cuaderna vía" y el verso alejandrino.

El Arcipreste introduce voces modernas en la poesía del siglo XIV[1] y crea formas y versos nuevos. Con ello abre y liquida el orbe cerrado del mester de clerecía: su *Libro* es el esfuerzo exitoso de la lengua por dejar atrás esa experiencia y transitar caminos antes inexplorados por nuestra poesía: yuxtaposición de estilos y formas diferentes, estrofas de cinco, seis y más líneas (algo que ya había sido ensayado parcialmente por Berceo), versos de cuatro, cinco, seis y siete sílabas, dislocación de las rimas, poemas en cuyo interior combaten cuartetas de pocas sílabas con otras de medida tradicional: o sea, creación de una fuerza en el espacio del poema desconocida hasta ese momento y señal inequívoca de la fortaleza del idioma castellano, que se hallaba listo ya para tales innovaciones y rupturas. Un libro, en suma, que prefigura y anuncia al poema moderno. Con pleno conocimiento del alcance de lo que estaba haciendo, Juan Ruiz proclama en el Prólogo de su

[1] El modo en que el Arcipreste es testigo y protagonista de un momento de transición muy importante en la evolución del idioma castellano, y la forma en que utiliza voces nuevas al lado de las arcaicas, ha sido mostrado por Antonio Alatorre en su libro *Los 1,001 años de la lengua española* (Fondo de Cultura Económica / El Colegio de México, 1989).

Libro: *"...e compóselo otrosí a dar a algunos leción e muestra de metrificar e rimar e de trobar... segund que esta ciencia requiere"*; y añade hacia el final de su vasto poema (cerca de 8.000 versos), como amortiguador de la sorpresa que sin duda suscitó la eclosión de libertad expresiva y conceptual de su labor poética: *"...fue compuesto el romance... por mostrar a los simples favlas e* ***versos estraños****."* El interés experimental del Arcipreste y esos versos extraños definieron en buena medida el rumbo de nuestra poesía. Así que, apenas codificados y perfeccionados el verso alejandrino y la estrofa de cuatro líneas, había que abordar el poema por medio de formas diferentes. Que los demás continuaran practicando en aquellos instrumentos monocordes de manera obsesiva si así lo deseaban. El Arcipreste quería ir más allá y lo hizo, abriendo un camino. Su "Cántica de serrana":

> *"Cerca la Tablada,*
> *la sierra passada,*
> *falléme con Alda*
> *a la madrugada.."*

no es otra cosa que el lance inicial que hace posible que el Marqués de Santillana escriba unos años después su "Moza tan fermosa / Non vi en la frontera, / Como una vaquera / De la Finojosa..."; por su parte, Don Sem Tob de Carrión (otro pionero de la experimentación: exploró la musicalidad del verso modificando de modo inigualable el manejo de las rimas cruzadas) pudo escribir en su libro de "Proverbios morales" a finales del siglo XIV: "Por nacer en espino / la rrosa, yo non siento / que pierde; ni el buen vino / por salir del sarmiento. / Nin vale el azor menos / por que en vil nido siga; / ni los enxenplos buenos / por que judio los diga...", sólo después de que el Arcipreste ensayara la misma lógica poética al hablar así de su propio libro con una modestia que era más bien un artilugio literario:

" ...ca segund buen dinero yaze en vil correo,
ansí en feo libro está saber non feo..."

o haciendo hablar con ese razonamiento sintáctico a don Amor, cuando aconseja conseguirse una mensajera que ayude tanto a hombres como a mujeres en el juego de la seducción, mensajera que hace su aparición en el *Libro* encarnada en Trotaconventos, celestina anunciadora de la obra de Fernando de Rojas:

" ...De aquestas viejas todas,   ésta es la mejor;
ruegal que non te mienta,   muéstrale buen amor
que mucha mala bestia   vende buen corredor
e mucha mala ropa   cubre buen cobertor."

No sólo en asuntos prosódicos asiste don Amor al poeta Juan Ruiz. Ante las quejas de éste por sus decepciones amorosas y por los rechazos de que lo hacían objeto las mujeres, y luego de reprenderlo: *"quisiste ser maestro ante que discípulo ser..."*, y de animarlo a la lectura: *"si leyeres a Ovidio, el que fue mi criado / en él fallaras fablas que le ove yo mostrado..."*, el amor le da el siguiente consejo (en el que podemos apreciar el ideal de belleza femenina que tenía el Arcipreste):

" ...sabe primeramente la muger escoger...
cata muger fermosa, donosa e lozana
que non sea mucho luenga otrosí nin enana...
Busca muger de talla, de cabeza pequeña...
las cejas apartadas, luengas, altas en peña,
ancheta de caderas: ésta es talla de dueña..."

– II –

Una forma que informa

No es improbable que el Arcipreste hubiera tenido contacto con los *sutras* budistas (en su tiempo circulaban en Europa noticias del Iluminado y en España había traducciones de literatura hindú y se conocía una biografía de Shakyamuni Buda) y que en ellos se inspirara para ensayar algunas de sus innovaciones; también, que siguiera a Boecio, que en sus comentarios a Aristóteles y en otras obras había utilizado la forma dialogada y cerraba sus capítulos en prosa con un poema, dando con ello el contrapunto lírico a lo que había escrito en prosa;[2] de manera similar, en las escrituras provenientes de la India se repite y extiende en versos cortos una historia que ha sido previamente contada en formatos más amplios. El Arcipreste describe de modo parecido su aventura amorosa con "la Chata": en versos octosílabos y en estrofas de siete líneas cuenta de nuevo, corregida y aumentada, y en forma de diálogo, la historia que líneas arriba escribió en versos de quince y dieciseis sílabas y en estrofas de cuatro líneas.

Todos estos cambios (y muchos otros) en la forma del poema, que han ocurrido y seguirán ocurriendo en la vida de nuestra lengua, *significan*: son la bitácora geométrica, los trazos plásticos de una travesía; documentan una impermanencia, los continuos reacomodos al interior de la estructura del lenguaje, en una interdependencia indisoluble con lo que nos "dice" el poema –o el poeta; emergen de la realidad profunda de lo humano que constituye nuestra verdadera naturaleza, algo que involucra a todos por igual, metamorfosis

[2] En la poesía mexicana contemporánea, Marco Antonio Montes de Oca, incansable explorador de la forma, invierte la fórmula: en su libro "Soy todo lo que miro", publicado por primera vez en el tomo de su poesía reunida "Delante de la luz cantan los pájaros" (F.C.E., 2000), termina cada poema con un comentario en prosa.

que se manifiesta en el poema y gracias a la cual podemos tomar conciencia de lo que somos y de lo que podemos llegar a ser. Un maestro contemporáneo de la forma literaria, el poeta Octavio Paz, puso de relieve en su ensayo "Forma y significado" la trascendencia de la forma: "en arte sólo las formas poseen significación".

Pero una significación provisional. Consciente de la transitoriedad de las formas, cambiantes e inestables por definición; conocedor a profundidad de las tradiciones cultas y populares, de las narraciones orales y escritas, de la obra amatoria de Ovidio y de las fábulas de Esopo, el Arcipreste combinó en su ánimo la vocación erudita y la libertad expresiva (de estilo juglaresco) con su independencia intelectual y moral (de temple goliardesco), lo que le impelió a dejar su *Libro* generosamente abierto a quien quisiera modificarlo, con la condición de que fuera diestro en el arte de la poesía:

> *"...Cualquier omne que lo oya, si bien trovar sopiere,*
> *mas á y añadir e enmendar, si quisiere;*
> *ande de mano en mano a quienquier quel' pidiere,*
> *como pella a las dueñas, tómelo quien podiere..."*

La invitación del Arcipreste para "añadir e enmendar" ha sido tomada a veces con excesos por parte de algunos críticos y editores de esta obra (y de la obra de otros autores también, a lo que no ha escapado ni el mismo Garcilaso de la Vega), cuando, en un afán de uniformidad innecesaria, han añadido o corregido las rimas y han ajustado la cuenta de las sílabas atribuyendo las irregularidades u omisiones que encuentran o creen encontrar en los versos, a errores de los copistas de los manuscritos o a una supuesta inmadurez o rudeza del idioma en que se expresaba el medievo (sólo desde la perspectiva de un lector contemporáneo que se pone a hacer comparaciones –que son irrelevantes– podría ser considerada inmadura o ruda el habla que está manifiesta en obras como el

"Cantar de mio Cid" o las "Glosas emilianenses"). Soslayan así el hecho de que los primeros poetas de nuestra lengua manejaban la materia plástica de su escritura con el material de lenguaje de que disponían en ese momento y que con él creaban obras de arte refinadas y perfectas. La labor de críticos y editores de los textos antiguos es meritoria en muchos sentidos (rescatan y acercan la obra a los lectores), pero no lo es en ese aspecto, que pasa por alto la importancia que tienen dichas irregularidades.

Como dice Aristóteles...

Juan Ruiz compuso su poema cuando estaba en plena discusión en España el asunto del celibato de los clérigos: un tema que venía debatiéndose en el interior de la iglesia católica desde los primeros años del siglo IV, cuando por primera vez, en el Concilio de Elvira, se legisla la prohibición de las relaciones sexuales a los clérigos; aunque en el Concilio de Nicea, efectuado un cuarto de siglo después, se evita ratificar la prohibición. Empero, sucesivos y numerosos concilios a lo largo de los siglos la confirman, casi siempre sin éxito, de forma notable en Castilla, donde la influencia judía y la dominación musulmana dejaban a la iglesia católica, en la práctica, fuera de la jurisdicción y el centralismo de Roma.[3] Dicha prohibición había sido repetidamente desoída no solamente allí: a lo largo de la Edad Media y más allá de Castilla fue cosa de todos los días el caso de sacerdotes que vivían unidos con mujeres, laicas o monjas, de forma permanente o no, en concubinato o bajo el régimen de la "barraganía", una especie de matrimonio civil de la época (fue hasta el Concilio de Trento –1545/1563–, que la iglesia

[3] El profesor Jesús Menéndez Peláez se extiende sobre este tema en su penetrante y bien documentada Introducción a su edición del "Libro de buen amor" (Editorial Everest, S.A., España, México, Argentina, 1985).

católica estableció como requisito para la validez del matrimonio su celebración ante un sacerdote), circunstancia que se daba en el contexto de la liberalidad sexual generalizada que caracterizó a la Edad Media, lo que explica también la naturalidad con que los clérigos veían la vida amorosa de sus feligreses, aprobando incluso el funcionamiento de "casas de mujeres" en sus diócesis, y hasta recibiendo tributos de esos establecimientos. Johannes Bühler[4] ha señalado como una de las contradicciones más sorprendentes de la Edad Media la prédica religiosa de cultivar las virtudes de la castidad y la fidelidad conyugal, y la indiferencia con que se contemplaban las infracciones a esos preceptos, y ha documentado la libertad "verdaderamente pasmosa" con que se vivían las relaciones sexuales en grandes capas de la sociedad medieval, esto sin menoscabo de la existencia de los ideales cristianos, señalando cómo en algunas aldeas de Alemania los campesinos obligaban al cura de su parroquia a tomar una concubina "para estar más seguros de la fidelidad de sus propias esposas". A esto contribuían sin duda el prestigio y la fama que tenían los clérigos de ser mucho mejores amantes que los caballeros, según testimonio encontrado en varios célebres y populares poemas medievales que trataron el tema, entre ellos el de Filis y Flora, dos muchachas con experiencia de amores tanto con curas como con caballeros y las cuales llegan a esta conclusión luego de discutir el asunto: "...conforme al conocimiento / y conforme a la costumbre, / los clérigos son para los amores / los más grandes señores."[5]

Como Arcipreste, Juan Ruiz tenía entre sus obligaciones eclesiásticas el hacer cumplir las normas disciplinarias que regían la vida de los clérigos, siendo una de ellas la prohibición del ejercicio

[4] "Vida y cultura en la Edad Media (F.C.E., 1a. ed., 1946). Versión española de Wenceslao Roces.

[5] Traducción de Carlos Montemayor en su libro "La poesía de los goliardos", SEP, 1987.

de su vida sexual. Ocho años antes de la redacción del *Libro de buen amor* (fechado en 1330) habían sido decretadas las penas para los infractores de esta norma: por lo menos dos años de cárcel para los clérigos y excomunión para las barraganas (sus esposas) y para los laicos que incitaran a los clérigos a tomar una concubina. Un endurecimiento todavía mayor de las sanciones se da de nuevo en vísperas de la segunda redacción del *Libro*, en la que Juan Ruiz incluyó nuevos poemas y un prólogo en prosa, fechada en 1343, cuando don Gil de Albornoz, Arzobispo de Toledo –que era la diócesis del Arcipreste de Hita– impone por orden del Papa penas aún más severas contra las barraganas (ahora, podrían también ser desnudadas por el sacristán y los monaguillos, sin derecho a recuperar sus ropas, si entraban a cualquier iglesia mientras se celebraban allí los oficios religiosos), y contra los clérigos que no aceptaran el celibato (suspensión de sus derechos), ordenando nuevamente a los arciprestes que difundieran, cumplieran e hicieran cumplir la prohibición.

– III –

Una respuesta divertida

El *Libro de buen amor* es la respuesta del Arcipreste (gozosa, inteligente, divertida) a ese estado de cosas; es al mismo tiempo su visión de las relaciones sexuales como parte del orden natural, y de clérigos y monjas como hombres y mujeres con necesidades sexuales y con derecho a ver éstas satisfechas. Es la defensa del amor carnal y el razonamiento a favor del matrimonio para los religiosos; pero más allá de esa circunstancia, es un himno al placer sexual, un elogio de Eros. Lo asienta con humor medieval y lenguaje erotizado desde el principio del poema:

"...Commo dize Aristótiles, cosa es verdadera,
el mundo por dos cosas trabaja: la primera
por aver mantenencia; la otra cosa era
por aver juntamiento con fenbra plazentera..."

La "fenbra plazentera" es la figura recurrente en el *Libro de buen amor*; es la encarnación del principio del placer en la dualidad del mundo; es la amada con un nombre y un rostro en el poema: Orabuena, Aldana, Teresa, Blancaflor... y es monja ilustrada a la que es posible enamorar en el convento mismo (con la alegría y soltura de las costumbres de la época, que no veía los escarceos amorosos de los religiosos como una verdadera falta), o vaquera encontrada para felicidad o desdicha de los dos en un recodo de la sierra. Es la otra mitad del mundo que atrae o rechaza a su contrario –y que es atraída o rechazada por él– de acuerdo con los dictados de la intimidad de sus pulsiones. Y más: la propuesta poética del Arcipreste rebasa la esfera biológica de los instintos sexuales en una visión que los sublima sin reprimirlos para erotizar con ellos el lenguaje, el orbe social y la cultura de su tiempo, impregnando las acciones y afectos humanos y penetrando aun el ámbito de los sentimientos religiosos. Así, Juan Ruiz puede hablarle a la Virgen María con un amor entrañable y realizar de ese modo todas las intensidades y claroscuros de su fe, en el contexto del manual amatorio que es el *Libro de buen amor* (en el que se mezclan con naturalidad el erotismo y la devoción, una vertiente de la poesía en español que tiene en México a Ramón López Velarde como uno de sus oficiantes) sin menoscabo ni contradicciones con su visión de una vida humana libre de la represión, en un estilo que, inevitablemente, rompe (en fondo y en forma, en razones y en proporciones) el sistema poético cerrado de la poesía clerical, la cuaderna vía y el verso alejandrino:

" ...estrella resplandeciente,
melesina de coidados,
catadura muy bella,
relusiente,
sin mancilla de pecados,
por los tus gozos preciados
te pido, virtuosa,
que me guardes, limpia rosa
de follía..."

Y puede, enojado y desprendido con su propia vida, hablar así con la muerte ante la tumba de Doña Urraca, su amada Trotaconventos, su compañera de muchas aventuras:

" ¡...Muerte...!
¡...Mataste a mi vieja, matasses a mí ante...!"

o bien dirigirse en el mismo tono galante a una mujer de carne y hueso: *"Omíllome, bella"*, que a Santa María del Vado: *"Omíllo-me, Reína"*.

Epílogo de un oficio literario y eclesiástico

El *Libro* no contiene ideas antieclesiásticas ni sostiene doctrinas heréticas; es incluso edificante, didáctico y moralista (denuncia el adulterio y los excesos de los sentidos), pero prueba y sostiene que la ética religiosa y la sexualidad no son mundos excluyentes; hace la apología de las bondades de la relación erótica (*"...al mancebo mantiene mucho en mancebez / e al viejo faz perder mucho la vejez..."*) y advierte de los peligros de una sexualidad reprimida, ilustrando esta idea con el caso del asceta que después de cuarenta años de abstinencia y soledad se excita inesperadamente con el espectáculo de un gallo y una gallina que copulan, lo que lo impulsa a dejar su retiro e ir al pueblo a emborracharse para terminar violando y matando a una muchacha. Fue su visión de la naturaleza humana y de la creación universal saturada de Eros según lo dejó asentado en el *Libro*; y probablemente su desobediencia de la prohibición del matrimonio para los clérigos (no se tienen datos seguros sobre ello), lo que desató en su contra la furia del Arzobispo de Toledo, que lo hizo aprehender y lo mantuvo encerrado durante trece años en el calabozo del convento de San Francisco de Guadalajara (donde más tarde fue enterrado). En versos octosílabos se duele de la circunstancia injusta de estar confinado en *"presión"* y le pide a la Virgen María que lo ayude:

" ...de aqueste dolor que siento
en presión sin merescer,
tú me deña estorcer
con el tu deffendimiento..."

La prohibición, don Juan Ruiz lo sabía, no tenía ningún fundamento sólido. Por esa razón y por considerarla injusta para todos los que no quisieran acatarla, podía contravenirla sin violentar la verdad y los principios de su fe, y proclamarlo y escribirlo así sin olvidar la gentileza al hablar de la mujer:

" ...Si Dios, quando formó al omne, entendiera
que era mala cosa la muger, non la diera
al omne por conpañera nin dél non la feziera;
si para bien non fuera, tan noble non saliera..."

Las líneas finales del poema dan cuenta de cómo "un arcipreste" convoca a los clérigos de Talavera a una reunión, para comunicarles *"con ravia de su corazón"* las órdenes del *"viejo mezquino"* don Gil, Arzobispo de Toledo, y narran las reacciones airadas de los canónigos, que deciden apelar el mandato papal ante el Rey de Castilla:

> *"...Que maguer que somos clérigos, somos sus naturales,*
> *servímosle muy bien, fuémosle sienpre leales,*
> *demás que sabe el rey que todos somos carnales,*
> *quererse ha adolescer de aquestos nuestros males..."*

Y así lo hicieron, según cuenta Juan Ruiz, dispuestos como estaban a desoír la prohibición al costo que fuere, antes que abandonar a sus mujeres:

> *"¿Que yo dexe a Orabuena, la que cobré antaño?...*
> *ante renunciaría toda la mi prebenda,*
> *e desí la dignidad e toda la mi renta,*
> *que la mi Orabuena, tal estimada prenda..."*

Uno de los clérigos asistentes a la desconsoladora reunión en la que se dan las malas nuevas finge acatar la prohibición, mas luego...

> *" vanse las vesinas por el barrio desiendo*
> *que la acoge de noche en casa..."*

Una ironía crítica atraviesa el texto de principio a fin y relaja la tensión producida por la profundidad insondable a que accede el tema de que trata: después de todo, es el ser humano en su naturaleza pura lo que está siendo abordado por el *Libro*. La seriedad y peligrosidad de las circunstancias en que éste fue escrito sólo podían admitir el tono desconcertante y ambiguo de una escritura lúdica que halla su mayor placer en extenderse sobre la complejidad de una estructura lingüística y formal como la imaginada por el Arcipreste para su poema: formas que aparecen y se entreveran (por primera vez en la poesía de nuestra lengua) como los cuerpos particulares y arquetípicos a los que alude; una proeza que anunciaba el Renacimiento y el humanismo de una era por venir; un salto hacia adelante, hacia una perenne modernidad, en el esfuerzo de nuestra lengua por profundizar en sí misma: saber lo que ella es, saber lo que somos los que hablamos...

El Arcipreste no sólo labró en formas minuciosas e incisivas un *Libro de buen amor*. Ramón Menéndez Pidal bien pudo haber bautizado al texto: *Libro de buen humor* (en su doble sentido de comicidad y de excrecencia corporal), sin menoscabo de la pasión con que el poeta Juan Ruiz sostuvo sus convicciones morales, fisiológicas y literarias, a las que supo guardar una fidelidad ejemplar y edificante a todas luces.

La descomposición de la obra en Garcilaso y Boscán

"...mas tan cansada de haberse levantado,
torna a caer, que deja, mal mi grado,
libre el lugar a la desconfianza..."
Soneto IV. Garcilaso de la Vega

Apenas madura una forma artística, se descompone: inicia el proceso de su transformación en otra cosa. Toda forma aspira a la perfección; pero una dinámica del cambio permanente, intrínseca a la forma misma, desmiente a esa pretendida llegada a algún lugar. O dicho de manera distinta: el destino de toda forma artística es la desintegración, el no-reposo. 'La perfección está en otra parte; es otra cosa', parecen decir las formas en su constante transformación. Una forma es la negación y la continuación de la que le antecede. En la pintura moderna el proceso ha sido claro: el impresionismo –un desdibujarse del objeto– se resuelve en el cubismo –una grieta en el muro de la realidad objetiva– y éste desemboca en el abstraccionismo. Todo lo demás son variantes de este intento de aproximación al objeto buscado, que se ubica siempre más allá de nuestra percepción: en ese centro incandescente al que aspira a llegar la obra artística.

En el ámbito de la literatura en lengua española, un punto de partida de nuestras formas poéticas puede ser ubicado en las glosas emilianenses: trazos al margen, geometría en busca de un centro, de otras formas que la trasciendan, ensayo de escritura más cercano al poema de intuición espiritual que a la razón discursiva y profana de la prosa; el salto que fue inevitable de una lengua a otra sin motivo aparente e infringiendo las normas[1] –manifestación de una dinámica propia, independiente del escriba. Más tarde la *cuaderna vía*, que se desintegra cuando Berceo escribe 'cuartetas' de cinco versos; y la ruptura del Arcipreste de Hita con la tradición, lo que dio lugar a un surtidor de trazos nuevos, a una prosodia que se recompone y a una multiplicidad de formas que se organizan de inmediato para resolverse a su vez –haciendo a un lado la fisonomía y la filosofía del octosílabo y del verso de arte mayor– en la forma por excelencia del lenguaje artístico en que habló el primer Siglo de oro: el verso endecasílabo a la italiana, engastado en las dos joyas del Renacimiento español: el soneto y la lira, esta última llevada a la cumbre expresiva unas décadas más tarde por Fray Luis de León y por su discípulo San Juan de la Cruz.

De Garcilaso de la Vega, al que suele compararsele en excelsitud con Petrarca, se ha hablado mucho, y con razón, ensalzando el acabado impecable y armonioso de sus versos endecasílabos. Sus octavas, liras y sonetos, han sido calificados de 'modelos perfectos' por Tomás Navarro Tomás, el que, al igual que Pedro Henríquez Ureña, entre otros eminentes críticos modernos, ha realizado un desmantelamiento benéfico y minucioso de su obra para analizar y mostrar las entrañas de los andamios que son la vida misma de su escritura.

[1] Recuérdese que las glosas se escribían en árabe o en latín, de acuerdo con la ortodoxia medieval.

Casi nada se ha dicho, en cambio, acerca de la irregularidad en su poesía, voluntad de trascendencia de las formas, que están siempre en un continuo movimiento. Muy poco se ha reparado en las angulosidades y asimetrías de su obra, síntomas de la descomposición y la transformación, también perpetuas, de los materiales con que es edificado todo cuadro expresivo. Apenas arribado a una pretendida, siempre elusiva perfección, expresada en la poesía, el idioma castellano –como el espíritu humano, que no acaba nunca de llegar a ninguna parte– estaba ya en otra búsqueda. Cuando Garcilaso –1501/1536– alcanza el dominio del verso endecasílabo más ortodoxo, en el momento en que la forma poética alcanza el mediodía de su esplendor, circulaban ya traducciones de Boecio al español en verso libre –un adelanto de siglos–, y él escribe con toda maestría su "Epístola a Boscán", en versos sueltos sin rima y con acentuación libre, un trazo novedoso –un hito en la poesía– que hace posible el que cinco siglos después pueda escribirse "Piedra de sol" en la poesía mexicana, sobre el esquema por él perfectamente dibujado; un escándalo (de acuerdo con el mismo Boscán, en su *Carta a la duquesa de Soma*) para las buenas conciencias del siglo XVI, que querían imaginarse al mundo y al trasmundo como un conjunto alegórico de volúmenes simétricos. Así, sus experimentos con la forma poética –que podemos mirar como desconstructivos– han sido pasados por alto, o, cuando se han señalado, se les ha considerado (por Pedro Henríquez Ureña, en su ensayo 'El endecasílabo castellano') "desaciertos", o, a sus intentos con los ritmos irregulares, "acentuación anárquica", el más injusto quizá de los juicios que han sido emitidos en contra de esos ensayos de desfiguración de una simetría. El propio Menéndez Pelayo llamaba "versos mal acentuados" a los de Juan Boscán –autor del extenso poema en endecasílabos libres *Leandro y Hero* y compañero de Garcilaso en su doble revolución: cultivar y socavar al mismo tiempo, para llevarlos más allá de sí mismos, al endecasílabo italiano y a la estética del soneto, al que llamaba significativamente *traba*–, en lugar de considerar *otra* posible eufonía, *otra* naturalidad o sencillez (las que se manifiestan con plenitud a partir del modernismo hispanoamericano), un guiño del poeta a la inteligencia del lector o a la entidad misma de la obra, ensayos con los materiales de su trabajo artístico en el sentido en que lo serían, por ejemplo, en el ámbito de la pintura, los de Francisco Goya al pintar un fresco (*El perro*, 1820-1823) en el que la pequeña figura en el ángulo inferior izquierdo es sólo la excusa para crear una obra de naturaleza abstracta –que no otra cosa es la pared estropeada que ocupa casi en su totalidad esa pintura; o los de Miguel Ángel al colocar en su mural "El Juicio universal" la nota discordante de la horrorosa figura desollada de su autorretrato, la cual sería el punto de partida, siglos más tarde, de la obra de Francis Bacon y el expresionismo.

Hay todo un abismo de ideas poéticas, concepciones del mundo e intuiciones estéticas entre las diferencias acentuales de estos endecasílabos "acertados" de Garcilaso:

> *"...De aquella vista pura y excelente..."*
> *"...!Oh dulces prendas por mi mal halladas..."*

y la asimetría rítmica de estos otros versos suyos del Soneto XXV, que permiten un vislumbre de la poesía moderna, la estética cubista y la música atonal, y en los que hay un cambio radical de la visión poética, que resulta familiar a la sensibilidad contemporánea:

> *"...Cortaste el árbol con manos dañosas*
> *y esparciste por tierra fruta y flores."*

O este otro verso, de su Soneto XL:

> *"...pues la muerte no viene a quien no es vivo..."*

Una de las muy celebradas y admiradas ediciones críticas de la obra de Garcilaso, que ha servido de base para numerosos estudios antiguos y modernos, es la realizada por el poeta Fernando de Herrera,[2] que regulariza las irregularidades métricas que encuentra y, cuando supone que faltan líneas en alguna pieza, las elabora él mismo. A este impecable verso de doce sílabas –una verdadera cuña castellana enterrada en la carne de un cuerpo traído de otra lengua- con que Garcilaso abre su Soneto IX: *"Señora mía, si yo de vos ausente... "*, le corta una sílaba y lo convierte en "Señora mía, si de vos yo ausente...", con el propósito manifiesto de igualarlo con los otros versos de once sílabas.[3] ¿Era tan difícil para Garcilaso darse cuenta de que su verso tenía doce sílabas, o albergaba una intención deliberada de alterar el material de su escritura para reflejar el ritmo natural del habla, pasando por alto el sistema prosódico? Considerado en la forma en que fue plasmado, el soneto –que contiene otro verso de diez sílabas– presenta una fisonomía rica en implicaciones y resonancias, cuyas consecuencias llegan hasta nosotros. Que Herrera practicara su perfeccionismo en su propia obra, pasa. ¿Pero sobre la de los demás? Y a qué costo. Habría que dilucidar lo que puede ser una errata y una insuficiencia y lo que es una voluntad de experimentación, y aceptar el hecho de que las reglas de la Retórica están al servicio de la poesía y no a la inversa. Ejemplos como estos abundan en muchas de las lecturas que se han hecho de Garcilaso y de Boscán.

El ánimo de Garcilaso por romper la simetría es evidente a todo lo largo de su obra: rimas internas perfectamente situadas y significativas en el centro de un soneto que carece de ellas en el

[2] *Obras de Garcilaso de la Vega con Anotaciones de Fernando de Herrera*, Sevilla, Alonso de la Barrera, 1580. (*Edición facsimilar*, Madrid, Consejo Superior de Investigaciones Científicas, 1973).

[3] El caso está citado por José Rico Verdún en su edición de las *Obras completas* de Garcilaso. Madrid, Clásicos Libertarios, 1999.

resto de la composición, y que suelen ser cambiadas a pie de página por sus críticos con la intención de mejorarle sus poemas, a él que manejó la rima interna como nadie lo ha hecho en nuestra lengua –véanse los casi novecientos versos, todos con rimas internas consonantes que van del final de un verso a la mitad del siguiente, incrustadas como contrapunto, en su Égloga II; o el conjunto de estancias de trece versos en el que aparece una, solitaria, de doce: esto en el poema "Canción II", en el que se permite también un verso eneasílabo, con lo que se aparta de las lecciones que Dante Alighieri dejó escritas acerca de la composición de la *estancia*, lecciones que sigue al pie de la letra en las otras estrofas –y que ha aparecido repetidamente criticado por sus editores con el consabido asterisco y la consecuente nota: "este verso debería ser heptasílabo o endecasílabo y con una rima que no se repite". Etc.

Irregularidad en la obra de Garcilaso: una vocación y una urgencia por dar salida a la presión interna del lenguaje; una exploración en el reino perpetuamente cambiante de las formas artísticas; una veta de su obra que ha sido ignorada, mal estudiada o francamente boicoteada: algo similar a lanzarse sobre los cuadros de Picasso –si fueran un poco menos caros– para poner los ojos de sus personajes correctamente colocados uno a cada lado de la nariz.

En un ensayo, José Lezama Lima vinculó a Garcilaso con el arte moderno al trazar líneas de semejanza entre su "canon romano insuflado en el ardor castellano" y el "impresionismo clásico" de Debussy, que "oculta en su arquitectura domada, nieblas y fugacidades saltantes"; entidades éstas –las fugacidades saltantes– que son fugas hacia el exterior de las *trabas* regulares que Garcilaso con tanto virtuosismo amó y cultivó, al punto de discreta y sistemáticamente violentarlas ignorando quizá que las estaba haciendo *saltar* a otro tiempo, el nuestro, en el que subyugan al lector con su suave ondulación combinada con el ambigüo y asimétrico sabor de sus innovaciones experimentales, las que habría que comenzar por aceptar como legítimas para aprender a *verlas* y a *oírlas*. Quizá fue prematura su muerte –a los treinta y cinco años, en una batalla militar, de una pedrada en la cabeza, en un despliegue insensato suyo de arrojo–; tal vez no le haya sido suficiente el haber liberado al endecasílabo de los acentos regulares y las rimas para llamar la atención acerca de esa característica del lenguaje poético que es crear "arquitecturas domadas", fascinar con ellas momentáneamente y luego derribarlas –como sucede con los crepúsculos y los amaneceres– y unos años más de trabajo le habrían bastado para despejar las interrogantes que deja planteadas su obra –y también la de Juan Boscán. Quizá tuvo conciencia de que le faltaba mucho por decir, por ensayar, por responder –y por descomponer– ante el desafío que a su espíritu guerrero le planteaba su escritura:

"Canción, yo he dicho más que me mandaron
y menos que pensé;
no me pregunten más, que lo diré."

Pedro Calderon de la Barca
y el sueño de la vida

Pedro Calderón de la Barca (1600-1681), poeta y dramaturgo, figura señera de los siglos de oro españoles, acuñó para la posteridad y su tiempo la frase "la vida es sueño", título de una de las obras más representadas, leídas y estudiadas del teatro español, y la que quizá haya ejercido una mayor influencia en otras literaturas, directa o indirectamente, hasta nuestros días. En ella dice Basilio, rey de Polonia, a Clotaldo, su criado y guardián de su hijo el príncipe Segismundo, al que tiene encadenado y en prisión entre montes agrestes por temor a que éste se rebele contra él, lo humille y se convierta en un opresor de su pueblo, según ha sido augurado en un sueño que tuvo su esposa Clorinele, fallecida al nacer Segismundo:

> "...porque en el mundo, Clotaldo,
> todos los que viven sueñan..."

El concepto tuvo eco en el movimiento romántico alemán a través, entre otras, de la obra del crítico, orientalista y poeta Wilhelm Schlegel (1767-1845), traductor de las obras de Calderón y de Shakespeare. Schlegel es reconocido por haber llevado a la literatura alemana el espíritu de la obra de Calderón, habiéndolo convertido así en una de sus fuentes: esa visión del mundo que también inspiró al romanticismo francés y luego de éste, en una de sus vertientes, al surrealismo y más tarde a la poesía hispanoamericana. (Igualmente se ocupó mucho de Calderón y lo tradujo, el gran poeta del romanticismo alemán, Josef von Eichendorff).

"La vida es sueño", que Calderón escribió en forma de comedia, en 1635, y casi cuarenta años después, como "Auto sacramental"[1], con el mismo tema y nombre, aunque con distintos personajes, está escrita en una espléndida cascada de versos de siete, ocho y once sílabas que configuran una sucesión de décimas, octavas, pies quebrados y estrofas breves, formas que se entreveran unas con otras para dotar con el lenguaje de la más alta poesía a los entrañables personajes que tejen la trama de ésta que es una de las obras más reconocidas de la dramaturgia universal. Wilhelm Schlegel, que consideró a Calderón de la Barca "...la cima más alta de la poesía romántica", opinión que publicó en el que fue órgano de difusión del Romanticismo Alemán, la revista "Athendum" (1798-1800), escribió en otra parte de su ensayo sobre Calderón

[1] El "Auto sacramental" es una pieza breve en un acto que se representaba como parte de la fiesta católica del *Corpus Christi,* escenificado por la tarde de dicho día en los distintos barrios de la ciudad, lugares a los que llegaba el espectáculo en una procesión de carros alegóricos que reunidos formaban el escenario. Este *Auto* de Calderón, como todos los de su género, expresa ideas edificantes provenientes de la teología escolástica, encaminadas a reforzar el sentimiento religioso del público; en este caso, el personaje "Hombre" toma el papel de Segismundo, que como aquél, también es puesto a prueba; al ser creado y dotado de "Albedrío", el "Poder" dice a los "Elementos": *"...si procediera benigno, / atento, prudente y cuerdo, / obedecedlo y servidlo, / durando en su vasallaje; / mas si procediera altivo, soberbio e inobediente, / no le conozcáis dominio: / arrojadle de vosotros..."* Casi todos los grandes autores de los siglos de oro escribieron Autos sacramentales.

(traducción del economista y crítico literario Jean-Charles Simonde de Sismondi 1773-1842): "...Su poesía, cualquiera que sea el asunto que trate aparentemente, es un himno infatigable de gozo sobre la magnificencia de la creación: solemniza con una admiración alegre y siempre nueva los prodigios de la naturaleza y del arte, como si los viera siempre por primera vez, con un brillo que el uso no ha empañado aún. Este es el primer despertamiento de Adán, acompañado de una elocuencia y de una sobriedad de expresiones que solamente pueden dar el conocimiento de las más secretas propiedades de la naturaleza, la más alta cultura del ingenio, y la reflexión más dura y grave. Cuando reúne los más apartados objetos, los más grandes y los más pequeños, las estrellas y las flores, el sentido de sus metáforas es siempre la relación de las criaturas con el Criador común, y esta arrebatadora armonía, este concierto del universo, es de nuevo para él la imagen del eterno amor, que todo lo comprende."

El párrafo anterior, aunque teñido de espíritu religioso, está colmado de modernidad literaria (pasión, ironía, imaginación); la frase: "Calderón de la Barca [...] reúne los más apartados objetos, los más grandes y los más pequeños, las estrellas y las flores...", no está nada alejada de Lautreamont y su visión sombría de la belleza que hay en "el encuentro fortuito de un paraguas y una máquina de escribir sobre una mesa de disección". El despuntar del arte moderno; la creación artística no necesariamente hermosa sino profunda. Otra armonía. Rimbaud sentó a la belleza en sus rodillas y la encontró amarga. El arte no volvería a ser el mismo desde entonces. Picasso, Kandinsky y otros habrían de fragmentar y disolver la forma y con ello cambiar la estética del siglo XX. El juicio de Schlegel sobre Calderón, y la imagen de Lautreamont, coinciden. Ambas propuestas apuntan a la unidad esencial que rige a todos los seres y a todos los fenómenos de la naturaleza: concordancia, analogía, correspondencias. Y el "primer despertamiento de Adán" es una alusión directa a la vida concebida como un sueño, entendido en este caso como un engaño del que es preciso despertar, así sea gradualmente.

La respuesta romántica europea a "La vida es sueño" de Calderón fueron las obras (diversas, pero con afinidades insoslayables entre todas ellas) de los grandes poetas (en verso y en prosa) Jean-Paul, Tieck, Arnim, Hoffman, Novalis, Nerval, Byron, Rimbaud, Baudelaire... una constelación de espíritus visionarios que buscaron en el lenguaje de la naturaleza y en la naturaleza del lenguaje, en su aspiración al infinito, en los símbolos, en el sueño como una vía para explorar en sí mismos, en el riesgo de asumir su propia vida como instrumento de experimentación, la encarnación del ideal, la fuente de inspiración, el sitio de la revelación: conjuro, creación del poema por medio de la imagen y del ritmo de la frase. La musicalidad, lo rugoso y terso de las palabras unidas unas con otras por la magia de la poesía, mostrando lo que hay más allá, en lo más recóndito del anhelo humano. En la lengua alemana, la obra teatral "El sueño es vida", del vienés Franz Grillparzer (1791-1872) poeta, dramaturgo y estudioso del teatro español, despliega variaciones sobre los temas del sueño, la culpa y la expiación, asuntos éstos que también tocó Calderón, interpenetrados con su visión de la vida como representación, feliz o desdichada, ambas situaciones siempre provisionales y pasajeras porque no son otra cosa que comedias o dramas, engaños que el conocimiento puede deshacer, sueños a veces trágicos, a veces placenteros. En "La vida es sueño" dice Segismundo:

> "¡Ay mísero de mí! ¡Y ay infelice!
> Apurar,[2] cielos, pretendo,
> ya que me tratáis así,

[2] *Apurar:* "llegar a saber de raíz y con fundamento alguna cosa". Diccionario de autoridades, Real Academia Española, ed. Facsímil, Madrid, Gredos, 163. (Nota al pie de *La vida es sueño*, introducción, notas y edición de Enrique Rull, *J.M. Ollero y Ramos, Random House Mondadori,* Barcelona, 2002).

qué delito cometí
contra vosotros, naciendo;
aunque si nací, ya entiendo
qué delito he cometido.
Bastante causa ha tenido
vuestra justicia y rigor;
pues el delito mayor
del hombre es haber nacido…"

Aquí se percibe el concepto católico del 'pecado original', aquella culpa que puede ser lavada con el sacramento del bautismo, ortodoxia que fue fijada en el Concilio de Trento (1545-63) y respuesta española a la Reforma Protestante de Martín Lutero.

El despertar del Buda

El concepto no era nuevo. Vivir es estar con los ojos cerrados a la verdad del ser, como en un sueño. Vivir para hacerle un lugar a la luz del conocimiento, a la conciencia de lo que realmente se es. Protagonizar un engaño que es preciso aclarar. La equiparación de la vida con el sueño, y de la vida como representación, estaba ya, parcialmente, de una forma u otra, en Shakespeare (su comedia "The taming of the shrew"; "Hamlet"; "Macbeth"), en Lope de Vega ("Barlán y Josafá") y en otros escritores, y desde mucho antes, en la Edad Media, en la historia de la vida de Shakyamuni el Buda, según la versión que llegó de la India a Europa a través del libro "La historia de Barlaam y Josaphat",[3] atribuida su autoría a San

[3] Josaphat nace como el hijo heredero de un rey, y un oráculo predice que cuando alcance la edad adulta se convertirá al cristianismo y será un líder espiritual. Esto horroriza a su padre, que lo encierra entonces en un palacio espléndido para impedir que se cumpla el designio que lo apartaría de sus deberes reales. En una ocasión sale del palacio y se encuentra con la realidad de la vida: hay seres enfermos, sufrientes y que van a morir. Todo

Juan Damasceno, escrito en griego y luego traducido al latín, y en otras numerosas lenguas europeas y del Medio Oriente; historia cristianizada y basada a su vez en el texto sánscrito *Lalita Vistara*,[4] un poema descriptivo que narra la historia de quien primero fue conocido como el príncipe Siddharta Gautama, heredero del reino de los Shakyas, en la India, y luego como el Buddha: el Iluminado, el Despierto...[5] Diversas ideas y escenas del *Lalita Vistara* pueden ser halladas, entre otras muchas obras, en "El Conde Lucanor", de Don Juan Manuel, y en la comedia de Lope antes mencionada.

Como en la historia de la vida del Buda, que desde su nacimiento está confinado por órdenes de su padre el rey en un hermoso palacio,

---

lo cual contradice la condición placentera y la buena vida que ha llevado hasta entonces. Esto produce una profunda crisis religiosa en él, que se resuelve cuando es convertido al cristianismo por el asceta Barlaam, luego de que vence todas las artimañas de que se vale su padre para disuadirlo. A la muerte de éste, deja el reino y se une a Barlaam, para llevar una vida ascética junto a él en el desierto, hasta su muerte. Toda la gente de su reino queda también convertida al cristianismo, y el cuerpo de Barlaam es venerado como el de un santo, erigiéndosele un recinto sagrado.

[4] *Lalita Vistara* es el relato en un sutra de la Vida de Buda [...] La "Historia de Barlaam y Josaphat" dice la historia de dos santos cristianos, Barlaam y Josaphat, muy popular en los países cristianos en sus recensiones griega y latina. Su popularidad tanto en occidente como en oriente lo muestran sus traducciones al sirio, árabe, hebreo, persa, armenio, georgiano, alemán, italiano, eslavo, servio, checo, francés, español, portugués, sueco, danés, islandés, inglés, irlandés, etc. Tanto Barlaam como Josaphat tienen un lugar formal en la lista de los santos cristianos, así como días dedicados a su recuerdo en el calendario. La iglesia griega conmemora a San Josaphat el 26 de agosto; y la iglesia hermana de Roma dedica el 27 de noviembre al servicio conjunto de los dos santos. Pero lo que es sorprendente es que ha sido ya claramente establecido de manera indudable que la historia de Barlaan y Josaphat no es otra cosa que la vida del Buda, según está narrada en el *Lalita Vistara*; y que 'Josaphat' es una forma corrompida de 'Bodhisattva', y 'Barlaam' de 'Bhagavant' (Fernando Tola y Carmen Dragonetti, *Buddhist Positiveness*, Motilal Banarsidass, India, 200?).

[5] *Buddha*, tanto en sánscrito como en pali es el participio pasado pasivo de la raíz *BUDH-*: entre sus numerosos significados está el de "despertarse", "estar despierto"; también "comprender", "percibir", etc. Un *buddha* es "alguien que ha despertado a la verdad", "un sabio", "un hombre inteligente", etc. "Iluminado" viene por la influencia de la Mística Cristiana: pero en el caso de Buda la luz no viene desde afuera sino desde adentro, no baja del cielo sino que él la produce con su ansia de conocimiento de la verdadera naturaleza de los seres y las cosas (*Ibid*).

atendido por bellas y jóvenes asistentes, rodeado de comodidades y espléndidos jardines para evitar de ese modo que conociera la existencia del sufrimiento, la enfermedad, la vejez y la muerte, e impedir por ese medio engañoso que se cumpliera el vaticinio de que más tarde se convertiría en un asceta renunciante que dedicaría su vida a buscar la verdad de la condición humana doliente, en lugar de heredar el trono y reinar, así en la obra de Calderón, Segismundo yace confinado en la obscuridad de su prisión por órdenes de su padre que está igualmente temeroso de un oráculo ominoso, percibiendo el mundo sólo a través de los relatos de Clotaldo, paralelo éste de la imagen platónica de la condición de la persona humana, que sólo percibe el reflejo de la realidad proyectada en las paredes de la caverna en que se halla existiendo. Tanto Segismundo como el Buda son príncipes herederos y viven al principio de su vida una situación falsa: una representación, un montaje.

Soñar, representar, despertar...

Segismundo es descubierto accidentalmente por Rosaura en el lugar en que se encuentra confinado, lo que viola las órdenes reales de que nadie, excepto Clotaldo, pueda tener contacto con él. Ella viene a Polonia "a vengar una afrenta" (la ha engañado Astolfo). Allí Clotaldo descubre también que Rosaura es su hija, pero ahora él debe llevarla presa ante el rey o matarla allí mismo, por haber visto y hablado con Segismundo. Como éste ha llegado ya a la edad adulta, Basilio, su padre, ha decidido ponerlo a prueba, ver si, cumpliéndose la predicción, da muestras de ser tiránico y cruel, en cuyo caso lo devolverá para siempre a la prisión y cederá el trono a sus sobrinos Astolfo y Estrella; pero, dice a sus súbditos, si su hijo es:

> "...prudente, cuerdo y benigno,
> desmintiendo en todo al hado

que de él tantas cosas dijo,
gozaréis el natural
príncipe vuestro, que ha sido
cortesano de unos montes
y de sus fieras vecino…"

así que ordena que se le aplique un narcótico a Segismundo, se le traiga a palacio y se le trate y obedezca como al príncipe que es, para ver cómo se comporta; creerá entonces que todo lo que ha vivido hasta ese momento ha sido un sueño. Y de este modo se verá si las estrellas (o el destino) inclinan, pero no obligan:

"…porque el hado más esquivo,
la inclinación más violenta,
el planeta más impío,
sólo el albedrío inclinan,
no fuerzan el albedrío…"

Así se hace y Segismundo se ve entonces en palacio, servido y obedecido por cortesanos, tratado como heredero del trono de Polonia, rodeado por músicos que cantan y criados que lo ayudan a vestirse. Dice, asombrado:

"¡Válgame el cielo, qué veo!
¡Válgame el cielo, qué miro!
Con poco espanto lo admiro
con mucha duda lo creo.
¿Yo en palacios suntuosos?
¿Yo entre telas y brocados?
¿Yo cercado de crïados
tan lucidos y brïosos?
¿Yo despertar de dormir
en lecho tan excelente?

¿Yo en medio de tanta gente
que me sirva de vestir?
Decir que sueño es engaño;
bien sé que despierto estoy.
¿Yo Segismundo no soy?"

El resultado inmediato de esta situación era previsible, luego de que Segismundo pasara toda su vida prisionero, viviendo hasta entonces en condiciones infrahumanas, huérfano de madre y víctima de una decisión injusta de su padre, un destino infausto que no había estado en su mano eludir. Ahora la prueba le brindaba la oportunidad de poder cambiar las condiciones de su vida hacia el futuro, con base en sus acciones del presente. Segismundo se muestra al principio déspota, vengativo y brutal. Intenta matar a Clotaldo; increpa a su padre; arroja al vacío a un criado que lo incomoda; quiere forzar a Rosaura. El padre lo devuelve entonces a la prisión, narcotizado de nuevo, pretendiendo así que piense que lo que ha vivido en la corte sólo fue un sueño. En esas condiciones, restituido a su antigua condición, Segismundo hace reflexiones (que son el corazón de la obra) sobre la vida, el sueño, la muerte y el destino. Le dice Clotaldo: "Segismundo, que aun en sueños / no se pierde el hacer bien". A lo que él contesta:

"Es verdad; pues reprimamos
esta fiera condición,
esta furia, esta ambición
por si alguna vez soñamos.
Y sí haremos, pues estamos
en mundo tan singular,
que el vivir sólo es soñar;
y la experiencia me enseña
que el hombre que vive sueña
lo que es hasta despertar…"

Un despertar que puede ocurrir en el curso de esta vida, o en su equivalente, la muerte; pero Segismundo se sabe ahora ya con derechos sucesorios y una sublevación lo vuelve al trono:

> "Luego fue verdad, no sueño;
> y si fue verdad, que es otra
> confusión y no menor,
> ¿cómo mi vida le nombra
> sueño? Pues ¿tan parecidas
> a los sueños son las glorias
> que las verdaderas son
> tenidas por mentirosas,
> y las fingidas por ciertas?"

Las experiencias vividas le hacen conducirse ahora con prudencia, moderación y magnanimidad. Su ánimo ha sufrido una metamorfosis moral. Se reconcilia con su padre, el cual se disculpa por el trato cruel a que lo ha sometido desde su más temprana infancia, creyendo que así lo exigía el bien superior del Estado, por lo que él ahora le pide perdón y se humilla ante él:

> "Si a mí buscándome vas,
> ya estoy, príncipe, a tus plantas;
> sea de ellas blanca alfombra
> esta nieve de mis canas.
> Pisa mi cerviz, y huella
> mi corona; postra, arrastra
> mi decoro y mi respeto;
> toma de mi honor venganza;
> sírvete de mí cautivo;
> y tras prevenciones tantas,
> cumpla el hado su homenaje,
> cumpla el cielo su palabra."

Segismundo deja entonces florecer en su corazón el amor filial y la generosidad:

> “Sirva de ejemplo este raro
> espectáculo, esta extraña
> admiración, este horror,
> este prodigio: pues nada
> es más que llegar a ver
> con prevenciones tan varias,
> rendido a mis pies a un padre,
> y atropellado a un monarca.
> Sentencia del cielo fue;
> por más que quiso estorbarla
> él no pudo, ¿y podré yo
> que soy menor en las canas,
> en el valor y en la ciencia,
> vencerla? Señor, levanta,
> dame tu mano; que ya
> que el cielo te desengaña
> de que has errado en el modo
> de vencerle, humilde aguarda
> mi cuello a que tú te vengues;
> rendido estoy a tus plantas.”

Ver a su padre postrado ante él, cumpliéndose de este modo el oráculo, y rindiéndose él mismo a su vez ante el rey en un acto sincero de perdón, amor filial y lealtad, como resultado de una toma de conciencia y de un actuar en consecuencia, es la culminación de la obra y de una vida vivida como un sueño en el que se ve cautivo en una mazmorra y luego rey y luego otra vez cautivo y luego rey; y en el que los instintos más profundos de su amor por Rosaura, despertados primero con el encanto de su voz y más tarde con la presencia de su cuerpo, inducen a Segismundo a la comprensión de su verdadera condición. Vivir, soñar, morir, despertar a la realidad del ser… Shakespeare había tocado esos términos; dice por boca de Hamlet, en el famoso monólogo:

"¡Ser o no ser: he aquí el problema! ¿Qué es más levantado para el espíritu: sufrir los golpes y dardos de la insultante Fortuna, o tomar las armas contra un piélago de calamidades y, haciéndoles frente, acabar con ellas? ¡Morir… dormir; no más! ¡Y pensar que con un sueño damos fin al pesar del corazón y a los mil naturales conflictos que constituyen la herencia de la carne! ¡He aquí un término devotamente apetecible! ¡Morir… dormir! ¡Dormir!... ¡Tal vez soñar! ¡Sí, ahí está el obstáculo!"[6]

Y Macbeth, en coincidencia con la otra gran visión de Calderón, según lo enuncia en su obra "El gran teatro del mundo":
"…El mañana y el mañana y el mañana avanzan en pequeños pasos, de día en día, hasta la última sílaba del tiempo recordable; y todos nuestros ayeres han alumbrado a los locos el camino hacia el polvo de la muerte… ¡Extínguete, extínguete, fugaz antorcha!... ¡La vida no es más que una sombra que pasa, un pobre cómico que se pavonea y agita una hora sobre la escena, y después no se oye más…; un cuento narrado por un idiota con gran aparato, y que nada significa!..."[7]

El vivir, una representación. Porque la vida no es otra cosa que un sueño que ha tomado el mando de nuestras vidas. Lo dice el personaje "Autor", en la obra del dramaturgo español:

> "…Hombres que salís al suelo
> por una cuna de yelo
> y por un sepulcro entráis,
> ved cómo representáis…"

[6] Trad. de Luis Astrana Marín, Obras completas de William Shakespeare, Aguilar, S. A. de Ediciones, Madrid, 1951.

[7] *Ibid.*

Fray Luis de León y “La vida retirada” en la naturaleza

La obra poética de Fray Luis de León (Luis Ponce de León Varela, 1527-1591) es universalmente admirada como una de las cumbres de la poesía en lengua española por la perfección y musicalidad de sus versos y, entre otras excelentes cualidades, por el entusiasta y profundo sentimiento de Fray Luis por la naturaleza, su maravillosa descripción del paisaje, y su amor por la sencillez de la vida en el campo, en contraste con su aversión por la búsqueda de la riqueza y las intrigas y complicaciones de la vida urbana en Salamanca, España. Sus conocidos versos: “…la escondida senda / donde el aire el huerto orea / y los árboles menea…” son el marco en que escribe los siguientes octosílabos a su salida de la cárcel, en la que estuvo injustamente recluido durante cinco años, acusado por la Inquisición de profesar “tendencias judaizantes”, siendo una de las pruebas en su contra el haber traducido al castellano el “Cantar de los Cantares” –entre otros textos del Antiguo Testamento– directamente del original hebreo, en lugar de hacerlo desde el latín de la Vulgata,[1] que era la versión autorizada por la Iglesia desde siglos atrás:

"Aquí la envidia y mentira
me tuvieron encerrado.
Dichoso el humilde estado
del sabio que se retira
de aqueste mundo malvado,
y con pobre mesa y casa
en el campo deleitoso
con sólo Dios se compasa
y a solas su vida pasa,
ni envidiado ni envidioso."

Nacido en Belmonte de Tajo, Cuenca, España,[2] a los dieciséis años, en 1543, entró al convento de San Agustín, en Salamanca, donde profesó como fraile un año más tarde. Se inscribió en la universidad de esa ciudad en 1544 para estudiar Artes y Filosofía. Más adelante estudió en Toledo y Alcalá de Henares, donde alcanzó el grado de bachiller. A partir de 1560, y hasta su muerte en 1591, fue catedrático de teología en la Universidad de Salamanca. Su contemporáneo,

[1] En las explicaciones que añade a sus traducciones, Fray Luis critica las que de la Biblia hizo San Jerónimo, señalando algunas de sus deficiencias. Dice por ejemplo, analizando el pasaje del "Cantar" que él (Fray Luis) tradujo así: *Tus ojos de paloma entre tus cabellos*: "En la traslación y declaración de esto hay alguna diferencia entre los intérpretes. La voz hebrea es *tzmathec*, que quiere decir cabellos o cabellera, y propiamente es la parte que cae sobre la frente y los ojos, que algunas mujeres los suelen traer postizos, y en castellano se llaman *lados*. San Jerónimo, no sé por qué fin, entiende por esto la hermosura encubierta, y así traslada: *Tus ojos de paloma, demás de lo que está encubierto*. En que no solamente va diferente del común sentido de los más doctos en esta lengua, pero también en alguna manera contradice a sí mismo, que en el capítulo 47 de "Isaías", donde está la misma palabra, entiende por ella *torpeza* y *fealdad*, y así la traduce."

[2] Datos biográficos tomados de "Fray Luis de León. Poesías completas", Edición de Cristóbal Cuevas, Biblioteca Clásica Castalia, Madrid, 2001; y de "Vida y obras completas de San Juan de la Cruz", de Fray Crisógono de Jesús O.C.D. *et al*, Biblioteca de Autores Cristianos, Madrid, 1972.

San Juan de la Cruz (Juan de Yepes Alvarez, 1542-1591), fue inscrito en esa misma universidad por los padres de su orden religiosa (carmelitas) para que estudiara Arte y Filosofía en los cursos de 1564 a 1568, mismo período en que Fray Luis de León ejercía ya allí como catedrático de teología. Los dos poetas participaron en la reforma carmelita (aunque en distintos grados: a San Juan esto le significó el ser encarcelado en Toledo y azotado durante meses), y ambos alabaron en sus versos la magnificencia de la naturaleza; dice San Juan de la Cruz en su poema "Cántico espiritual", en el contexto de su experiencia mística y de su búsqueda de Dios:

> "¡Oh bosques y espesuras
> plantadas por la mano del Amado;
> oh prado de verduras
> de flores esmaltado,
> decid si por vosotros ha pasado!"

Fray Luis de León describe de este modo la generosidad de la naturaleza en su poema "Vida retirada":

> "Del monte en la ladera
> por mis manos plantado tengo un huerto
> que, con la primavera
> de bella flor cubierto,
> ya muestra en esperanza el fruto cierto."

Se desprende de aquí que, además del disfrute del paisaje, del verse rodeado de montes, fuentes y arboledas, Fray Luis era aficionado a la jardinería y la agricultura: la floración es en esa lira el preámbulo de la cosecha frutal. La naturaleza, poéticamente abordada, es un ideal y una interiorización, pero es también una realidad externa, fuente de inspiración, lugar de descanso y de contemplación en ambos poetas. Quizá se aluda a una naturaleza metafórica, una creación lírica más interior, en San Juan, y más objetiva y exterior en Fray Luis. Este último –como también lo hizo su antecesor Gonzalo de Berceo, fundador de esta tradición en castellano–, se solaza en la tranquilidad del paisaje, que es el escenario de sus reflexiones y su pasatiempo, mientras que en el prado de San Juan hay visión trascendental y presencia de Dios:

> "Mil gracias derramando
> pasó por estos sotos con presura,
> e yéndolos mirando,
> con sola su figura
> vestidos los dexó de hermosura."

En Fray Luis, *la escondida senda* que aparece en su poema "Vida retirada" conduce a la floresta, a la delicia del verdor, al elocuente silencio y a la paz, la que lo aleja del 'mundanal rüido'; camino que también lleva "a la serenidad del ánimo, a la filosofía estoica", según piensa Antonio Alatorre (*Fray Luis de León, Nueve odas*, UAM, México, 1999). En todo caso, es el sitio que pone distancia entre él y la dureza de la intriga, la agresión y la envidia de sus adversarios académicos, en la degradada atmósfera de las relaciones humanas de que se vio rodeado en la Universidad de Salamanca:

> "¡Qué descansada vida
> la del que huye el mundanal rüido
> y sigue la escondida
> senda por donde han ido
> los pocos sabios que en el mundo han sido."

En San Juan, su lira:

> "En la interior bodega
> de mi Amado bebí, y cuando salía,

por toda aquesta vega
ya cosa no sabía
y el ganado perdí que antes seguía"

apunta más claramente a la vida interior, a la experiencia de Dios, aunque no excluye la descripción del gozo de la contemplación y la hermosura del campo; el poeta experimenta místicamente a Dios, pero así mismo lo *ve* en la belleza del manantial y el prado. La presencia divina *es* la maravilla de la Creación; la revelación en la naturaleza:

"Gocémonos, Amado,
y vámonos a ver en tu hermosura
al monte y el collado,
do mana el agua pura;
entremos más adentro en la espesura."

En Fray Luis esa espesura se extiende a la profundidad del cielo, es la naturaleza ampliada y vista más allá de los límites terrestres, es el espectáculo esplendoroso de la noche estrellada. Los dos primeros versos de su oda "A Diego Loarte": "Cuando contemplo el cielo / de innumerables luces adornado…" desembocan en una imagen bucólica en que se funden el día y la noche, en la que desaparece todo dualismo y el arriba y el abajo y el adentro y el afuera quedan abolidos para dar lugar a la experiencia poética, que es aquí ahora una forma de la experiencia de totalidad; es la visión de la primavera terrestre floreciendo en el cielo iluminado por estrellas y constelaciones:

"Cuando contemplo el cielo
de innumerables luces adornado,
y miro hacia el suelo
de noche rodeado,

en sueño y en olvido sepultado [...]
...inmensa hermosura
aquí se muestra toda, y resplandece
clarísima luz pura
que jamás anochece:
eterna primavera aquí florece.
¡Oh campos verdaderos
¡Oh prados con verdad frescos y amenos!
¡Riquísimos mineros!
¡Oh deleitosos senos!
¡Repuestos valles de mil bienes llenos!

El prado, *logar cobdicieduero para omne cansado*

Tanto Fray Luis como San Juan (y como Garcilaso de la Vega y como tantos otros poetas que les precedieron) son herederos y continuadores de este sentimiento de amor por la naturaleza; una veta perceptible en la creación poética hispana desde sus orígenes y aún antes, en la escritura latina de siglos anteriores. Gonzalo de Berceo (La Rioja, *c.*1190-1270), el primer poeta de nuestra lengua de nombre conocido, abre su introducción a su poema "Milagros de Nuestra Señora" (que es una "traducción" de los *Miracula*) con esta descripción del paisaje que le rodea:

"Yo maestro Gonzalo de Berceo nomnado
Iendo en romería caecí en un prado
Verde e bien sencido, de flores bien poblado,
Logar cobdicieduero para omne cansado.
Davan olor seveio las flores bien olientes,
Refrescavan en omne las caras e las mientes
Manavan cada canto fuentes claras corrientes,
En verano bien frías, en yvierno calientes.

Avie hi grand abondo de buenas arboledas,
Milgranos e Figueras, peras e mazanedas, [...]
Las sombras de los arboles de temprados sabores
Refrescaron me todo, e perdí los sudores:
Nunqua trobé en sieglo logar tan deleitoso,
Nin sombra tan temprada, ni olor tan sabroso. [...]
Poseme a la sombra de un arbor fermoso."

Como antes lo hizo Berceo al traducir los *Miracula*, Fray Luis sigue el ejemplo de éste al traducir a otros poetas, reelaborando ("refundiendo") en muchos casos los poemas hasta convertirlos en su propia creación. Es el caso –entre varios– de sus traducciones del poeta latino Horacio (n. año 65 a.C.). Para el asunto del tratamiento del paisaje, así como del elogio de la vida en el campo y el anhelo de la apacible vida en la naturaleza, "de pleitos alejado" y "lejos del mundanal ruïdo", queda clara la filiación del poema de Fray Luis "Vida retirada" con su traducción del épodo *Beatus ille* ("Aquella tranquilidad") de Horacio, con el cual la crítica le ha atribuido unánimemente un parentesco temático. Empieza su traducción Fray Luis de este modo:

"Dichoso el que, de pleitos alejado,
cual los del tiempo antigo
labra sus heredades, no obligado
al logrero enemigo...
Ni la arma en los reales le despierta,
ni tiembla en la mar brava;
huye la plaza y la soberbia puerta,
de la ambición esclava.
Su gusto es, o poner la vid crecida
al álamo ayuntada,
o contemplar cuál pace desparcida
el valle su vacada..."

La traducción en prosa (hecha por Tomás Meabe *–Horacio*, Ed.Porrúa, México, 2006) de este mismo poema, ahora nombrado "Elogio de la vida campestre" (como titula Meabe al épodo *Beatus ille*) de Horacio, se lee así (fragmento):

"¡Dichoso aquel que de negocios alejado y a ejemplo de los primeros hombres, cultiva con sus bueyes los campos heredados de sus padres, libre de todo logro! Ni, soldado, despiértale el son bélico de las trompetas; ni, marino, teme al mar airado; y huye de los tribunales y de los fastuosos pórticos de los ciudadanos influyentes. Tan pronto enlaza en estrecho maridaje los altos álamos con los tiernos retoños de la vid; tan pronto podando con la hoz inútiles ramos injerta más fecundos. O de lejos registra con los ojos en el torcido valle el esparcido rebaño de sus vacas. O en limpios jarrones encierra la miel que sacó de los panales. O trasquila sus tiernas ovejas. [...] Gusta unas veces de estar echado a la sombra de una vieja encina o sobre el tupido césped, entre el arroyo que se desliza en calma..."

Fray Luis expresa en su citado poema "Vida retirada" el mismo sentimiento de amor por la naturaleza del *Beatus ille*, pero le añade profundidad al manifestar asimismo su desdén por la vanidad y la insensata búsqueda de riquezas:

"¡Oh monte! ¡Oh fuente! ¡Oh río!
¡Oh secreto seguro, deleitoso!
roto casi el navío,
a vuestro almo reposo
huyo de aqueste mar tempestuoso.
Un no rompido sueño,
Un día puro, alegre, libre quiero;
no quiero ver el ceño
vanamente severo
de a quien la sangre ensalza o el dinero.
Despiértenme las aves

con su cantar sabroso, no aprendido;
no los cuidados graves
de que es siempre seguido
el que al ajeno arbitrio está atenido.
Vivir quiero conmigo,
gozar quiero del bien que debo al cielo,
a solas, sin testigo,
libre de amor, de celo,
de odio, de esperanzas, de recelo. [...]
Y mientras miserable–
mente se están los otros abrasando
con sed insacïable
del peligroso mando,
tendido yo a la sombra esté cantando;
a la sombra tendido,
de hiedra y lauro eterno coronado,
puesto el atento oído
al son dulce, acordado,
del plectro sabiamente meneado."

Horacio se negaba a ser considerado poeta. Por su parte, Fray Luis concedió muy poca importancia a sus poemas, que sólo circularon en su tiempo en copias manuscritas; fue hasta cuarenta años después de su muerte que el poeta Francisco de Quevedo los publicó, y, según apuntan aquellos que los vieron y los leyeron, en una muy defectuosa edición. Dice Horacio a Mecenas, su benefactor: "No me incluyo en el número de aquellos a quienes tengo por poetas, porque no basta componer un verso para llamarse tal, ni creas que lo es cualquiera que, como yo, escriba versos que parecen prosa". Lo que es seguro es que la traducción que del *Beatus ille* hizo Fray Luis, es poesía pura; es *su* propio poema.

Si San Juan de la Cruz escribe gran parte de su "Cántico espiritual" en la oscuridad de la cárcel de Toledo, Fray Luis redacta la mayoría de sus versos en la huerta La Flecha, una quinta donde pasaban sus vacaciones de verano los frailes agustinos, mientras Horacio escribe también en la tranquilidad de su finca de La Sabina, un obsequio que le hizo Mecenas, la cual es descrita por el poeta de este modo en una carta que envía a un amigo suyo:

"No pretendas averiguar...si el cultivo de mi pequeña hacienda produce pan suficiente para su dueño o si le enriquece con las cosechas de aceituna o con la fruta o con los pastos o con el olmo al que se enlazan las vides...voy a describirte cómo es y dónde está situada mi finca. Imagínate un valle umbrío que se abre entre una larga cadena de montañas, orientado en forma tal que el sol, al salir, lo contempla por el lado derecho y al alejarse en su carroza fugitiva lo calienta por el izquierdo. Es digno de alabanza su excelente clima. ¿Y qué decir de sus setos vivos que producen ciruelas y silvestres cerezas coralinas? ¿Qué de sus encinas y carrascas, que alimentan al ganado con inmejorable pasto y regalan al dueño con su sombra? Dirías que ha sido trasladado allí Tarento con toda su fronda. Mana también una fuente, de donde toma nombre el río que nace de ella. Es de tal naturaleza su agua que no es más fría ni más clara la del Hebro que rodea la Tracia y además es saludable para la cabeza y para el estómago. Este dulce refugio, amable y ameno, es el que me conserva sano para tu amistad... puedes creerme" *(ídem)*.

Horacio fue contemporáneo de Virgilio (una de las glorias de la poesía del campo), y cuarenta años menor que Marco Tulio Cicerón, que, como los otros poetas aquí recordados, hizo también en el siglo I a.C. la apología de la vida campestre, de la generosidad y belleza de la naturaleza, ensalzando la labor de la agricultura como "la única ocupación moralmente digna". Dice en su obra *Acerca de la vejez* (Sequitur, Madrid, 2008, Introducción y traducción de Luis González Platón):

"¿Qué puedo decir de la lozanía de los prados, de las hileras de árboles o de la gran belleza de viñas y olivos? Lo diré en dos palabras: nada puede ser más de provecho en su uso ni más hermoso de contemplar que un campo bien cultivado; para disfrutar de él la vejez no sólo no pone impedimentos sino que incluso nos invita y nos seduce. Pues ¿dónde puede aquella edad calentarse mejor que al sol o al fuego o refrescarse de forma más sana que a la sombra y en las aguas?... [...] Y no sólo por los sembrados, los prados, las viñas y los arbustos son agradables las cosas del campo sino también por las huertas y las pomaredas, además de por el pastar de los ganados, por los enjambres de abejas y por la variedad de todas las flores. Y no sólo es agradable el plantar sino también el injertar, pues nada más agradable ha encontrado la agricultura que estas actividades."

Cicerón, que nació en el seno de una familia de agricultores de garbanzos y debe el apodo precisamente al nombre de esa leguminosa, *cicer* en latín, se pregunta cerca ya del final de su vida "¿qué puede ser más digno y adecuado para un anciano que estar orgulloso de su huerto, y qué mayor alegría que ver su campo bien cultivado?" (*ídem*).

Desde la antigüedad, poetas como Fray Luis, San Juan de la Cruz, Berceo y Horacio, han amado y buscado en el múltiple y siempre diáfano dibujo de la naturaleza la inspiración y el solaz para la contemplación, la reflexión y la escritura (ese instrumento suyo con el que cantan y agradecen la magnificencia de la Creación). De Cicerón a nuestros días, de la antigüedad clásica a la modernidad del "Árbol adentro" y "Puertas al campo" de Octavio Paz, los poetas han soñado despiertos en el jardín ideal de la poesía, en la trama de las palabras que se entreveran con las frondas y las constelaciones, en busca siempre de sí mismos y del sentido último de la vida, tarea ésta la más alta entre todas las que puede concebir y abrigar el corazón humano.

Dice Octavio Paz en una lluvia de metáforas de fecundación, en una estrofa de su poema "El cántaro roto":

"...Hay que dormir con los ojos abiertos, hay que soñar
con las manos,
soñemos sueños activos de río buscando su cauce,
sueños de sol soñando sus mundos.
Hay que soñar en voz alta, hay que cantar hasta que el canto
eche raíces, tronco, ramas, pájaros, astros,
cantar hasta que el sueño engendre y brote del costado del dormido
la espiga roja de la resurrección..."

*

Ríos que buscan su cauce, espigas de resurrección... siglos atrás Fray Luis echaba mano también de la imagen del agua que en el prado fecunda al limo y al dormido:

"...desde la cumbre airosa
una fontana pura
hasta llegar corriendo se apresura;
y luego, sosegada,
el paso entre los árboles torciendo,
el suelo, de pasada,
de verdura vistiendo
y con diversas flores va esparciendo.
El aire el huerto orea
y ofrece mil olores al sentido;
los árboles menea
con un manso ruïdo,
que del oro del cetro pone olvido."

La poesía de San Juan de la Cruz y la obra de arte perfecta

Las fragantes eras

"La literatura mundial no ha producido nada comparable a las liras y las coplas de San Juan de la Cruz..." –según la opinión del crítico Amado Alonso–: "...su obra supera a Góngora, Jorge Guillén, Mallarmé y Paul Valery..." La elogiosa valoración no es desmedida. Se trata de una obra, la más breve en la poesía de nuestra lengua, en la que cristaliza como en pocas el feliz encuentro del lenguaje con el sentimiento y la naturaleza: un sentimiento ciertamente exacerbado –el amor, en su óptima expresión–, un lenguaje todo cadencia y precisión, y una naturaleza omnipresente que no conoce aquí divisiones entre el "exterior" y el "interior" de las cosas: las fragantes eras y las criaturas del prado son indistintamente regiones y entidades de "adentro" y de "afuera" del ser, y la obscuridad y la luz están allí para prodigarse por igual en el ánimo personal y en el cosmos natural, en las moradas más íntimas de lo humano y en la anchura del mundo.

Sus poemas pueden decirnos todo lo que se necesita saber acerca del lugar en el que principia y termina la poesía –no así su prosa en vastos capítulos en los que quiso explicar sus liras y romances a la luz de las ideas de la Iglesia católica romana, y a instancias de las monjas a las que dirigía espiritualmente el que primero se llamó Juan de Yepes y luego Fray Juan de Santo Matía (cuando fue alumno de Fray Luis de León en la Universidad de Salamanca, de 1564 a 1568), en un intento por hacerlos vehículo de su razón religiosa, explicación imposible de suyo y sólo interesante cuando se le aborda fuera del ámbito de la poesía, lugar éste en que el lector debe quedarse a solas con esas palabras capaces por ellas mismas de hablar y precipitar una tranformación a través de la experiencia estética. El poder de evocación de sus poemas hace posible ver, oler y sentir la palpitación de la naturaleza en la transparencia del día, e igualmente perderse para deleite de los sentidos en la inmensidad de la noche, ya se mire obscura o alumbrada por la llama de la fe ("religiosa" o "pagana", no importa), o habitada de estrellas y constelaciones.

Poemas en la cárcel

Uno de los acontecimientos poéticos más extraordinarios en la historia de nuestra poesía es el hecho de que su fragante y etéreo poema "Cántico espiritual" haya sido escrito (en su mayor parte) primero en la cárcel conventual del claustro de la Observancia, en Ávila, donde fue azotado por sus colegas clérigos como parte de su condena, y luego en la obscuridad y pestilencia de uno de los excusados del convento del Carmen, en Toledo, lugar que le sirvió de prisión durante nueve meses, hasta que logró fugarse de allí (sólo las últimas cinco estrofas del "Cántico espiritual", de un total de cuarenta, fueron redactadas algunos años después); también escribió en esa cárcel el poema "Noche obscura" ("*...Salí sin ser* *notada / estando ya mi casa sosegada...*") al que añadió después los versos conocidos como "Las nadas" y el dibujo de un monte al que tituló "Subida (o Senda) al Monte Carmelo"; así mismo, los nueve romances ("*...eres lumbre de mi lumbre / eres mi sabiduría...*") y el cosante del estribillo "*...que bien sé yo la fonte que mana y corre / aunque es de noche...*".

A principios del otoño de 1567 se habían conocido Fray Juan de Santo Matía, de veinticinco años de edad, y la Madre Teresa de Jesús, que tenía cincuenta y dos y había emprendido unos años antes la Reforma de la orden Carmelita en los conventos de monjas, movimiento que restauraba y enfatizaba la austeridad y el carácter contemplativo de la vida religiosa tal como había sido originalmente concebida, perspectiva que colmaba los anhelos de Fray Juan de una existencia basada en la pobreza extrema, la oración, el trabajo, la penitencia y el recogimiento místico. El encuentro de estos dos temperamentos afines, que además eran escritores, fructificó de inmediato y como consecuencia un año más tarde el poeta funda en Turuelo, un poblado apartado, polvoso e insignificante, el primer monasterio de monjes descalzos y vestidos con sayales de jerga.

La Reforma había sido recibida con hostilidad, que luego se convirtió en violencia extrema, volcada en contra de sus creadores por parte de personajes políticos y religiosos que veían afectados sus intereses (en los nuevos conventos de descalzos mendicantes se insistía en la pobreza y en la subsistencia basada exclusivamente en la caridad pública, por lo que dejaban de generarse los ingresos provenientes de las dotes y otras fuentes de financiamiento, además de que ponían en evidencia el relajamiento de la austeridad en que vivían los que a partir de entonces fueron llamados "calzados", situación que se había venido acentuando a lo largo de los siglos XIV y XV y que era violatoria de la regla original); también les significó una serie de dificultades y sufrimientos que les persiguieron a lo largo de toda su vida, a pesar de que desde 1562 el Papa Pío IV había autorizado a Teresa a llevar adelante la reforma de la vida monacal, permiso que le fue ratificado en 1567 por el prior de la orden Carmelita (la solución a la querella –por lo menos oficialmente– fue encontrada en 1579 gracias a la intervención del rey Felipe II, que admiraba a Teresa, y del Papa Gregorio XIII, que confirmó la independencia jurisdiccional otorgada a los descalzos, llamados también "Carmelitas de la Regla Primitiva", en oposición a los de la "Regla Mitigada"). En el curso de los años y antes de que quedara consolidada la reforma carmelita, a San Juan le fueron ofrecidas riquezas, honores y ascensos para que desistiera de su empeño; las opciones que se le presentaban incluían un viaje a México para que encabezara como presidente de la expedición, junto con once monjes, la fundación aquí de la Orden (no se sabe si habría escogido para erigir el primer monasterio el lugar ahora conocido como "El desierto de los leones", o el paraje en el que hoy se levanta el convento del Carmen, en San Ángel, o algún otro sitio).

En 1577, como resultado de numerosas intrigas, calumnias y disputas jurisdiccionales, la jerarquía eclesiástica ordenó a Teresa retirarse a vivir confinada en un claustro de Castilla, prohibiéndosele toda actividad relacionada con la fundación de otros conventos de descalzas, y Juan fue aprehendido y conducido a prisión. Un tribunal erigido para juzgarlo,[1] dominado por los calzados, le ordenó abandonar sus ideas reformistas y los conminó a él y a todos los descalzos a "volver de su acuerdo" (renunciar a la Reforma y tornar a vivir como calzados). Juan no cede y el tribunal lo declara "rebelde y contumaz" y lo sentencia a vivir prisionero e incomunicado por tiempo indefinido, hasta que el convicto desista de su

[1] Todos los detalles del proceso, condena y tortura, constan en el Manuscrito núm. 8568 que se conserva en la Biblioteca Nacional de Madrid, y son consignados minuciosamente en el exhaustivo estudio *Vida y Obras completas de San Juan de la Cruz,* de Crisógono de Jesús, Matías del Niño Jesús y Lucinio Ruano, O.C.D., La Editorial Católica, S.A., Madrid, 1972.

actitud irreductible. Además del confinamiento, la pena incluye tortura: amenazas constantes de ser "empozado" vivo; ayuno a pan y agua tres días por semana; y los viernes por la noche, en que es conducido al refectorio luego de que los monjes terminan la cena, azotes sobre la espalda desnuda hasta hacerlo sangrar, propinados en fila por todos los frailes, que eran ochenta, mientras es recitado el *miserere*. Muchos años después las heridas mal cerradas de estos latigazos seguirán lastimándolo y deteriorando su salud (la rectificación llegó más tarde: Juan fue canonizado en 1726 y declarado Doctor de la Iglesia en 1926).

Como el ciervo huíste

Bajo estas severas condiciones de vida fueron escritos el "Cántico espiritual" y la mayor parte de los poemas de San Juan de la Cruz. Existen dos versiones, en apariencia contradictorias: una, que los escribió en un cuadernillo que le fue proporcionado por su carcelero, a petición suya, el cual se había compadecido de los sufrimientos del preso y de la entereza con que soportaba los tormentos; y otra, que los dictó de memoria en cuanto llegó al convento de descalzas de Toledo, en donde se ocultó luego de su fuga.

"¿Adónde te escondiste,
Amado, y me dejaste con gemido?
Como el ciervo huiste,
habiéndome herido;
salí tras ti clamando, y eras ido."

El poeta explica prolijamente ésta su primera estrofa del "Cántico espiritual" y dice entre otras cosas: "...Es como si dijera (la Esposa): 'Verbo, Esposo mío, muéstrame el lugar donde estás escondido'; en lo cual le pide la manifestación de su divina esencia, porque el lugar donde está escondido el Hijo de Dios es, como dice *Sant Joan*, el seno del Padre, que es la esencia divina, la cual es ajena y escondida de todo ojo mortal y de todo entendimiento..."

"Pastores los que fuerdes
allá por las majadas al otero,
si por ventura vierdes
aquel que yo más quiero,
decidle que adolezco, peno y muero."

En esta segunda estrofa, prosigue San Juan, (la Esposa) "...llama *pastores* a sus deseos, afectos y gemidos, por cuanto ellos apacientan el alma de bienes espirituales... y mediante ellos se comunica Dios a ella y le da divino pasto... llama *majadas* a las jerarquías y coros de ángeles, por los cuales de coro en coro van nuestros gemidos y oraciones a Dios; al cual aquí llama *otero* por ser Él la suma alteza y porque en Él, como en el otero, se otean todas las cosas y las majadas superiores e inferiores..."

Las explicaciones doctrinarias del poeta, dadas, es cierto, con aliento poético, son importantes para la literatura en tanto nos dejan conocer una de las lecturas que él hacía de sus propios poemas, aquella sin duda que le permitía interpretarlos a la luz de las ideas y creencias de la doctrina cristiana, para hacerlos vehículo de la meditación religiosa (labor de "divinización", escribió Amado Alonso). ¿Pero qué teología o razonamiento pueden compararse con la transparente metafísica contenida en la diáfana sencillez y naturalidad de alguien que pregunta (la Esposa) y alguien que responde (el Esposo y las criaturas) en un lenguaje en el que se han precipitado y han cristalizado las esencias de lo humano en su querella sin resolver con la naturaleza, aproximaciones, en todo caso, a lo que con toda provisionalidad e inexactitud hemos llamado sagrado? San Juan de la Cruz puede disertar en su prosa explicatoria de su poesía acerca del misterio de la Trinidad y su relación con los seres humanos, o sobre la topografía del camino que conduce hasta Dios y otros temas afines, con toda la generosidad y habilidad que le da su manejo de la filosofía escolástica y como resultado de su experiencia mística; pero sus poemas son criaturas de la poesía de la cual él es sólo el emisario –nada menos–, sucesión de imágenes y sonidos cadenciosos destinados a hablar por ellos mismos, sin intermediarios, y con ello madurar –dorar– los frutos más altos del lenguaje (y de nuestro potencial humano, de todo aquello que está inconcluso en nosotros) para que sean éstos los que le abran al ser las puertas de la plenitud al milagro de lo humano: tarea superior de la poesía y de sus amanuenses, que Juan bien se sabía. Pese a ello, y hombre de una vocación irrefrenable por la escritura, en la que puso una pasión tan ejemplar como la que empleó en su búsqueda de lo divino, Juan no puede evitar el "declarar las canciones de abundante inteligencia mística". A María de la Paz, una de sus "dirigidas" en la iglesia del Carmen de Baeza, le confía: "Hija, letrado soy por mis pecados".

En referencia a la explicación que hizo del "Cántico espiritual" (que él tituló "declaración de las canciones"), y conciente de la insuficiencia de sus interpretaciones, escribe a la Madre Ana de Jesús, priora de las descalzas del convento de San José: "...donde no pudiendo el espíritu santo dar a entender la abundancia de su sentido por términos vulgares y usados, habla misterios en extrañas figuras y semejanzas...[por lo que]...los dichos de amor...(sus poemas)...es mejor dejarlos en su Anchura, para que cada uno de ellos se aproveche según su modo y caudal de espíritu, en vez de abreviarlos a un sentido a que no se acomode todo paladar...". El "modo y caudal de espíritu" del "Cántico espiritual", y de muchos otros rasgos del arte de San Juan, pueden ser "acomodados" a otros paladares, según asienta el propio autor, afuera del ámbito de la "divinización", en una lectura paralela o equivalente, menos sobrenatural y más reconocible y humana.

La Veritas hebraica y la Vulgata latina

Literato, lector atento y ferviente de sus maestros Boscán y Garcilaso, de los que aprendía la escritura de las liras, hace también una lectura religiosa de los poemas de éstos. En el colofón que redacta para la "Llama de amor viva", escribe: "La compostura destas liras son como aquellas que en Boscán están vueltas a lo divino, que dicen: *La soledad siguiendo, / llorando mi fortuna, / me voy por los caminos que se ofrecen*, etc., en las cuales hay seis pies, y el cuarto suena con el primero, y el quinto con el segundo, y el sexto con el tercero." El poema no es de Boscán sino de Garcilaso,[2] lleva por título 'Canción segunda' y está dedicado a una mujer de carne y hueso; pero San Juan quiso hacer una lectura religiosa de este poema (no fue el primero: una interpretación parecida había sido hecha ya por otro poeta anterior a él, Sebastián de Córdoba): era la moda o la consigna en el ámbito intelectual de la iglesia católica del siglo XVI y así había venido siendo gradualmente desde el siglo XIV, en que el centralismo de Roma logra por fin alcanzar a la iglesia de Castilla, en donde la dominación árabe y la influencia judía habían permitido hasta entonces el uso y la absorción de la filosofía amorosa –la visión de la sexualidad– tal como está contenida en las versiones derivadas de la Biblia hebrea, para dar paso ahora al uso de la Vulgata latina o de las traducciones que la tuvieron como base –aquélla más liberal y ésta con una concepción del cuerpo asociado más claramente a la idea del pecado (lo que induce –¿obliga?– a leer e interpretar los pasajes que aluden al sentimiento amoroso como metáforas edificantes carentes del literal sentido sexual de que están saturadas las tradiciones del pueblo judío y que se hallan contenidas en varios de los libros del Antiguo

[2] En el estudio de Lucinio Ruano O.C.D., op.cit., se hace notar que no se trata de un error, ya que "El Boscán" era en aquella época el apelativo popular con que se nombraban indistintamente los poemas de los dos amigos, Boscán y Garcilaso.

Testamento, entre ellos, de manera emblemática, “El Cantar de los Cantares”, el poema que le escribió Salomón a Sunamita, su favorita entre sus setecientas esposas y trescientas concubinas); la filosofía de la versión hebrea de la Biblia que propicia la aparición de obras como la de Gonzalo de Berceo, que aunque imbuído de una sencilla y genuina devoción se permite en su trabajo literario expresiones de una clara picardía sexual; o la del Arcipreste de Hita, poeta que conoció también los rigores de la prisión por su confrontación directa con la jerarquía eclesiástica en el asunto del matrimonio de los clérigos, causa que él se empeñó en defender; o el equipo de traductores de Alfonso el Sabio, figuras todas que realizaron su quehacer literario con una mayor libertad intelectual, mientras que bajo el influjo de las interpretaciones a que da lugar la Vulgata se crea la atmósfera que hace posible el encarcelamiento y proceso a que el antisemitismo de la Inquisición sometió a Fray Luis de León por su traducción al español –directamente del hebreo– del “Cantar de los Cantares”, y por la crítica que hizo a la autoridad de la Vulgata. De allí, por lo menos en parte, las exhaustivas y cuidadosas explicaciones de vocación edificante que hace San Juan de la Cruz, tendientes también sin duda a evitar cualquier otra interpretación del “Cántico espiritual” –que es una paráfrasis, no debe pasarse por alto, del poema de Salomón– que no se encuadre en el contexto de la “divinización” y que no sea la búsqueda y encuentro con “la hermosura de Dios” que el alma emprende y alcanza, y de sus otros poemas como la crónica de ese itinerario; también, como un estímulo emocional para despertar la religiosidad, esto es, la visualización del poema como una pieza puramente alegórica que señala el desposorio del alma con su Creador, “lo cual –escribe San Juan– quiero sujetar al mejor juicio y totalmente al de la Santa Madre Iglesia”: lectura e intención legítimas, por supuesto, acerca de las que ya mucho se ha especulado y escrito, y que siguen al pie de la letra las ideas y proyectos de la Contrarreforma según fueron formuladas en el Concilio de Trento (1545-1563) en el sentido de que el arte religioso debería tener como único fin inspirar la fe y extender el influjo de la iglesia católica.

Las profundas cavernas del sentido

Estudioso, explorador consuetudinario de "las potencias del alma, *las profundas cavernas del sentido*, memoria, entendimiento y voluntad", que están "llenas de todo lo criado" en la condición humana enajenada, y que deben ser "vaciadas" para que puedan ser "ocupadas por el Criador", Fray Juan fue lector de Boecio, al que cita no textualmente en sus explicaciones de la "Noche obscura" y del cual tomó lo que necesitaba para diseñar la técnica de su entrenamiento espiritual (lo que marca en su obra el "momento" intemporal, intelectual y artístico de transición entre lo religioso y lo carnal). Anota San Juan que dice Boecio: "Si quieres con claridad natural conocer las verdades, echa de ti el gozo y el temor, y la esperanza y el dolor"; lo que le permite a él experimentar y concluir: "Para mortificar las cuatro pasiones naturales, que son: gozo, tristeza, temor y esperanza, aprovecha lo siguiente: procurar siempre inclinarse a lo más desabrido; no a lo más gustoso, sino a lo que no da gusto; no inclinarse a lo que es descanso, sino a lo más trabajoso; no a lo que es consuelo, sino a lo que no es consuelo; no a lo más, sino a lo menos; no a lo más alto y precioso, sino a lo más bajo y despreciado; no a lo que es querer algo, sino a lo que es no querer nada; no andar buscando lo mejor de las cosas, sino lo peor...": camino de desasimiento en el que ya se configuran las deslumbrantes "Nadas" (una treintena de versos que no suelen ser incluidos como parte de su poesía y que van del octosílabo al alejandrino y del verso libre a la prosa, escritos verticalmente, para ser leídos de abajo hacia arriba) que añadió a la *Noche obscura del alma* como parte del dibujo del Monte Carmelo (cuyos trazos remiten directamente al arte primitivo y, de allí, al arte moderno:

Picasso, Miró)[3] en el centro del cual también escribe, verticalmente: *"Espíritu de perfección; nada, nada, nada, nada, nada, nada, y en el monte, nada"*. Pero en medio de esta negación tan reiterada, la afirmación absoluta que sólo el arte puede expresar –más allá de toda filosofía o prohibición–, sintetizada en las líneas de su dibujo, trazos metafóricos pero realistas de una sexualidad –genitalidad– que se proyecta a la Creación entera y la configura como una imagen de la unidad o cópula universal; junto a la frase final, enigmática y desafiante, que corona el dibujo del santo: "Ya aquí no hay camino, porque para el justo no hay ley: él para sí se es ley".

El dibujo del Monte Carmelo, del que se han hecho numerosas recreaciones que respetan los textos que le acompañan pero alteran hasta desnaturalizar por completo el sentido de los trazos, el único original que se conserva y se conoce, firmado por él,[4] es claramente el instante extático de la unión perfecta de los contrarios, el estallido que con toda precisión puede ser llamado orgásmico, en el centro de una circunferencia de paredes interiores tensadas en todo el perímetro de su redondeada y plenamente expresada feminidad (un arca que atesora no sólo a los cuerpos sino a los espíritus y al universo íntegro), símbolo de la fusión de lo corpóreo y lo incorpóreo, el alma y el cuerpo; y que, como el "Cántico espiritual", celebra jubilosamente la unión del alma con su Creador, según la terminología de San Juan, lo que, expresado en el lenguaje de otras tradiciones, es la Iluminación en el juego de las energías de

[3] Otra obra del gran dibujante que fue San Juan de la Cruz y que muestra un temperamento artístico que lo inscribe en la modernidad, es su dibujo a pluma del "Cristo crucificado", que sirvió de inspiración a Salvador Dalí para su pintura llamada "Cristo de San Juan de la Cruz".

[4] "La copia notarial, ejecutada después de su muerte, puede verse hoy en el Manuscrito 6296(BN)... su modelo autógrafo se veneró como reliquia (probablemente hasta su exclaustración del siglo pasado) en el "desierto" de Nuestra Señora de las Nieves (Málaga). Era precisamente la copia que el Santo en persona había hecho para la Madre Magdalena. Lo dice la dedicatoria: "para mi hija Magdalena" (*op. cit.*).

"arriba" y "abajo" del budismo tántrico –la experiencia humana de lo intangible– o, dicho en el arrebato profético y poético de William Blake, las Bodas del Cielo y el Infierno:

"Gocémonos, Amado,
y vámonos a ver en tu hermosura
al monte y al collado,
do mana el agua pura;
entremos más adentro en la espesura."

El "Cántico espiritual" también puede ser leído como el poema del amor total de una pareja enamorada, el amor que incluye al amor sexual, al deseo sensible que alcanza y funde (o, al menos, hace coincidir) en una sola vivencia, en su intensidad extrema, la experiencia mística –el arrebato del trance–, el erotismo y el sentimiento del mundo intangible o sagrado: la cristalización de lo humano hecho realidad merced al lenguaje de la poesía, idéntico arrobamiento al que Juan Lorenzo Bernini expresó con gran exhuberancia y sensualidad (un artista que fue otro genuino y ortodoxo propagador de la fe, tal como quedó codificada tras el Concilio de Trento) en la escultura que hizo de Santa Teresa de Jesús en el momento de su experiencia extática de lo inefable, alegoría que incluye a un ángel que sonríe ante aquella desconcertante y apasionada humanidad de la Santa, a la que hiere con una flecha de amor irresistible (una obra inferior en contenidos sexuales explícitos, sin embargo, al de otra de sus esculturas sacras, "La beata Ludovica Albertoni" –ambas colocadas en iglesias de Roma hasta la actualidad):

"Allí me dio su pecho,
allí me enseñó sciencia muy sabrosa,
y yo le di de hecho
a mí, si dexar cosa;
allí le prometí de ser su esposa."

La llama de amor viva

Un amor que se parece a la muerte y una muerte que vivifica, una experiencia que iguala las energías y las cosas y borra las diferencias. De allí, quizás, que el poeta San Juan (y antes que él, Salomón) pueda tomar indistintamente no sólo la voz y el lugar sino la psicología y la fisiología de la Esposa y del Esposo y sentir y hablar a profundidad desde esas supuestas feminidad y masculinidad; porque en el juego dialéctico del espíritu y la naturaleza, esta última emblematiza y actualiza en su conjunto la energía creadora de la "hembra", lo que permite que ambos, hombres y mujeres, puedan ser conceptualizados, desde ese punto de vista y en la totalidad de los fenómenos universales, "hembras" de la naturaleza, dependientes de la contraparte que las hace posibles y les otorga un sentido; lo que autoriza a concebir la vida como unas bodas o un coito interminable –que sólo es interrumpido por la muerte– en el que todos los seres estarían siendo permanentemente fecundados por el espíritu; pero habría que darse cuenta de ello como lo hacen los poetas San Juan y Salomón (esta idea es tal vez lo que acerca a San Juan al concepto del "ying" y el "yang" del taoísmo chino, un pensamiento con el que se le han encontrado semejanzas al poeta –y a Santa Teresa de Jesús). Habla la Esposa, en atmósferas que acercan la muerte y el amor:

> *"Descubre tu presencia*
> *y máteme tu vista y hermosura;*
> *mira que la dolencia*
> *de amor, que no se cura*
> *sino con la presencia y la figura."*

Y luego, transfigurada ante la inminencia de la vista del amado, lo que hace presentir una ruptura, una violencia:

" ¡Oh llama de amor viva,
que tiernamente hieres
de mi alma en el más profundo centro!;
pues ya no eres esquiva,
acaba ya, si quieres;
rompe la tela de este dulce encuentro."

Y al romperse la tela, la experiencia que sólo puede ser equiparada con la muerte:

" ¡Oh, cauterio süave!
¡Oh, regalada llaga!
¡Oh, mano blanda! ¡Oh, toque delicado!,
que a vida eterna sabe
y toda deuda paga;
matando, muerte en vida la has trocado."

La explicación que hace San Juan de esta muerte es de utilidad ahora porque establece un parangón con el "adentro" y el "afuera" del ser y cierra el círculo, diluyendo las fronteras entre la vida y la muerte, el "aquí" y el "allá" de este mundo y el otro: "*...el dulce encuentro, el cual es tanto más dulce y sabroso cuanto más le parece que le va a romper la tela de la vida. Donde es de saber que el amor natural de las almas que llegan a este estado, aunque la condición de su muerte en cuanto al natural es semejante a las demás, pero en la causa y en el modo de la muerte hay mucha diferencia, porque, si las otras mueren muerte causada por enfermedad o por longura de días, éstas, aunque en enfermedad mueran, o en cumplimiento de edad, no las arranca el alma sino algún ímpetu y encuentro de amor mucho más subido que los pasados y más valeroso, pues pudo romper la tela y llevarse la joya del alma".*

Más adentro en la espesura

La escena más misteriosa y exquisita de esas arquetípicas bodas del amor total que humaniza y diviniza a la vez, está configurada en el "Cántico espiritual" en una de las estrofas en que nuestra lengua alcanza sin duda uno de los momentos más altos de su perfección y expresividad:

" Debajo del manzano
allí conmigo fuiste desposada;
allí te di la mano
y fuiste reparada
donde tu madre fuera vïolada."

La visión poética de San Juan supera en belleza y profundidad a la de Salomón en el diseño de esta escena, que en la Veritas hebraica está expresada de este modo: "*...Debajo de un manzano te desperté: Allí tuvo tu madre dolores, allí tuvo dolores la que te parió...*"; lo que Fray Luis de León traduce casi idénticamente, añadiendo el siguiente comentario: "*Esto es trasladado a la letra del original hebreo, que el trasunto latino dice de otra manera, y dice así: 'Allí fue violada la que te parió, allí fue corrompida tu madre'...*" La traducción de la Vulgata al español moderno (T. Amat-Petisco) va más allá en la "divinización" y describe el hecho más prolijamente, a expensas del poema de Salomón: "*...Yo te levanté debajo de un manzano en que yacías, oh esposa mía, donde fue desflorada tu madre, donde fue violada aquélla que te dio a luz y te comunicó la muerte del pecado...*". La explicación que hace San Juan de su propia lira deslumbrante baja al lector del cielo a la tierra para decir: "*...Debajo del manzano...esto es, debajo del favor del árbol de la cruz, que aquí es entendido por el manzano, donde el Hijo de Dios redimió, y por consiguiente desposó consigo la naturaleza humana...*"

En Salomón, el milagro del amor "despierta" al ser, le da conciencia de sí, lo introduce al ámbito de lo verdaderamente humano; pero San Juan va "*más adentro en la espesura / do mana el agua pura*": la ruptura de las bodas conlleva una "reparación". Es entonces que la reunión de la pareja, que ha rasgado y abandonado sus capullos individuales, puede ejercer el milagro y quedar sana de todas las heridas: la herida de vivir no sabiendo qué cosa es la vida, la herida de vivir en la conciencia dividida. Porque el amor, como en las esculturas de Bernini, transforma la condición humana atribulada y le tiende la mano en un gesto que la redime y la salva, la repara: une lo que está separado, en una sola vibración, en una milagrosa comunión: Esposa y Esposo, alma y cuerpo como representación de los mundos tangible e intangible, naturaleza y espíritu, que quedan fusionados.

La lectura del "Cántico espiritual" y de otros rasgos o trazos que conforman la visión artística de San Juan nos hacen evidente esa tensión que es consustancial a la vida, a esos lazos que unen al espíritu con la naturaleza; al reconocernos inevitablemente como parte de esa tensión, somos movidos a resolverla existencialmente en nosotros mismos privilegiando en el poema (y en el dibujo) los aspectos humanos y afectivos por encima de cualquier verdad dogmática; lectura que da por resultado una interpretación directa –una vivencia que podría ser llamada "estética"–, natural y humana, una apreciación que armoniza los opuestos y nos hace vernos reflejados en esta obra de arte perfecta, cumbre de los siglos de oro, la joya más preciada de nuestra literatura: un coro de ángeles (las huestes de la lengua española, en toda *su presencia y su figura*) que la lira del doctor angélico nos permite escuchar y mirar, más que en el Empíreo de sus explicaciones, en la humanidad de nuestros cuerpos, verdadera morada del Altísimo.

INTERMEDIO

José Juan Tablada, "nuestro poeta más joven"

Ahondar las posibilidades de la imagen

La aparición de los poemas de José Juan Tablada (Ciudad de México, 1871 - Nueva York, 1945) en la antología *Poesía en movimiento* me abrió los ojos a una dimensión de la práctica de la escritura que desconocía: la poesía, como en el caso de Tablada, podía con legitimidad ser juego, variedad, alegría, dibujo, reflexión, imágenes que echan a volar o se disuelven como reflejos en el agua, *mantrams*, conjuros, un compromiso irremediablemente teñido de gozo y gratitud por la vida. Aquella lectura fue una verdadera revelación, un descubrimiento. Al año siguiente, 1967, la editorial "Joaquín Mortiz" publicó la poesía de Apollinaire, magistralmente presentada y traducida por el poeta catalán exiliado de la guerra civil española y residente en México Agustí Bartra, que fue un amigo, un guía bondadoso y un generoso maestro de muchos poetas de mi generación. Recuerdo haber oído hablar de Tablada por primera vez en su casa de la colonia Condesa, en la plaza Citlaltépetl, en reuniones a las que con frecuencia invitaba a sus jóvenes amigos escritores (y en las que luego nos quedábamos a comer los deliciosos platillos de inspiración catalana que preparaba su esposa Ana Muriá). Había una conexión, una influencia, una familiaridad que se establecía entre las obras de Tablada y las de Apollinaire. Pero Tablada era nuestro, una especie de hermano mayor, estaba al alcance de la mano en nuestra propia lengua y una parte de su obra, quizá la más sustancial y aleccionadora, invitaba a tomar otro camino, era una inusitada vibración lingüística y visionaria, generadora de una poesía "nueva", como la que estaba ya comenzando a escribirse en ese momento no sólo en México sino en otros países hispanoamericanos, en el ámbito más extenso de la lengua española. Como dice la nota escrita acerca de Tablada en *Poesía en movimiento* a propósito de las novedades que aportaba y con las cuales enriquecía nuestra lírica, "luego de su viaje al Japón, en 1900, se interesó en el ejemplo naturalista de los japoneses, cuya estética permite no una copia sino una interpretación plástica de la naturaleza." Después de esa experiencia, de ese contacto con la estética oriental, que permeó de muchas maneras todo lo que escribió, Tablada había elaborado una de las obras más interesantes y variadas de la poesía mexicana. Octavio Paz le llamó, treinta años después de su fallecimiento en 1945 en la ciudad de Nueva York, a los 74 años de edad, "nuestro poeta más joven" –por la vitalidad, versatilidad, frescura y ánimo experimental de su obra.

También José D. Frías había incluido a Tablada en el libro preparado por él y publicado en París en 1922, "Antología de Jóvenes Poetas Mexicanos", cuando éste había pasado ya los cincuenta años de edad. En el prólogo de dicho libro, escrito por Guillermo Jiménez, en el que pueden percibirse elementos que fueron gratos a los poetas 'estridentistas', se dice de Tablada: "La juventud intelectual de México y Centro América sigue, con asombro y deleite, la estética diamantina de José Juan Tablada, estética deslumbrante como una llama de carburo y fuerte como un motor de 40 HP… Tablada, elogiado por Leopoldo Lugones y llamado por José Enrique Rodó 'uno de los predilectos de Ariel', clava con el áureo alfiler del Arte las mariposas del instante, y es el que atesora todas las vibraciones modernas…" Tablada apadrinó a los miembros del movimiento 'estridentista' –fue uno de sus maestros y guías– y firmó su primer manifiesto, que apareció pegado en los muros de la ciudad de México en diciembre de 1922. Como los integrantes de aquel grupo: Germán List, Arqueles Vela, Salvador Gallardo, Manuel Maples Arce y otros, Tablada se afanaba con ellos en "ahondar las posibilidades de la imagen".

Paisajes inéditos de nuestra poesía

En la poesía mexicana se daba en los años 60 un paso en otra dirección que se apartaba de las rutas marcadas por nuestros antecesores inmediatos, los miembros del grupo "contemporáneos" y sus rivales artísticos, los poetas del grupo "estridentista". Nuestra deuda con ellos era y sigue siendo grande. Pero eran ahora, los años sesenta, otros tiempos, unos en los que campeaban los ánimos de la ruptura, la experimentación, la rebelión, el dejar la seguridad de lo conocido para tomar otro camino. Una invitación a viajar por los paisajes inéditos de nuestra poesía. Y el ejemplo de Tablada estaba allí, haciéndonos un guiño para que lo tomáramos en cuenta y, quizá, lo siguiéramos en alguna de sus aventuras por los parajes de la imaginación, el lenguaje y la forma. Tal vez la obra de Homero Aridjis, Víctor Manuel Mendiola, David Huerta, Alberto Blanco, Coral Bracho, Teddy López Mills, Luis Cortés Bargalló, para citar sólo unos nombres, sería hoy otra sin el influjo que irradió aquel caleidoscopio que es su obra.

Tablada nos había traído entre otras formas poéticas el haikú, el poema breve japonés de apenas tres líneas y diecisiete sílabas en las que básicamente se trata de condensar una imagen o una idea que exprese una visión de un hecho de la naturaleza y un sentimiento personal ante él. También nos había enseñado el camino en el que fructifican los poemas ideográficos y, sobre todo, nos había recordado que escribir implica un riesgo, un atreverse a la experimentación en el decir y el trazar las coordenadas del poema, lo cual conlleva una responsabilidad, una actitud moral ante la vida y el oficio.

"Ruiseñores
encantados
por la luna
en las jaulas
de los salterios".

Este es un ideograma –publicado como tal en *Poesía en movimiento* y aquí no reproducido en esa forma–, una parte de "Li-Po", un poema que además de sugerir imágenes mentales las dibuja físicamente con los versos, conformando figuras como las de un sapo, una taza, un pájaro, la luna, etc. Fue publicado con tipografía manuscrita, inclinados los versos hacia la derecha y escritos de abajo hacia arriba, y en él las líneas toman el lugar de las cuerdas del salterio o de los barrotes de las jaulas. Una combinación de haikú (de forma irregular: tiene cuatro sílabas y dos versos de más) y poema ideográfico. Casi todos los haikús de Tablada son irregulares (aunque los escribió también medidos –5,7,5 sílabas– como 'Los sapos': "Trozos de barro / por la senda en penumbra / saltan los sapos.") Era el año 1920, los tiempos iniciales de la experimentación con la irregularidad silábica y estrófica y el verso libre en la poesía mexicana, que fue luego la forma más comúnmente empleada a partir de los años sesenta (y hasta nuestros días).

Etapa modernista

En su etapa modernista –anterior a su viaje al Japón en el año 1900– Tablada escribió poemas medidos a la manera dictada por esa escuela. Así surgió su libro "El florilegio" (1899, y 1904 ed. corregida y aumentada). De aquella etapa ortodoxa su prologuista Jesús Valenzuela escribió: "Su métrica disonaba a las empedernidas orejas de los rimadores preceptistas, y su inspiración no se complacía con las fuentes en que acostumbraban abrevarse ellos, fuentes bien exhaustas, por cierto, agotadas, mejor dicho, en la vulgaridad. No había conocido a Ramírez ni a Altamirano. Salía de sus lecturas y de su propio espíritu, íntegro, pulido y abrillantado a la Teophile Gautier y amargado con la estética amargura del ajenjo de Baudelaire y otros poetas franceses posteriores a Víctor Hugo": las mismas influencias europeas benéficas y germinadoras que habían revolucionado la poesía japonesa al inicio del siglo XX, haciéndola cambiar de rumbo, obligándola a romper con siglos de tradición e introduciéndola así en la modernidad poética de occidente. Y ahora aquella influencia mutua (la poesía francesa había recibido el influjo del arte japonés) se acrecentaba: Tablada bebía con maestría de la estética oriental, que acude siempre puntual a la cita a que convoca la poesía en el lugar en que se cruzan los temas del amor y de la muerte.

Ya en sus libros iniciales Tablada había escrito poemas no comunes para su tiempo, que causaron sorpresa entre sus contemporáneos. Hay en ellos una idea del juego, una alegría del idioma, un guiño dirigido al lector, algo desacostumbrado en aquel momento. Véase este fragmento del poema "Diálogo inicial" con que abre su libro "El florilegio":

Este libro es una jaula
Este libro es una lápida
Este libro es una lámpara! [...]

Oh flamas en la penumbra!
Oh huracanes en las plumas!
Oh gusanos en las tumbas!

Tablada publica por primera vez en 1888 uno de sus primeros poemas: "A…", en *La Patria Ilustrada*, y luego seguirá haciéndolo en los periódicos *El Universal*, *El Siglo XIX* y *El País*. En este último aparece en 1893 su célebre poema con tema de amor sexual "Misa negra", una hermosa composición que causó sorpresa e indignación en algunos círculos conservadores. En él se muestra el cuerpo de la mujer como un altar en el que la sexualidad es ejercida por el enamorado como un sacerdocio y un ritual trascendente (el poema no dice si ella está conciente de que forma parte de ese ritual), un acto que adquiere por vía de la imaginación y el deseo el nivel de lo sagrado (y que guarda quizá por esa circunstancia alguna lejana conexión con el tantrismo oriental). La publicación de este poema, que junto con su autor fue calificado de "obsceno", se convirtió en una fuente de dolores de cabeza para Tablada. No sólo le costó el empleo en el periódico en el que apareció, y en el que estaba a cargo de la sección literaria (renunció, antes que aceptar que había sido un error publicarlo), sino que le hizo víctima del edificante enojo de Carmen Romero Rubio, esposa de Porfirio Díaz, lo que tuvo como consecuencia el persistente desempleo a que se vio sometido, ya que por indicaciones de dicha señora fue repetidamente rechazado de las cátedras y redacciones en las que solicitaba trabajo. Pero no todo fue negativo. En el artículo que publicó expresando su desacuerdo con aquella reacción adversa a su poema, "condenaba yo esa hipocresía grotesca de un público que toleraba garitos y prostíbulos en el corazón de la ciudad donde vivía y se escandalizaba ante la lírica vehemencia de un poema erótico […] y proponía la publicación de una revista literaria animada por la filosofía y el sentimiento más avanzados e intransigentes con cuanto interés no fuera el estético y que proclamando su espíritu innovador debería llamarse *Revista Moderna*".

José Juan Tablada escribe a los 23 años que su fe se ha extinguido "como turbio lampadario" y que su vida es "un fúnebre rosario / más triste que las lágrimas..." Ya no le seduce la hermosura, "ni el casto amor, ni la pasión impura", y en su vida "no hay un Dios, ni un amor, ni una bandera". Así lo dice en su poema "Ónix" (1894), sentimientos y formas que fueron caros al movimiento Modernista, pieza que le abre las puertas de la celebridad y la admiración de sus contemporáneos. Poco después de la publicación de ese poema en 1895, Tablada es internado en un hospital para ser sometido a una desintoxicación por el consumo de drogas, probablemente la mariguana, aunque Rodolfo Mata en su estudio sobre este poeta cita a Carlos Díaz Dufoo, que al respecto escribió en la *Revista Azul*: "Nuestro exquisito artista José Juan Tablada atraviesa hoy por dolorosa y aguda crisis: es un envenenado de Baudelaire, un iniciado en los misterios de esa vida de las drogas estimulantes de la imaginación; el éter, la morfina, el hachís, esos emboscados pérfidos de los sentidos, han hecho de él presa y lo desgarran sin piedad".

Crítico de la modernidad

La segunda edición de "El florilegio", notablemente aumentada, hizo su aparición en 1904. Después de eso, sigue un periodo de sequía en el que casi no escribe poemas y que terminará hasta 1918 en que publica "Al sol y bajo la luna". De ese libro son sus inolvidables versos:

> *"Mujeres que pasáis por la Quinta Avenida*
> *Tan cerca de mis ojos, tan lejos de mi vida... [ ]*

Mujeres fire proof*, a la pasión inertes,*
Llenas de fortaleza, como las cajas fuertes…"

Y una crítica adelantada y visionaria de la modernidad industrial en el poema "El automóvil en México":

"Y sobre el asfalto resbalas,
Reptil que quiere tener alas,
Dejando estelas de humo obscuro
Y flatulencias de carburo…"

En el lapso que transcurre entre la primera edición de "El florilegio" y 1918 escribe algunos poemas ideográficos, viaja al Japón, donde permanece de junio de 1900 a febrero de 1901, ejerce extensamente el periodismo, funda con otros poetas la *Revista Moderna*, se casa con Evangelina Sierra y viaja a Europa, da clases de arqueología en el Museo Nacional, es funcionario de la Secretaría de Instrucción Pública, es diputado por Tlaxcala, colabora con el gobierno de Victoriano Huerta dirigiendo el Diario Oficial, se separa de su esposa, se exilia en Nueva York al triunfo de la revolución y su casa de Coyoacán es mientras tanto destruida por "pseudozapatistas". Respecto a esto último, escribió: "Mi imaginación en aquella época estaba llena con los episodios de la novela *La nao de China*, que trabajaba con tanta disciplina, con tanto método y amor, sólo para que ya casi completa y esperando el M.S. sólo la *mise au point* para entregarla a la imprenta, cayera una banda de pseudozapatistas formada entre la gente maleante de Coyoacán, asaltara mi casa, la saqueara metódicamente y entre el botín se llevara –¿con qué objeto?– todo el original de mi libro y dos cuadernos de notas que representaban el trabajo asiduo de un año en el Archivo General de la Nación."

En 1918 obtiene el perdón –como sucedió con otros poetas– del presidente Venustiano Carranza y entra a formar parte del cuerpo diplomático siendo nombrado segundo secretario de la embajada de México en Bogotá, donde escribe los haikús de "Un día...Poemas sintéticos" (1919). Tablada había estado en Japón al mismo tiempo en que se llevaba a cabo la gran transformación de la poesía japonesa, el salto que daba de la forma clásica, hipercodificada, fija, del haikú, que había durado siglos, a la forma abierta del poema moderno de occidente. Los haikús de Tablada están tendidos entre ambas tradiciones. En los poemas de este libro se aparta, como lo hicieron los poetas japoneses, del tema tradicional y único de esta forma poética, que era: la evocación de la emoción despertada por una escena de la naturaleza en alguna de las cuatro estaciones del año. Su poema *La luna* puede ocurrir en cualquiera de las estaciones: "Es mar la noche negra; / la nube es una concha; / la luna es una perla..." En *La araña*, dice: "Recorriendo su tela / esta luna clarísima / tiene a la araña en vela." Este poema es una síntesis de quietud y movimiento. En él se mezclan la eternidad de la inmovilidad de la escena y la dinámica del instante. La araña, al tiempo que "recorre", "está" en vela. La escena es arquetípica. Esa araña es todas las arañas, desde el principio del mundo y hasta el sinfín del sueño de la vida. El ánimo queda suspendido, como mecido sobre el abismo en esa tela de araña.

Algo similar ocurre con *La tortuga*: "Aunque jamás se muda / a tumbos, como carro de mudanza / va por la senda la tortuga." Otro animal arquetípico que recorre eternamente nuestros sueños. Una imagen de lo humano en el camino de la vida. Lento desplazamiento de la conciencia hacia ¿dónde? Quizá hacia la certidumbre yacente en las realidades esenciales de la existencia: comer, dormir, estar; y desplazarse, imagen de la actividad humana materializada en el esfuerzo del trabajo, la creatividad y la experiencia del fracaso final de todos los afanes, que van a desembocar en la muerte.

"Li-Po y otros poemas" (1920) es la experiencia del poema ejercido como juego. Una visión plástica del lenguaje. Un ondular de las frases. Una adecuación perfecta de las palabras con las imágenes. La naturaleza experimentada como una serie de señales (visuales, auditivas) que nos conducen, otra vez, ¿hacia dónde? No importa, están allí, engalanando la experiencia de los sentidos y poniendo una nota plástica de gozo en la lectura.

En una carta dirigida a Ramón López Velarde, que había expresado dudas acerca de los méritos de la poesía ideográfica, le dice Tablada: "Lo que me dice de la ideografía me interesa y me preocupa. Le parece a usted convencional...¿más convencional que seguir expresándose en odas pindáricas y en sonetos, como Petrarca?... Mi poesía ideográfica, aunque semejante en su principio a la de Apollinarie, es hoy totalmente distinta; en mi obra el carácter ideográfico es circunstancial, los caracteres generales dan más bien la síntesis sugestiva de los temas líricos puros y discontinuos, y una relación más enérgica de acciones y reacciones entre el poeta y las causas de emoción... Mis libros *Un día* y *Li-Po* le explicarán mis propósitos mejor que esta exégesis prematura..."

Las hormigas de Liliput de su libro "El jarro de flores. Disociaciones líricas" (1922) que bullen sobre el grillo inerte se hermanan con la carcajada roja y fría de la rebanada de sandía, haciendo que el mundo inanimado se reanime y hermanando así los reinos de los vegetales y los insectos con el de las experiencias humanas. De estas últimas puede ver claramente el lector junto con el poeta, en el poema "El insomnio", que: "En su pizarra negra / suma cifras de fósforo..."

El espectáculo de la vida

¿En qué consiste, pues, la "juventud" de Tablada? Se trata sin duda de la perenne lozanía de su obra, de su versatilidad extraordinaria, de su búsqueda incansable que es una suma de constantes descubrimientos, de su práctica de la poesía entendida como un himno de gratitud por la infinita multiplicidad de la vida, experimentada por el poeta y los lectores como el espectáculo maravilloso y aleccionador que es. Versatilidad ejemplar que dio sus frutos humedeciendo el limo en que habría de brotar la obra de los poetas que, luego de la publicación de los primeros poemas de Marco Antonio Montes de Oca, Jaime Sabines y el libro "La estación violenta" de O. Paz, harían su aparición y comenzarían a escribir generando a su vez la obra poética múltiple y polifónica que llena la segunda mitad del siglo XX y llega hasta nuestros días: sobre todo la obra –poesía y prosa– de Homero Aridjis, José Emilio Pacheco (la multiplicidad de temas abordados por Tablada prefigura la labor periodístico–ensayista de éste), Gabriel Zaid, el propio Paz (*"y el aire se habría roto en mil pedazos / si alguien hubiera gritado ¡Quién vive!* de 'El cántaro roto', de Paz, es una octava mayor del *"¡QUIÉN VIVE! grita la boca brutal del cuartel / ¿Quién vive?... ¿Quién muere? ¡Quién sabe!...* de 'El caballero de la yerbabuena' de Tablada; esa yerba buena a la que le dice: *"En la más sincopada de las rumbas / préndeme tu vacuna, oh mariguana / universalizando el incidente*; que es la misma de: *"Cae la noche sobre Teotihuacán / En lo alto de la pirámide los muchachos fuman marihuana / suenan guitarras roncas...* del poema "Himno entre ruinas" de Paz) y un largo etcétera cuyo lozano extremo sigue vivificando a la poesía mexicana de hoy. Hay mucho de Tablada en los poetas que escriben en los años sesenta y después. Este coro de voces no sólo hereda y lleva adelante, aunque tomando diversas direcciones, el trabajo que realizaron los antecesores López Velarde, Estridentistas y Contemporáneos –sus búsquedas, sus descubrimientos, sus innovaciones–, sino que mucho le debe a Tablada y a la lección que legó a su descendencia poética: variedad de una obra, riesgo al escribir, curiosidad, experimentación, toma de distancia con los que lo precedieron. También en la prosa, en la que Tablada abordó los más diversos temas: el japonismo, la crítica de arte, la reseña literaria, la mirada crítica sobre algunos aspectos de la vida de los mexicanos, el problema tan discutido y polémico de nuestra identidad...

Una identidad que Tablada, pese a todos los defectos y carencias que veía en el carácter y la vida de los mexicanos, siempre portó y aceptó con satisfacción y orgullo. Lo que lo revela como uno de nuestros escritores más cosmopolitas y al mismo tiempo más mexicanos y agradecidos de serlo. Hay que leer su hermoso artículo "Ráfaga cósmica" en el que describe la experiencia sobrenatural que tuvo una tarde cuando de pronto escuchó el repique de las campanas de la catedral metropolitana de la Ciudad de México ("lo que escuchaba... no eran los repiques de la víspera del *corpus* en la vecina catedral, sino el himno más extrahumano, más imponente y sobrenatural que he escuchado en mi vida toda... sentí que los cielos se desgajaban dejando oír sobrehumanas voces celestiales; que la tierra toda, temblando de amor divino, subía hasta los umbrales de luz del celeste abismo..."). Y hace a continuación la siguiente declaración acerca de su propia identidad: "Oí hablar a catedral quizá porque ha sido santificada durante siglos por las contriciones, los pésames, los dolores y las esperanzas de la raza que es carne de mi carne y sangre de mi sangre."

Tenemos pendiente una lectura más moderna y cuidadosa de la obra de Tablada. Paz lo sugirió hace cincuenta años. No es demasiado tarde. Sor Juana tardó siglos en ser redescubierta. No debemos dejar que suceda lo mismo con este poeta cuya obra está esperando ser releída –o leída– con atención y disfrutada con placer. Hay dos ediciones relativamente recientes de su obra: "El jarro de flores y otros textos", con prólogo de Esther Hernández Palacios, publicado por la Universidad Veracruzana en 2007; y "De Coyoacán a la Quinta Avenida –una antología general", Estudio preliminar y edición de Rodolfo Mata, con ensayos críticos de Esther Hernández Palacios y Serge I. Zaitzeff publicado por FCE, UNAM y f,l,m.

Tablada nos enseñó el ejercicio lúdico del poeta, nos mostró el lado soleado de la poesía. Nos dejó testimonio de que se puede gozar escribiendo –aun cuando el 'tema' del poema toque en ocasiones zonas ominosas de la realidad–; de que jugar con las palabras, agruparlas, ayudarlas a avanzar y lograr así que ellas a su vez hagan avanzar al que escribe hasta que alcance el punto en que deje al poema tomar el mando pero sin descuidar las zonas de los bordes para que no se disperse, como si se tratara de un rebaño; que inventar con ellas, participar asomándose a los abismos que abren, a sus ecos y resonancias, a las imágenes que suscitan, es tarea del poeta moderno comprometido consigo mismo y con el mundo.

Tablada y López Velarde son los poetas fundadores de la poesía mexicana contemporánea. De ellos brotan 'estridentistas' y 'contemporáneos', que son la síntesis, el fruto de ese árbol que los dos plantaron y cultivaron. Ambos leían y criticaban lo que el otro escribía. De esa manera se admiraron y se quisieron y se influyeron mutuamente. A la muerte de su amigo, Tablada escribió un largo poema que tituló "Retablo a la memoria de Ramón López Velarde", fechado en Nueva York en agosto de 1921, que es una combinación de poesía ideográfica y verso tradicional, y que finaliza con una de las tercetas más hermosas de nuestra poesía:

"Qué triste será la tarde
cuando a México regreses
sin ver a López Velarde!..".

Conversación con el Ánima de Ramón López Velarde

Jerez

Poeta Ramón López Velarde: naciste el 15 de junio de 1888 en Jerez, Zacatecas. Aquélla debe haber sido una ciudad más pequeña de lo que es ahora, acaso unas pocas cuadras hacia las distintas direcciones, unas cuantas calles empedradas transitadas por vacas que pasaban frente a tu casa, unos pocos carruajes, mujeres con la falda hasta el tobillo, muchas vestidas de negro, otras con rebozo, y las campanas de las iglesias tocando puntuales al Ángelus y llamando a misa. Por todos lados corrales y huertas y sonidos de animales y árboles altísimos y rumorosos al lado de una que otra acequia veloz.

Esto veías y oías mientras transcurría tu infancia y se entreveraban las nervaduras de tu cerebro y se metían despacio en tu alma las vibraciones ignotas de la carnalidad, la devoción y la conciencia de la muerte. Naciste dotado con el poder de componer y descomponer la dimensión sonora y visual de las palabras, para trastocar la virtud que les es inherente de proyectar un sentido plástico hacia el espacio del habla, algo como una escultura en la terraza de la mente, que podemos contemplar. Como sin saberlo ni quererlo dislocaste nuestra manera de percibir imágenes, las reglas fijas de la versificación y también las de la prosa, y desdibujaste los caminos que solía recorrer el espíritu de nuestra poesía para llegar hasta nosotros, los lectores. Tu obra es el punto de partida de lo que se escribe hoy en México. De ella venimos y hemos llegado hasta aquí. De tu dulce y áspero lenguaje se ha desprendido un vino oscuro parecido al Jerez que ha coloreado nuestro pensamiento y achispado nuestro ánimo tornándolo un "camino de hormigas" asimétrico que viene directamente de tu despensa de imágenes y manjares, de tu comedor, de tu patio, de la boca del pozo de tu casa zacatecana en busca de sí mismo. ¿O eran hormigas lo que iba rumbo a la boca de una estética muerta en una escuela clausurada? Esa casa de Jerez en la que viviste hasta los doce años. ¿Te quedabas entonces mirando a las hormigas? ¿Al rostro hermoso de las mujeres y de las santas y de las vírgenes en las iglesias? ¿Qué leías en tus primeros años, ya existían el 'Silabario de San Miguel', el libro ilustrado 'Historia Sagrada', las 'Rosas de la infancia' de María Enriqueta y el 'Catecismo del Padre Ripalda'? ¿Había libros de poesía en tu casa? ¿Gutiérrez Nájera, Juan de Dios Peza, Othón? Seguramente siendo niño estabas a solas con tu vocación de poeta, pero ¿quién que la tiene no lo está? Tal vez en ese tiempo tu alma era la sola y pura contemplación de una rama de camelina o bugambilia movida por el viento, un puro estremecimiento ante el umbral de los misterios de la carne, de la religión, de los lenguajes de la naturaleza. Años más tarde escribiste: "Recordamos con placer misericordioso el tiempo en que buscábamos la verdad con el mismo espíritu simple con que un chicuelo, a hurtadillas, indaga el jarabe y las confituras. Y es un recuerdo de más sápida huella el del anochecer lluvioso en que, por el bosque salpicado de luciérnagas, oprimíamos un codo en que se articulaban un flexible calor y un raso persistente." En uno de los primeros poemas que escribiste siendo un adolescente ya mezclabas el amor y el rezo, la pasión amorosa y la fuerza de la fe:

"Me arrancaré, mujer, el imposible
amor de melancólica plegaria,
y aunque se quede el alma solitaria
huirá la fe de mi pasión risible..."

En ese mismo poema evocabas también las temperaturas extremas de las áridas tierras del norte de México en que naciste, y colocabas la imagen del amor transpuesta con la de la muerte:

"Iré muy lejos de tu vista grata
y morirás sin mi cariño tierno,
como en las noches del helado invierno
se extingue la llorosa serenata..."

Poemas primeros en los que asomaban incipientes las dos alas con las que vuela tu poesía para abrirnos los ojos a una vertiente de nuestra realidad interna en que conviven como marido y mujer el erotismo y el sentimiento religioso, teñida esta vivencia de gratitud ante la magnificencia de la creación y muy cercana al sentimiento estético: *...Nardo es tu cuerpo y su virtud es tanta / que en tus brazos beatíficos me duermo / como sobre los senos de una santa...*

Zacatecas y Aguascalientes

Año de 1900, muy presente lo tenemos tus admiradores, tu padre te lleva a internarte en el Seminario Conciliar de Zacatecas, ciudad que ha dado otros hijos artistas como Francisco Goitia, Refugio

Reyes el arquitecto luminoso carente de título profesional, Manuel Felguérez, José de Jesús Sampedro y Pedro y Rafael Coronel, entre otros ilustres. Allí eres alumno destacado, apenas estrenado tu primer pantalón largo. De aquellos días píos y escolásticos, de prácticas edificantes, surgen versos como éstos:

> "¿…Amor a las mujeres? Apenas rememoro
> que tuve no se cuáles sensaciones arcanas
> en las misas solemnes, cuando brillaba oro
> de casullas y mitras, en aquellas mañanas
> en que vi muchas bellas colegialas: el coro
> que a la iglesia traían las monjas Teresianas."

Tu familia se muda a Aguascalientes en 1902 y te interna en el Seminario Conciliar de Santa María de Guadalupe. Insistían en que fueras sacerdote. ¿Tú lo deseabas también? ¿Fue allí que oíste o leíste (¿en alguna recopilación de romances medievales, o en voz de alguno de tus presbíteros mentores?; todavía no aparecía en el horizonte de México la polémica entre aparicionistas y antiaparicionistas) la leyenda del origen de la imagen de la Virgen María, más tarde nombrada Guadalupe, que fue inicialmente pintada y esculpida por el evangelista San Lucas, imagen que fue conservada en Roma y después fue a dar a manos del arzobispo de Sevilla, el que a su vez la envía al centro de Castilla junto con otros objetos litúrgicos valiosos para ponerlos a salvo cuando los árabes invaden España, es ocultada en una cueva junto al río Guadalupe y es descubierta en el siglo XIII por un pastor en el lugar en que hoy se le venera y se le ha levantado una basílica en la puebla llamada 'Villa de Guadalupe', en Extremadura, lugar tan cercano como "el vuelo de un gallo" a Medellín, el villorrio en que nació Hernán Cortés? Quizás. Por eso puedes escribir en tu poema "Ella" (tu *novia del alma* con la que soñaste fundar un día *el paraíso de una casa risueña*, algo que nunca pudiste alcanzar) estos versos:

> "...Dormir en paz se puede sobre sus castos senos
> de nieves, que beatos se hinchan como frutas
> en la heredad de Cristo, celeste jardinero;
> tiene piedades hondas y los labios de azúcar
> y por su grave porte se asemeja al excelso
> retrato de la Virgen pintado por San Lucas".

En ese Medellín, poeta López Velarde, en que se me vinieron a la mente mientras miraba asombrado el monumento levantado en honor de Hernán Cortés, en el que éste aparece ataviado de polvo, sudor y hierro como un Cid campeador, con el arma y con la cruz, con el pie sobre una testa cortada que ostenta en la frente la leyenda 'azteca', tus versos de "La Suave Patria" en que le dices a Cuauhtémoc:

> "Joven abuelo: escúchame loarte,
> único héroe a la altura del arte. [...]
> tu cabeza desnuda se nos queda,
> hemisféricamente, de moneda.
> Moneda espiritual en que se fragua
> todo lo que sufriste: la piragua
> prisionera, el azoro de tus crías,
> el sollozar de tus mitologías,
> la Malinche, los ídolos a nado..."

En Aguascalientes, ¿entrabas a menudo al templo de San Antonio a rezar y a postrarte vulnerado por la sublime sacralidad del torrente de luz que propició con la disposición que hizo de las ventanas, los corredores de ámbar y las columnas mágicas de la cúpula, el prodigioso albañil don Refugio Reyes, tu paisano? Por aquellos años te enamoras de Fuensanta una mujer madura mayor que tú, como eran maduras, mayores que tú y experimentadas en la seducción, sutil o descarada, no sé, Margarita, la de *aquel vestido de luto y aquel rostro de ebriedad*; y la protagonista de tu poema "El piano de Genoveva" a la que le imploras te pise el corazón con sus "plantas minúsculas", y a la que le escribes: *esos dulces treinta años yo los puedo adorar*. Por ese tiempo reconoces que el sacerdocio es incompatible con tu temperamento sacrílego y devoto, inclinado al exceso, hogareño y romántico, honrado y libre, interesado en el destino de tu patria, y dejas el seminario. En la Preparatoria de Aguascalientes te reprueban en literatura, ¡a ti, que eres mayordomo, jefe máximo, doctor y pontífice, sumo sacerdote, amador supremo y hierofante de la literatura de tu tiempo y del nuestro! ¡A ti que sabías más de literatura que todos tus profesores juntos! ¿Alguno de ellos se dio cuenta de que algo te traías entre manos, entre los ojos, entre los ventrículos izquierdo y derecho de tu imaginación lingüística? ¿Era tu habla de todos los días fluida y común, extrovertida o reservada, extraña, melancólica?

San Luis Potosí, Ciudad de México

Hacia 1908 te vas a vivir y estudiar la carrera de abogado a San Luis Potosí. Te preparabas para la vida civil. ¡De algo tenías que vivir! ¡Anhelabas formar un hogar! Y la poesía, exclaman desde siempre los doctos loros expertos en finanzas, ¡no deja dinero! En tu poema 'El adiós', a la muerte de Fuensanta, confesaste:

> "...enlutada que un día de entusiasmo
> soñé condecorar,
> prendiendo, en la alborada de las nupcias,
> en el gro nobiliario de tu pecho
> una fecunda rama de azahar..."

En San Luis te metes en política, te haces antireeleccionista, fundas con tus amigos el Centro Antirreeleccionista local, eres maderista y escribes en los periódicos elogios y críticas a Madero, al que conoces y tratas personalmente en 1910. Charlas y paseas en su compañía y eres su defensor legal cuando éste es apresado en esa ciudad. Escribiste de Madero que te era simpático: "...Al proclamar el antireeleccionismo tuvo Madero una actitud caballeresca, un gesto bizarro, una palabra de justicia [...] Pero el coahuilense, por desgracia, tornóse un suicida. Políticamente. Se suicidó con la transacción que propuso a últimas fechas, ya esbozada desde la primera edición de su obra. Transacción consistente en que los antirreeleccionistas pueden admitir la reelección del Presidente de nuestra llamada República. ¡Señor Madero, por Dios! Tamaña contradicción [...] Consentir en la reelección del presidente para oponerse a la de los demás funcionarios es lo que en romance se llama andarse por las ramas. Pero creo que en esto Madero fue torpe. No más. Lo juzgo honrado como siempre."

Se están cocinando en los hornos de tu frente y en la firmeza y la duda del lápiz con que escribes, *La sangre devota* y *Zozobra*. Tu poesía es como tu prosa; ya se ocupe ésta de la política, del acontecer cultural, la crítica literaria, la crónica de los días: penetrante, mordaz, inteligente, inusitada, comprometida, rara, hermosa y áspera. Publicas en periódicos y revistas del país y te recibes de abogado, eres juez y actuario, profesor de literatura en la Escuela Nacional Preparatoria una vez que te instalas en México en 1914. Tu vida interior es vertiginosa. Vas del burdel al rezo, de los brazos de la novia santa al arrabal de los sentimientos y a la realidad de los cuerpos, de la oficina a la charla del café, de la máquina de escribir a la tachadura en los borradores de los poemas, de la indignación y la estrechez al alborozo de la vida cotidiana, de la Colonia Santa María donde visitas a tu admirada amiga la poetisa María Enriqueta, a la añoranza de la paz soñolienta de tu lugar de origen. Crees en la amistad y la cultivas: con algunos grandes escritores: José Juan Tablada, Rafael López, Enrique González Martínez, Julio Torri, quien dice de ti: "López Velarde es nuestro poeta de mañana, como lo es González Martínez de hoy, y como lo fue de ayer Manuel José Othón." Nada menos. Nuestro poeta del mañana... Sabías lo que había antes de ti, pero, ¿presentiste lo que te seguiría? ¿Comprendiste cuáles iban a ser las consecuencias de tu audacia, de tu arduo trabajo?

*

Ramón López Velarde, una vela que arde en la eternidad de nuestra imagen del mundo, siempre cambiante. Imagen que te incluye agradecida por lo que nos legaste y devota de tu persona, que nos señaló el camino inusitado y nervioso que exploraron las hormigas-nahuales de tu poesía. La teología de tu fe es tu fe en las palabras que se fraguan en "la combustión de los huesos", esas que rezuman fuego y sinceridad mientras cargan en sus lomos "la verdad del artista". El camino que trazan tus hormigas portadoras así mismo de imágenes que semejan trozos de hojas transparentes a la hora en que las contemplamos más que querer razonarlas o entenderlas, llega hasta nosotros luego de atravesar la vanguardia del arte, cruzar la misteriosa calle de los estridentistas, trasponer el gabinete en penumbra del doctor Villaurrutia, soportar en su intensidad la mirada interior de Paz, toda vértigo y llama, y tomar un respiro en los ardientes témpanos de Montes de Oca. ¿Estabas conciente de que eras "nuestro poeta del mañana? ¿Tuviste "mañana", poco, mucho? Ahora que no estás aquí, sabes mucho más que ayer, mucho más que nosotros. Sabes de los ignotos caminos que transitan en el trasmundo las hormigas metafísicas de tus poemas. Pero, ¿sabes lo que habría sido sin ti la poesía mexicana de hoy? ¿A dónde habríamos ido a parar sin ti? Y la hispanoamericana. La forma y el fondo del poema. La forma de tus imágenes trastoca la dirección de la línea y el concepto de la perspectiva y nos cambia el ángulo de visión. Una mutación del ser que se manifiesta en un cambio en los campos de color. Lo cual nos lleva a percibir la realidad de un modo insólito que nos acerca al recóndito centro de nosotros mismos, como nos lo hace ver apoyado en tus propias palabras uno de los más altos de tus estudiosos y panegiristas, José Luis Martínez: para ti, "el secreto de la creación poética reside en esa (tu) capacidad singular para percibir *la majestad de lo mínimo*, y ha de emprenderse como un acto de posesión amorosa, con lujuria y concupiscencia." Esa concupiscencia, dijiste, "que franquea los interiores más abstrusos de la conciencia, sus trascuartos y sus pasadizos; [...] nuestra emoción es una linterna sorda que horada la cúbica negrura de los aposentos, a deshora..." En esas líneas está cifrado el estro poético de Xavier Villaurrtia y la influencia que ha ejercido en nosotros. Gracias por inducirnos a "oír lo inaudito y expresar la médula de lo inefable". En hechos inauditos como *el sobresalto de las manecillas al ir a ayuntarse sobre las XII,* en *la disgregación del azúcar, el júbilo de las vajillas, la queja repentina de los armarios*, y en el movimiento perpetuo de las cosas, está la noción en embrión de "obra abierta", esa sacerdotisa augusta que ha soltado los lebreles de nuestros designios y ha dispersado los minutos que pastan sobre el papel y el lápiz con que registramos los prodigios de hoy. Muchas gracias por todo ello, doctor López Velarde, que en gloria estás, sin duda, siguiendo tu camino hacia el nirvana.

Fuiste implacable con los "idiotas cantómanos" y su "perversidad metrificada", con la mala sintaxis y con la miseria moral y la mediocridad de algunos escritores, y defendiste el derecho de los lectores a que se les respete; pero fuiste generoso, entusiasta y penetrante con el trabajo de los jóvenes poetas (Pellicer, Ortiz de Montellano y Gorostiza, entre otros: "Alégrome de poder declarármeles adicto") y con la obra de los poetas y escritores cuyo trabajo admiras y amas. Estudiaste, elogiaste a Nervo y a Lugones. Percibiste la obra de Othón como la síntesis de tradición y modernidad (otra expresión en embrión que anticipa el concepto "tradición de la ruptura": ¿no están presentes alimentando y extendiendo una larga hebra de uniones y desuniones los ancestros fundadores de nuestra poesía y nuestra lengua en la escritura contemporánea?): "...Fue Othón un espíritu privilegiado que supo armonizar la índole de las escuelas antiguas con los complicados procedimientos artísticos de la actualidad derramando vino viejo en los moldes nuevos. Él ha sido quizá el más grande de los cantores neoclásicos... Si Góngora le hubiese conocido, le habría consagrado su devoción." Escribiste de Anatole France, "nuestro fetiche" (tenías otros fetiches: te gustaba imaginar a las mujeres vestidas de negro, y a las plantas de las mujeres pisándote; recordamos al respecto tus composiciones *La dama en el campo* y *Para tus pies*): "...France ha consumado *Le Lys rouge,* es decir, un milagro de estilo, una pujanza ideológica, una sobriedad de manufactura, una sensación selecta, inaccesible a los humanos. France es la literatura francesa con un coeficiente que jamás había alcanzado." Tanto así.

Término

France es la literatura francesa que es decir la lengua francesa que es decir Francia, como tú y Sor Juana y Paz y Rulfo y Fuentes y Montes de Oca son México y, digamos, Gershwin y Eliot son los Estados Unidos y el idioma inglés, seres ustedes universales por ser tan genuinamente artistas y tan profundamente ustedes y sus obras tan profundamente arraigadas en lo propio. Tú querías una Patria "no histórica ni política, sino íntima,.." Y la viste como una Patria "hacia adentro... castellana y morisca, rayada de azteca, que ofrece el café con leche de su piel." Escribiste en un artículo sobre Manuel M. Ponce la palabra "criollo" a propósito de los rasgos que deberían tener las obras de arte popular y de arte formal: "no lo cobrizo ni lo rubio, sino este café con leche que nos tiñe" (algo que nosotros nombramos "mestizo", que eso somos), y con eso entraste a participar en el examen de la brecha que atraviesa el corazón de

México y que Paz aborda en *El laberinto de la soledad* y en su poema *El cántaro roto.* "No somos ni hispanos ni aborígenes", dijiste, aunque pudiera haber parecido increíblemente obvio el decirlo, pero era y sigue siendo necesario meditarlo, resolverlo y asumirlo, ya que ese punto en nuestra psique continúa estando presente detrás de todas las insuficiencias, atrasos, corrupciones e impunidades de nuestra vida pública y privada, y con ello pusiste el dedo en la llaga y aunque ahora nuestros conciudadanos indígenas habitan por millones sembrando y cosechando y lavando platos en el extranjero (y muriendo ahogados en el río Bravo y en los desiertos de Arizona y New Mexico) porque políticas oficiales criminales y racistas los han arrojado fuera de aquí logrando destruir con ello su agricultura campesina que era su medio de supervivencia y su maestría, y tú le escribiste a tu Patria este endecasílabo porque así eran los paisajes en tu tiempo: "México, tu superficie de maíz…", superficie que ahora es en su mayor parte agroindustria contaminante transgénica neolatifundista con neopeonaje neoporfiriano, o basura y erosión, cemento y depredación, campos de golf y desigualdad social, poeta López Velarde. ¿Cómo describirías tu Patria hoy? ¿Le llamarías a este tu nuevo poema "La dura Patria"? ¿O persiste el sentimiento de entonces bajo las mataduras y los agravios del México de hoy? Parece que el problema íntimo de México es que muchos millones de mexicanos no quisieran serlo y por serlo odian a México, no lo aman como tú lo amaste y como tú nos enseñaste a amarlo, y por eso casi todo nos sale al revés como país, poeta López Velarde.

En 1919 publicas tu segundo libro, *Zozobra*, abres tu bufete de abogado y eres secretario particular del Secretario de Gobernación en el gabinete de Venustiano Carranza. ¡De algo tenías que vivir! Y como tal, al año siguiente tomas uno de los trenes que llevaba al gobierno del presidente hacia Veracruz y hacia su verdugo en Tlaxcalantongo. Y en este punto pregunto: ¿Qué habría sucedido contigo y con la historia de nuestra poesía si no te hubieras bajado de ese tren a su paso por la Villa de Guadalupe y hubieras seguido a Carranza hacia la sierra de Puebla en lugar de regresar a México como lo hiciste? ¿Hasta qué punto se habría visto comprometida tu vida de haber llegado con Carranza a Tlaxcalantongo? Quizá no conoceríamos "La Suave Patria" como la conocemos hoy. O quizá no existiría. La vida espiritual de México sería *otra*. La poesía de nuestra lengua también.

¿Y si luego, más tarde, no das ese paseo nocturno discutiendo con un amigo, a media noche, "en la calle y bajo la lluvia que siempre enfría el Valle de México" (según escribe Armando Adame, prologuista y compilador de uno de los múltiples libros que se han editado de tu obra), esa caminata que te causó el resfrío que se convirtió en neumonía y pleuresía y que te causó la muerte…? Es que no existía la penicilina. Unas inyecciones habrían bastado para curarte. Falleciste el 19 de junio de 1921. A la una y veinte de la madrugada. En el departamento que ocupabas con tus parientes en la Avenida Jalisco número 71, hoy Avenida Álvaro Obregón y hoy convertida en el centro cultural "Casa del poeta Ramón López Velarde". De haber seguido vivo más allá de esa fecha y de esas circunstancias, nadie sabe a qué te habría llevado, y a nosotros contigo, el continuar la exploración de "esa vertiginosa geografía de las pasiones y de la sensibilidad que creaste", como dijo de ti José Luis Martínez, que también escribió: "…La obra literaria de Ramón López Velarde es una lección de autenticidad espiritual y de curiosidad y búsqueda incesantes que nos enseñó el conocimiento por el amor y abrió el camino de otra edad poética."

"Háganle suntuoso entierro por cuenta del gobierno", ordena el presidente Obregón al enterarse de tu muerte. Y el rector José Vasconcelos dispone que tu féretro sea conducido y velado a la entrada del Paraninfo Universitario y luego sepultado en el Panteón Francés.

El poeta José Juan Tablada y tú se leyeron, admiraron y criticaron mutuamente y fueron amigos. Tú lo reconociste como maestro y él también a ti. Escribiste de él que era "una de las más severas aristocracias de nuestra poesía"; y de la poesía ideográfica expresaste algunas dudas. Le dijiste en un artículo publicado en la revista *Pegaso*: "...Hasta hoy, lo ideográfico me interesa, más que por sí mismo, por usted que lo cultiva. Desde que conocí lo de Apollinaire, se me quedó la impresión de algo convencional. [...] Dudo que la poesía ideográfica se halle investida de las condiciones serias del arte fundamental." Tablada reviró. Te habló de "lo que sugiere tan admirablemente la inquieta fila de hormigas"; te lo dijo en *El Universal Ilustrado*: "...Lo que me dice de la ideografía me interesa y me preocupa. Le parece a usted convencional... ¿más convencional que seguir expresándose en odas pindáricas, y en sonetos, como Petrarca? [...] Si usted, querido amigo, no fuera tan grande poeta, si en sus obras no manifestara un ejemplo tan encantador de liberación personal, tomaría a mal esa frase suya... creo que aún no tiene usted documentación abundante para hacer un juicio definitivo..."

*

Me quedo para siempre con estos versos del largo poema que te escribió José Juan Tablada luego de tu fallecimiento: "Retablo a la memoria de Ramón López Velarde" –título que diseñó como ideograma dándole la forma de un montículo de tierra y una cruz:

> "...La Belleza le dio un ala; la otra el Bien,
> viva así por los siglos de los siglos! Amén"

Y con estos otros con que cierra el poema:

> "Un gran cirio en la sombra llora y arde
> por él... y entre murmullos feligreses
> de suspiros, de llantos y de preces,
> dice una voz al ánimo cobarde:

Qué triste será la tarde
Cuando a México regreses
Sin ver a López Velarde…!”

*

(*Fuentes*: Libros y ensayos de Armando Adame, Juan Domingo Argüelles, Marco Antonio Campos, José Luis Martínez, Víctor Manuel Mendiola).

Ernesto Cardenal: misticismo, poesía, revolución

Leo del poeta nicaragüense Ernesto Cardenal un poema de su libro *Gethsemani, Ky*, (Ed. Ecuador 0 00' 000", México, 1960), el cual fue redactado en el monasterio benedictino "Santa María de la Resurrección", en las afueras de Cuernavaca, al inicio de los años sesenta del siglo pasado. El poema es emblemático de la obra de Cardenal, ya que contiene algunos de los elementos que han sido centrales en el trabajo de este poeta a lo largo de toda su vida: la búsqueda de Dios, el amor universal, la naturaleza, la política, el compromiso social. Los poemas del libro fueron escritos con base en apuntes hechos un poco antes, durante su estancia como monje novicio en el monasterio trapense de Gethsemani, Kentucky, Estados Unidos, al cual ingresó en 1957, a la edad de treinta y dos años. Ese lugar da nombre al libro, que es, sin duda, uno de los más hermosos y diáfanos que han sido escritos en las letras hispanoamericanas:

“Ha venido la primavera con su olor a Nicaragua:
un olor a tierra recién llovida, y un olor a calor,
a flores, a raíces desenterradas, y a hojas mojadas
(y he oído el mugido de un ganado lejano…).
¿O es el olor del amor? Pero ese amor no es el tuyo.
Amor a la patria era el del dictador –el dictador
gordo, con su traje sport y su sombrero tejano–.
Él fue quien amó la tierra y la robó y la poseyó
y en esa tierra está ahora el dictador embalsamado
mientras que a ti el amor te ha llevado al destierro”.

Ese amor lo llevó al destierro de la búsqueda de Dios y también a la revolución, pues este poeta ha sabido unir en su vida religiosa y en su práctica política los conceptos de cristianismo y marxismo. A ese respecto, rememora la época de sus dos viajes a Cuba (1970 y 1971): “…empecé a leer cada vez más de marxismo, y a amar aquel sueño de una humanidad liberada de la explotación y sin desigualdades ni división de clases. Ya desde entonces comencé a declararme un marxista que cree en Dios y en la vida después de la muerte. Y a decir que esa creencia no se opone al marxismo sino lo complementa…” (*Las ínsulas extrañas,* Ed. Trotta, Madrid, 2002).

Ernesto Cardenal nació en Granada, Nicaragua, en 1925. Es poeta, prosista, traductor, sacerdote católico, y uno de los más destacados exponentes de la teología de la liberación. Fue colaborador del Frente Sandinista de Liberación Nacional (FSLN) y, al triunfo de la revolución de su país, en 1979, Ministro de Cultura durante varios años en el primer gobierno sandinista. En 1994 abandonó el FSLN por no estar de acuerdo con la línea del gobierno, y apoyó al Movimiento Renovador Sandinista (MRS), de oposición, y, más tarde, a la Alianza Partido MRS durante las elecciones de 2006 (Wikipedia).

Acerca de la citada teología de la liberación, escribió en *Las ínsulas*: “…asistí… (1971) en San José de Costa Rica a una reunión de teología que era de Teología de la Liberación, aunque no tenía ese nombre. Fue hasta un poco después, cuando se publicó un libro de Gustavo Gutiérrez titulado *Teología de la liberación,* que se le dio ese nombre a esta teología nueva de América Latina. No recuerdo ya qué nombre se le dio a aquel encuentro de teología en Costa Rica, pero se le debe haber dado algún nombre. Lo importante es que allí se llegó al acuerdo de adoptar el método marxista de análisis de la realidad. Asistieron importantes teólogos latinoamericanos, párrocos chicanos muy combativos, sacerdotes perseguidos por gobiernos militares…"

La "Rebelión de Abril"

Cardenal estudió, escribió y vivió en México en dos diferentes periodos: de 1942 a 1946, en que hizo la carrera de Letras Hispánicas en la UNAM; y luego, de 1959 a 1961, después de residir tres años en Estados Unidos, viajar por varios países europeos y vivir de nuevo en Nicaragua, tiempo en que participó en la llamada "Rebelión de Abril" (1954), movimiento armado que intentó derrocar al dictador Anastasio Somoza sin éxito ("…íbamos a tomar la casa presidencial y apresar a Somoza y, si era inevitable, matarlo…") (*Las ínsulas…p.225*). En el segundo periodo de su estancia en México, ingresó al monasterio benedictino de Santa María, que dirigía el Prior Gregorio Lemercier. Ecos de su experiencia y vocación revolucionaria y religiosa, son los dos textos siguientes, el primero en prosa, tomado de su libro *Vida perdida* (Ed. Seix Barral, Barcelona, 1994):

"…Así como Dios le dijo a Abraham: 'Deja tu patria y tu parentela', así, entre mi parentela, se encuentran los Somoza: Bernabé Somoza, el bandolero, abuelo del dictador, era mi tío tatarabuelo; el hijo de don Bernabé fue un Anastasio Somoza; y el hijo de éste, Anastasio Somoza, el dictador. Y un hijo de éste, otro Anastasio

Somoza. No debo olvidar este parentesco. Ni olvidar que Dios me llamó a la libertad haciéndome renunciar a Nicaragua y a todo lo que hay en ella, incluyendo esta parentela Somoza, lejana pero real". Una renuncia que fue un destierro, una búsqueda, un encuentro, una libertad; y que se resolvió, finalmente, en una obra literaria. Transcribo un poema relacionado también con esos temas, tomado de *Gethsemani, Ky*:

> 2 A.M. Es la hora del Oficio Nocturno y la iglesia
> en penumbra parece que está llena de demonios.
> Ésta es la hora de las tinieblas y de las fiestas
> la hora de mis parrandas. Y regresa mi pasado.
> *"Y mi pecado está siempre delante de mí"*
> Y mientras recitamos los salmos, mis recuerdos
> interfieren el rezo como radios y como rocolas.
> Vuelven viejas escenas de cine, pesadillas, horas
> solas en hoteles, bailes, viajes, besos, bares.
> Y surgen rostros olvidados. Cosas siniestras.
> Somoza asesinado sale de su mausoleo (Con
> Sehón, rey de los amorreos, y Og, rey de Basán).
> Las luces del "Copacabana" rielando en el agua negra
> del malecón, que mana de las cloacas de Managua.
> Conversaciones absurdas de noches de borrachera
> Que se repiten y se repiten como un disco rayado.
> Y los gritos de las ruletas y de las rocolas.
> *"Y mi pecado está siempre delante de mí"*
> Es la hora en que brillan las luces de los burdeles
> y las cantinas. La casa de Caifás está llena de gente.
> Las luces del palacio de Somoza están prendidas.
> Es la hora en que se reúnen los Consejos de Guerra
> y los técnicos en torturas bajan a las prisiones.
> La hora de los policías secretos y de los espías,
> cuando los ladrones y los adúlteros rondan las casas

y se ocultan los cadáveres. Un cuerpo cae al agua.
Es la hora en que los moribundos entran en agonía.
La hora del sudor en el huerto, y de las tentaciones.
Afuera los primeros pájaros cantan tristes,
llamando al sol. Es la hora de las tinieblas
y la iglesia está helada, como llena de demonios,
mientras seguimos en la noche recitando los salmos.

Anterior a su entrada al monasterio de Gethsemani es el siguiente epigrama, en el que se mezclan la política y el amor por una mujer. En esos años Cardenal se ganaba la vida en Managua con una librería de su propiedad llamada "nuestro tiempo", escrito este nombre con minúsculas iniciales, como más tarde en el monasterio de Kentucky escribirían sus nombres de religiosos Thomas Merton (fr. m. louis) y el propio Ernesto Cardenal (fr. m. lawrence), tipografía que ya había sido utilizada por los poetas de la vanguardia, luego canonizada por el poeta norteamericano e.e. cummings (también por Ezra Pound), y después retomada con gran entusiasmo, junto con la eliminación de gran parte de la puntuación, por muchos de los poetas de las lenguas norteamericana e hispanoamericana en la segunda mitad del siglo XX:

Tal vez nos casemos este año,
amor mío, y tengamos una casita.
Y tal vez se publique mi libro,
o nos vayamos los dos al extranjero.
Tal vez caiga Somoza, amor mío.

El trabajo físico, una práctica de estilo literario

La prosa de Ernesto Cardenal es transparente, de sintaxis sencilla, de estilo directo, de ritmo espontáneo, como su poesía. Es autor, entre otros libros, de los ya citados volúmenes de Memorias, *Vida perdida*, nombre que es una referencia al versículo del evangelio de San Lucas: "el que pierda su vida por mí, la salvará", y *Las ínsulas extrañas*. Ambos libros, testimonios conmovedores por su valentía y sinceridad al hablar sobre sí mismo y exponer sus ideas y vivencias acerca de la revolución, las mujeres y el sexo, la literatura, la amistad, el paisaje de Nicaragua, su búsqueda y encuentro con Dios; ideas y prácticas políticas y religiosas que le han acarreado la reprobación y aislamiento de la jerarquía eclesiástica de Roma; pero que han enriquecido la literatura hispanoamericana. En *Vida perdida* dice sobre su poesía y su estancia en Gethsemani, donde prácticamente tenía prohibido escribir: "Aunque no esté escribiendo poesía, el trabajo manual, que incluye limpiar inodoros, es una práctica de estilo, porque la humildad y sencillez de estos trabajos seguramente perfeccionará mi estilo literario, dándome más sencillez, claridad, expresión directa"; interesante conexión entre el trabajo manual y la labor intelectual, que recuerda la práctica del zen diseñada para los monjes budistas, en la que se concede una importancia fundamental a la combinación del trabajo físico con la inmovilidad de la meditación, que puede ser considerada actividad intelectual, por lo menos en sus etapas iniciales.

Son evidentes en la obra poética de Cardenal las influencias de Gonzalo de Berceo, San Juan de la Cruz y Fray Luis de León (con los que comparte, además de su religiosidad, la contemplación y gusto por la naturaleza, y una actitud combativa –en esto último, también con Juan Ruiz, Arcipreste de Hita); de los epigramistas latinos Catulo y Marcial, de los epigramas de Ezra Pound, (de quien toma la noción de "objetivismo", como algo opuesto a los excesos del "subjetivismo"), y del cual es traductor (también lo es de William Carlos Williams y de otros poetas norteamericanos y latinos), así como de la obra del poeta y monje trapense Thomas Merton, a quien siempre ha reconocido como su maestro y del cual fue compañero, amigo entrañable y discípulo en el monasterio de

Gethsemani. Dice en sus Memorias, a propósito del deceso de Merton, ocurrido accidentalmente por electrocución con un ventilador, y cuyo cadáver, irónicamente, fue transportado a Estados Unidos desde Asia en un avión militar de los que bombardeaban Vietnam; a él, que fue tan acerbo crítico del Sistema y de esa guerra: "A principios de diciembre de 1968… recibí un cablegrama de Gethsemani que decía: *'Sentimos informarle la muerte de nuestro padre Thomas Merton en Bangkok'*... Todo dio vueltas alrededor mío… me costó entender esas claras palabras… Aunque Merton tenía sólo diez años más que yo, para mí era como mi padre, y su muerte fue el mayor dolor que yo había tenido; y este largo poema ("Coplas a la muerte de Merton"), es el más profundamente sentido que yo he escrito". He aquí unos pocos versos de ese poema:

Nuestras vidas son los ríos
que van a dar a la muerte
que es la vida
Tu muerte más bien divertida Merton
(o absurda como un koan?)
Tu muerte marca General Electric
y el cadáver a USA en un avión del Army
con el humor tan tuyo te habrás reído
vos Merton ya sin cadáver muerto de risa
también yo… […]
Muere una tarde más sobre Solentiname
Tom
resplandecen estas aguas sagradas
y poco a poco se apagan
es hora de encender la Coleman
todo gozo es unión
dolor estar sin los otros:
Western Union

El cablegrama del Abad de Gethsemani era amarillo
WE REGRET TO INFORM YOU etc..........
Yo solo dije:
o. k.

Es asimismo escultor, y dos de sus obras, un báculo de bronce y un Cristo de acero, se cuentan como parte del acervo artístico de la catedral de Cuernavaca. Cardenal conoció y trabó amistad en la Facultad de Filosofía y Letras de la UNAM con Rosario Castellanos, Rubén Bonifaz Nuño, Augusto Monterroso, Dolores Castro, Fedro Guillén, Wilberto Cantón y los hermanos Henrique y Pablo González Casanova (de los cuales hace mención en sus Memorias). Allí coincidió también con su paisano, el poeta Ernesto Mejía Sánchez, que lo relacionó con editores y colegas. Fue en ese tiempo que publicó en México sus primeros epigramas (amorosos, políticos, religiosos) y su célebre poema político "Hora 0" (en la *Revista Mexicana de Literatura,* con ilustraciones de Pedro Coronel), "poesía básicamente documental, que presenta objetivamente la realidad", según su propio juicio, y "método que tomé de la poesía norteamericana, especialmente de Ezra Pound".

"Hora 0" es un poema lírico-político (si es que cabe el término) en el que Cardenal ha volcado su amor por su tierra, su gente, y también por la justicia; y su indignación y descripción de la corrupción política que ha permitido la explotación saqueadora de las materias primas y los bienes de los países centroamericanos por parte de grandes compañías extranjeras como la United Fruit Company, la Tela Railroad Company, la Standard Fruit & Steamship Corporation, entre otras, y hasta una Mexican Trader Steamship, hermana de aquéllas, "...que les hunde sus lanchones a los campesinos / y los huelguistas son dominados a tiros / (y los diputados nicaragüenses invitados a un garden party). / Pero el negro tiene siete hijos / y uno qué le va a hacer. Uno tiene que comer. / Y se tienen que aceptar sus condiciones de pago: 24 ctvs. el racimo..."

"Hora 0" es también un emotivo retrato de Augusto César Sandino (1893-1934), el legendario héroe nicaragüense que dirigió la resistencia contra la ocupación norteamericana de 1927 a 1933:

"…Su cara era vaga como la de un espíritu, / lejana por las meditaciones y los pensamientos / y seria por las campañas y la intemperie. / Y Sandino no tenía cara de soldado, / sino de poeta convertido en soldado por necesidad, / y de un hombre nervioso dominado por la serenidad. / Había dos rostros superpuestos en su rostro: / una fisonomía sombría y a la vez iluminada; / triste como un atardecer en la montaña / y alegre como la mañana en la montaña…"

En "Hora 0" como en el resto de su obra (en verso y en prosa) puede verse, olerse, oírse el paisaje de Nicaragua, su flora y su fauna, es dable conocer los quehaceres de los campesinos, oír el habla de la gente, conocer su historia, sus anhelos, sus alegrías y sufrimientos, una saga heroica y sangrienta que es de muchas maneras la misma de toda Hispanoamérica.

La "nueva poesía"

Es legendaria en las letras nicaragüenses la amistad de Cardenal con otros dos importantes poetas nicaragüenses del siglo XX: Carlos Martínez Rivas, a quien Cardenal ha llamado "el genio de mi generación", y José Coronel Urtecho, a quien reconoce como maestro. Sin embargo, es de Carlos Martínez Rivas de quien ha expresado que es el que tiene un mayor talento poético "después de Rubén Darío".

En 1947-1949 reside en Nueva York estudiando letras inglesas en la Universidad de Columbia, donde también estudiaban Thomas Merton y Allen Ginsberg, aunque en aquel momento aquéllos y Cardenal no se conocieron; pero ya estaba en el aire la renovación de la poesía en ambas lenguas, empresa en la que coincidirían: en inglés, con el propio Ginsberg y los *beats,* Charles Olson y su teoría del *Objectism,* (poética de los objetos, en la cual se considera a todas las creaciones de la naturaleza como "objetos", incluidos el poema y el poeta mismo), Robert Creeley, Jerome Rotherberg, y otros; en español, con Ernesto Cardenal en la primera línea de la poesía hispanoamericana; en México, con Marco Antonio Montes de Oca, "el iniciador de la nueva poesía", según escribió sobre él Octavio Paz en el prólogo a la antología *Poesía en movimiento* (Siglo XXI Editores, México, 1966). La mencionada renovación era sobre todo liberación del lenguaje y de la forma: irrupción de la llamada 'obra abierta': ritmo acentual, verso libre, tono de la conversación, irregularidad silábica y estrófica, multiplicidad de sentidos y de formas. De Ernesto Cardenal rescato este verso de uno de sus poemas, en el que hace la caracterización de su tiempo y de la revolución poética ocurrida en nuestras letras en la segunda mitad del siglo XX, que le tocó vivir y protagonizar: "Y si he de dar un testimonio sobre mi época, es éste: "Fue bárbara y primitiva, pero poética".

Cardenal era conciente de la necesidad del cambio que estaba ocurriendo en la poesía hispanoamericana en esos años. Así lo expresaba en carta del 13 de abril de 1962*: "...Supongo que seguirán ustedes agitando México. Agitarán también toda América Latina si continúan el trabajo. Es necesario crear un movimiento renovador, acabar con la complacencia, la literatura consagrada, la retórica que se ha impuesto, las consignas, las conspiraciones de silencio..." Sobre el caso específico de Nicaragua, decía (desde Antioquia, Colombia, el 5 de octubre de 1963): "Cada vez están surgiendo más poetas. Es como un fenómeno geológico, casi como una actividad volcánica. Coronel tenía la teoría de que la naturaleza está queriendo producir allí un gran poeta y que Rubén y la poesía

* Éste fragmento, y otros que se citan en el ensayo, son de cartas de Ernesto Cardenal enviadas a los editores de la revista *el corno emplumado*.

actual no serían tal vez sino partos fallidos, intentos del gran poeta que todavía la naturaleza no ha logrado producir…" Al referirse a Rubén Darío como "parto fallido", Cardenal y Coronel Urtecho nos hacen recordar al poeta japonés de finales del siglo XIX, Shiki Masaoka (1867-1902), uno de los fundadores de la poesía japonesa moderna, que al referirse a Matsúo Basho (1644-1694), el venerable y hasta entonces intocado patriarca del haikú, dijo de él que "aunque había sido un gran maestro, al menos cuatro quintas partes de sus poemas eran malos".

Una revolución lingüística

Conocí a Ernesto Cardenal alrededor de 1960 en la casa del poeta *beat* Phillip Lamantia, que vivía en la calle Río Hudson de la Colonia Cuauhtémoc en la ciudad de México. A partir de allí lo seguí visitando en su monasterio de Cuernavaca, como hacían muchos otros de sus amigos poetas. Yo había llegado a ese lugar invitado por el poeta Homero Aridjis, que era amigo de Lamantia y era mi compañero de aula en la escuela de periodismo "Carlos Septién García". Cardenal era en ese momento monje residente del monasterio benedictino, pero le permitieron hacer alguna vez un viaje a la ciudad de México, probablemente para realizar trámites de visado, ocasión que aprovechó para reunirse con sus amigos poetas, su paisano Ernesto Mejía Sánchez y con Phillip Lamantia. Había llegado al monasterio de Cuernavaca de paso para Nicaragua, donde planeaba fundar, junto con Thomas Merton, una comunidad contemplativa para gente que deseara apartarse del mundo y escribir o pintar y cultivar allí la tierra al lado de los campesinos. Sueño que realizó Cardenal más tarde, ya fallecido Merton, fundando la comunidad de Solentiname en el lago de Nicaragua. El paso de Cardenal por Cuernavaca duró unos dos años, antes de que, posponiendo sus planes sobre Solentiname, se marchara a un seminario de

Colombia a estudiar la carrera del sacerdocio: "...a finales de 1961 dejé Cuernavaca para ir a un seminario en una región montañosa de Colombia, en las estribaciones de los Andes, y para después fundar una pequeña comunidad en el lago de Nicaragua..."

Eran los años sesenta, aquella década dorada y terrible de revueltas en el mundo entero en contra del autoritarismo y a favor de la libertad (entre muchas otras causas), y Solentiname no fue la excepción. Escribe Cardenal en *Las ínsulas*: "...la única regla que yo seguí en Solentiname fue aquella que me había dicho Merton: 'la primera regla es que no haya reglas' " *(Las ínsulas, p.214).*

Lo que sí había era trabajo artístico y literario: "Trabajábamos en las artesanías en las mañanas, haciendo cristos, ceniceros y otros adornos, y yo también haciendo mis esculturas y también escribiendo, y William (el poeta colombiano William Agudelo) laboraba en cuero, madera y cobre, hacía pirograbados de cristos y últimas cenas. Julio Valle cuenta que yo bajaba a bañarme al lago en la tarde. Después eran las pláticas de poesía, y sobre todo hablábamos de poesía exteriorista, la que él describe como 'una suerte de neo-objetivismo; más concreta que la poesía concreta brasileña porque trataba de lo concreto, no de lo abstracto, ninguna subjetividad, la lengua o el habla de la calle, de los anuncios, de la publicidad, de los periódicos o de las radios...' " *(Las ínsulas, p.418).*

Fue también una comunidad de personas simpatizantes o afiliadas a la revolución nicaragüense. Relata Cardenal haber recibido en una ocasión un mensaje de un dirigente sandinista: "...Que por ningún punto debía dejar de existir la comunidad de Solentiname. Que Solentiname para el Frente Sandinista tenía una 'importancia política, y militar, y táctica y estratégica'. (Lo de militar no lo entendí entonces, se vio después.) Mucho me sirvió esto para calmar a algunos de los muchachos [...] que estaban impacientes por ir a la montaña a una guerrilla llena de guerrilleros y con reforma agraria y alfabetización y cooperativas y créditos a los campesinos para sus cosechas… Mientras ellos estaban sin hacer nada en Solentiname”. *(Las ínsulas, p.373)*

Pero aquel sueño terminó en 1977 cuando el ejército de Somoza arrasó la comunidad. Hay un dato curioso que toca lo literario y que cuenta Cardenal: “En la comunidad de Solentiname que destruyó la Guardia, cuando yo regresé después del triunfo, encontré entre las cenizas pedacitos chamuscados de *el corno…*” *(Las ínsulas, p.22).*

En aquellas reuniones en la casa de Phillip Lamantia se leían poemas, cada quien en su lengua, en inglés y en español. A veces se hacían traducciones al vapor, y poco a poco se iban agregando poetas que habían oído hablar de esas lecturas, algunas de las cuales se realizaban también en parques, en las zonas arqueológicas y en cafés y bares de la colonia Cuauhtémoc, en ocasiones con música de jazz. Así llegaron allí los poetas norteamericanos Harve Wolin, Ray Bremser y Margaret Randall, los saxofonistas Tom Shallcross y Frank Cardarelli, ambos jóvenes sobrevivientes de la guerra de Corea, el mexicano Juan Martínez, el pintor salvadoreño Carlos Coffeen Serpas, los nicaragüenses Ernesto Mejía Sánchez y Francisco Valle, y la poeta chilena Raquel Jodorowsky. Y así surgió en el seno de ese grupo la idea de hacer *el corno emplumado / the plumed horn* (nombre que aludía al *horn* americano del jazz y a las plumas mesoamericanas de Quetzalcóatl), una revista que recogió todas aquellas coincidencias que se estaban dando, todos aquellos encuentros de poetas del sur del continente que dejaban sus países gobernados por dictaduras militares y gobiernos oligárquicos, que viajaban hacia el norte en busca de Nueva York o San Francisco pasando por México, y de los del norte que dejaban atrás el macartismo, la guerra de Vietnam, el ku-kux-klan, el “sueño americano”, y llegaban a México en busca de algo diferente: los indios, los volcanes, los pueblos deshabitados de Juan Rulfo, las cantinas, la yerba beatífica. Algo cercano a la nostalgia de lo primigenio y una búsqueda que no era privativa sólo de los poetas norteamericanos.

Cardenal decía en carta enviada desde Colombia en julio de 1966: "...por fin el viaje al soñado Amazonas. Con Eduardo Perilla, que me acompañó antes a visitar a los Cunas, en la costa del caribe de Colombia (donde las muchachas se ponen un lindo anillo de oro en la nariz). Y aquí, al Amazonas, venimos a buscar a América, y al hombre de América, América antigua que es para mí la América del futuro. Venimos a buscar indios, mitos, sueños. Y a Dios. Las antiguas revelaciones religiosas recibidas por el hombre en estas selvas. En muchas ciudades de América se vive ya en la época post-cristiana. Aquí en el Amazonas se está más bien cerca del Génesis...".

En todos los casos, la poesía de aquellos poetas y la de Cardenal (y la de Octavio Paz: léase su poema emblemático "El cántaro roto"), era una poesía de rebelión o protesta contra el autoritarismo y la injusticia; y era también la anunciación de una nueva conciencia y una revolución lingüística contra el statu quo del verso y de la prosa. Un movimiento de ruptura. Mucho de lo cual quedó documentado y recogido en numerosas revistas hispanoamericanas y norteamericanas de aquellos años; algunos ejemplos: en México, en "*Pájaro Cascabel*", "*Revista Mexicana de Literatura*", "*Cuadernos del viento*", "*el corno emplumado*" y "*El rehilete*", entre otras; en Estados Unidos, en *Stolen Paper Review*, *Burning Water*, *Trobar*, *I-kon*, *Caterpillar*, y la editorial *City Lights*; en Canadá, en *Spanish fleye*, *Imago*; y en América Latina, en *El techo de la ballena, Papeles, Sol cuello cortado* (Venezuela); *Pucuna* (Ecuador); *Cormorán y Delfín* y *Eco contemporáneo* (Argentina); *Ventana, El pez y la serpiente* (Nicaragua), etc.

Una fraternidad de poetas

Cardenal dividía su tiempo en el monasterio benedictino de Cuernavaca traduciendo, por las mañanas, los salmos bíblicos directamente del hebreo al español, con un equipo de tres monjes del que formaba parte, y la traducción, según cuenta en sus Memorias, era rítmica, musical, de tono poético; por las tardes trabajaba en el taller de escultura y estudiaba latín. Lo demás era escribir poemas, lectura, y oración. Vida de silencio, sin ningún rato desocupado ni recreos. "La comida, escribe, era semejante a la de la Trapa en Estados Unidos. Aunque a mí me gustaba más la mexicana, sobre todo por la tortilla y los frijoles. Pero el chile en abundancia no era muy indicado para mis úlceras, según decían". Cardenal había dejado a los trapenses de Gethsemani precisamente por su precaria salud. Esa fue la razón de su salida de allá, y no porque había encontrado en aquel monasterio dificultades para escribir, aunque "la Trapa es una orden antiliteraria" *(Vida... p.15)*, y así había llegado a Santa María, donde la cotidianidad benedictina era menos rigurosa.

A Cardenal lo visitaban sus amigos poetas *beat* en el monasterio de Cuernavaca, en el que había un ala con habitaciones destinada a los huéspedes, los cuales solían pasar allí algunos días, integrados a la rutina diaria de los monjes. El poeta nicaragüense poseía una atractiva y suave personalidad de gran carisma, en la que se combinaban sencillez y cordialidad, una notable erudición y cultura literaria, y una trayectoria política y revolucionaria que iba muy a tono con aquellos años que eran muy politizados en México y en América Latina. A él mismo se le consideraba un poeta *beat*. Compartía con esos poetas una visión beatífica o nirvanizada de la realidad, y un rechazo al consumismo y a una sociedad tecnificada, enajenante y opresiva, que había soltado la Bomba y hablaba de paz mientras hacía la guerra. El ejemplo de la espiritualidad, bonhomía y talento de Cardenal, combinado con el empleo que varios de aquellos poetas *beat* hacían de las drogas donadoras de visiones como la marihuana, motivó que algunos de ellos se convirtieran al catolicismo. El poeta Cardenal les daba clases de catecismo y luego apadrinaba su bautismo. A Phillip Lamantia lo apadrinó en su boda religiosa, que ofició el cura local en la iglesia del pueblo. Era una escena claramente surrealista ver a Phillip del brazo de su novia, elegantemente vestidos y protegiéndose del sol con un paraguas, descendiendo del monasterio hacia la iglesia y abriéndose paso entre las milpas, seguidos de otros poetas norteamericanos barbados y de huaraches, acompañados también de poetas mexicanos de cabellos largos (lo que era una anomalía en esos días, algo muy mal visto por la sociedad, que lo percibía como un desafío) invitados a la boda. Uno de aquellos poetas, Howard Frankl, antologado y traducido por Ernesto Cardenal en su *Antología de la Poesía Norteamericana del siglo XX*", escribió el siguiente poema, titulado "Me estoy volviendo loco":

> Me estoy volviendo loco, okey, pero
> antes de que me muera o me
> encierren, quiero contarle a
> alguien mi
> visión.
> Yo no soy religioso –créanme– me
> gustan las muchachas y el café
> y pasar el día en el parque. Pero un día
> yo iba caminando, y
> vi
> a la Virgen;
> eso es todo,
> pero me he arruinado.

Ernesto Cardenal vio llegado el fin de su estancia en México cuando recibió el aviso de que había sido aceptado en un seminario colombiano para estudiar teología y los oficios sacerdotales (fue ordenado sacerdote en Managua en 1965). Pero dejó instrumentado y formado el número uno de e*l corno emplumado*, que apareció en enero de 1962. Cuatro años después evocaba en una carta enviada desde San Carlos, Nicaragua, el 20 de septiembre de 1965:

"...me dices que el corno cumple su 4º. Aniversario, y cuántas reminiscencias me trae esa simple frase, cuántos recuerdos de amigos y de descubrimientos de amigos nuevos se me agolpan; cuatro años del corno que son también 4 años de mi vida. Recuerdo tu primera llegada al monasterio de Cuernavaca, con Lamantia y Howard. El bautismo de Howard y Wolin, mis ahijados beats. El casamiento de Lamantia, al que vos asististe. Y por esos días el nacimiento del *corno*. La reunión en México, de poetas y pintores norteamericanos y latinoamericanos, lectura de poemas de nosotros, y los pintores ofreciendo sus cuadros, para empezar a financiarlo. Y entonces me tocó conocer a Margaret. Y después el *corno* ya saliendo como había sido planeado y soñado. Mientras tanto yo me fui a Colombia a un apartado seminario a hacer los estudios de teología, y hasta mi encierro llegaban, con el *corno*, los signos de una cosa nueva que estaba apareciendo en América: una fraternidad de poetas..."

Misticismo, ciencia, revolución

Ernesto Cardenal no se ha desligado de México a lo largo de todos estos años. En 2010 fue elegido miembro correspondiente de la Academia Mexicana de la Lengua. Editoriales mexicanas han seguido haciendo ediciones de sus obras. Periódicamente ha vuelto a este país, en donde se le ha homenajeado y ha dado conferencias y lecturas de poesía. En 2007 se entrevistó en Hermosillo, Sonora, con el Subcomandante Marcos, del Ejército Zapatista de Liberación Nacional (el subcomandante, que andaba de gira por el norte de México, lo visitó en el hotel en que Cardenal se alojaba). Antes se entrevistó también con otros tres líderes revolucionarios latinoamericanos: en 1970, con Fidel Castro en La Habana, en uno de los varios viajes que hizo a Cuba; y en 1971, con el general Velasco Alvarado, en Lima, y con Salvador Allende en Santiago de Chile).

La revolución, el compromiso social, el oficio de escritor, la carrera sacerdotal, han sido siempre determinantes en su intensa y variada vida; así también su relación con Dios, a la que se ha visto orillado e inclinado por su temperamento poético, religioso y contemplativo, y de la cual está saturada su poesía y sus escritos en prosa en los que expone sus ideas y experiencias místicas. *Que voy de vuelo. Antología mística* (anamá Ediciones, Managua, 2012, Introducción de Luce López-Baralt), es uno de esos libros, en los que ha volcado toda la intensidad y verdad de esa relación:

"La llamada de Dios... Es un llegar y un seguir. Es hallar y un seguir buscando. Porque, como dice San Gregorio de Nisa, 'hallar a Dios es buscarlo incesantemente'. La llamada de Dios es una llamada constante a lo desconocido, a la aventura, a seguirlo en la noche, en la soledad. Es una llamada incesante a ir más allá, más allá..." *(p.78)* (Esto hace recordar a Kafka y su 'poética': *partir siempre* –su búsqueda de Dios, diría Ernesto Cardenal). Ir más allá de uno mismo, alentar en uno esa vocación y ese privilegio de ver a Dios hasta en cualquier trozo de basura o desperdicio humano; verlo –cultivar esa capacidad, ese don– en los descubrimientos de la ciencia moderna, de la física cuántica, en el acto de contemplar el cielo estrellado, en el cielo estrellado mismo y, en el caso de Cardenal, ya desde su juventud, y antes de abrazar el celibato y renunciar a ellas, hasta en las intimidades físicas de las mujeres; o sea, en todos los seres y todas las cosas.

Así expresa Cardenal su anhelo de Dios: "...Que te ame con toda mi capacidad afectiva, con toda mi inteligencia y mi imaginación, con toda la ternura de que soy capaz, y con toda la sensibilidad y el sentido poético que posea. Que te ame también con todas mis pasiones y apetitos y con toda mi violencia. Y también con toda mi dulzura y con toda la pasión y el fuego y el deseo insaciable de posesión que puse en el amor de todas las criaturas. Las criaturas que fueron tiránicas para mí…" *(p.72)*

Y así escribe sobre ese don: "La intimidad con el infinito, ¿cómo explicar cómo es? Es una unión dentro de uno, y sin sentirlo con los sentidos, lo siento, su frente sobre mi frente, sus ojos sobre mis ojos, su boca sobre mi boca, tan cerca de mí que ya no sé cuál es cuál, cuál soy yo y cuál es Él, dónde empieza Él y dónde acabo yo, porque ya Él y yo somos uno…" *(Ínsulas, p.32)*

Y así describe la experiencia de esa percepción convertida en Estado de Gracia: "De pronto el alma siente Su presencia en una forma en que no puede equivocarse y con temor y espanto exclama: '¡Tú debes ser el que hizo el cielo y la tierra!' Y quiere esconderse y desaparecer y no puede…" *(Vida..., p.90)*

Hay que ver la distancia que existe entre estas palabras del poeta en los años sesenta, dirigiéndose a Dios en verso:

> "Escucha mis palabras oh Señor / Oye mis gemidos / Escucha mi protesta / Porque no eres tú un Dios amigo de los dictadores […] A la hora de la Sirena de Alarma / tú estarás conmigo / Tú serás mi refugio el día de la Bomba…" *(Salmo 5)*

A estas otras escritas décadas después, en prosa:

> "Y el alma que ha perseguido la dicha toda su vida sin saciarse nunca, y que ha buscado todos los instantes la belleza y el placer y la felicidad y el gozo, queriendo siempre gozar más y más y más, ahora en agonía, ahogada en un océano de deleite insoportable, sin orillas y sin fondo, exclama: '¡Basta! ¡Basta ya! No me hagas gozar más, si me amas, que me muero' ". *(Vida... p.90)*

Y hay más:

> "Cuando ese segundo ha pasado, el alma encuentra que toda la belleza y las alegrías y gozos de la tierra han quedado desvanecidos, son 'como estiércol' como han dicho los santos (*skybala*, 'mierda', como dice San Pablo) y ya no podrá gozar jamás en nada que no sea Eso..." *(ídem, p.91)*

Skibala, muchachas, dictadores, naturaleza, revolución, anuncios luminosos del mercado del mundo, misticismo, ciencia y poesía: una vida entera corriendo incesantemente en busca de llegar por fin a Alguna Parte...

Literatura de Ernesto Cardenal: una obra vasta, inagotable, un árbol lozano y frondoso en el hermoso jardín de la literatura hispanoamericana. Poesía diáfana y pura:

De *Gethsemani, Ky.* este poema que Cardenal compone mirando al cementerio de la Trapa y dirigiéndose a los monjes allí inhumados:

> "Ha llegado al cementerio trapense la primavera,
> al cementerio verde de hierba recién rozada
> con sus cruces de hierro en hilera como una siembra,
> donde el cardenal llama a su amada y la amada
> responde a la llamada de su rojo enamorado.
> Donde el reyezuelo recoge ramitas para su nido
> y se oye el rumor del tractor amarillo
> al otro lado de la carretera, rozando el potrero.
> Ahora vosotros sois fósforo, nitrógeno y potasa,
> y con la lluvia de anoche, que desentierra raíces
> y abre los retoños, alimentáis las plantas
> como comíais las plantas que antes fueron hombres
> y antes plantas y antes fósforo, nitrógeno y potasa.

Pero cuando el cosmos vuelva al hidrógeno original
–porque hidrógeno somos y en hidrógeno nos hemos de convertir–
no resucitaréis solos como fuisteis enterrados,
sino que en vuestra carne resucitará toda la tierra:
la lluvia de anoche, y el nido del reyezuelo,
la vaca Holstein, blanca y negra, en la colina,
el amor del cardenal y el tractor de mayo".

*

(Texto basado en la conferencia sobre Ernesto Cardenal impartida en la Capilla Alfonsina, organizada por la Coordinación Nacional de Literatura del INBA, Ciclo "La otra mirada. Autores extranjeros en México". Septiembre 22, 2011).

Segunda parte

Ruptura y germinación: la 'nueva poesía' mexicana

INTRODUCCIÓN

LA SEGUNDA MITAD DEL SIGLO XX fue testigo de cambios profundos ocurridos en el ámbito de la poesía mexicana, algo que se dio en realidad en toda la poesía hispanoamericana, y aun más allá de esa frontera ambigua. Época de grandes transformaciones –en la sociedad, el arte, el pensamiento–, surgía y se consolidaba en la literatura una forma menos tradicional y conservadora de escribir poemas, consecuencia de un cambio de actitud asumido por los poetas frente a la realidad del mundo y la escritura: un acontecimiento que determina y configura hasta el presente la actividad de nuestra poesía. Era el final de un ciclo y el comienzo de otro. Un tiempo de ruptura con el pasado y a la vez surgimiento de otra forma poética y otra concepción de la poesía. Una mutación que tomó plena conciencia de sí misma en el trabajo de Octavio Paz, el cual recibe la carga de la tradición y la vanguardia y la convierte en otra cosa. Esa "otra cosa" es el objeto en torno al cual giran los escritos que siguen.

Aquella mutación dividió al siglo en dos mitades antagónicas y complementarias que hallaron su fuente de nutrición e inspiración en esa doble actividad que ha desplegado la poesía de nuestra lengua desde su nacimiento hasta hoy: la creación y la destrucción de las formas, un ir y venir de la irregularidad a lo simétrico, y vuelta otra vez a la intemperie del cambio: una proyección hacia adelante, un movimiento perpetuo en la búsqueda de una conciencia iluminadora total. La divisa: un quehacer experimental –en el que cada paso que se arriesga es enteramente el primero–, actitud que se generaliza a partir de los años cincuenta con la poesía de Marco Antonio Montes de Oca, y que se apoya en la "fuerza enlazadora" del lenguaje, como llamó este poeta a lo que otros han definido como el poder magnético de las palabras; y un ritmo capaz de ejercer sus poderes transformadores sobre la sensibilidad del lector y sobre el cuerpo mismo de la escritura, que es el territorio de práctica de nuestra visión de la modernidad artística.

"Ruptura y germinación: la 'nueva poesía' mexicana" es un intento de documentación y caracterización de lo anterior. Traza un arco que inicia con la poesía vanguardista de Salvador Novo, continúa con el poema "El cántaro roto", de Paz, atraviesa las comarcas de la poesía de Marco Antonio Montes de Oca, Homero Aridjis y Juan Martínez, y descansa su otro pie en el poema en prosa "Incurable", de David Huerta, que es quizá el fragmento más radical y extremo de la poesía mexicana; seguidos de José Vicente Anaya, Coral Bracho, Adolfo Castañón, Alberto Blanco, Marco Antonio Campos, Javier Sicilia, Dana Gelinas y Gabriel Zaid. Bajo esta parábola –o fábula– se encuentra, esperando ser analizada, la obra de otros poetas contemporáneos que han realizado su trabajo poético a lo largo de la segunda mitad del siglo XX y hasta el día de hoy, y que podría ser abordada también desde esta misma perspectiva.

SALVADOR NOVO: LO NUEVO, LO VETUSTO

Never ever clever lever sever ah la rima...
Never ever (1935)

Una anomalía perturbadora

TODO EL SALVADOR NOVO (1904–1974), poeta moderno, vanguardista, precoz co-fundador de la poesía mexicana contemporánea está presente ya, en embrión, en sus "Poemas de adolescencia",[1] composiciones que fueron escritas en el período que va de 1918 a 1920, cuando tenía entre catorce y dieciseis años de edad; pero también está presente en ellos el Novo conservador, el jardinero eficaz en el cultivo retórico de las formas tradicionales, el poeta que unos años después daría la espalda a sus propios logros escriturales, actitud ésta que compartió con otro contemporáneo suyo, el poeta Manuel Maples Arce, fundador del grupo de vanguardia

[1] "Poesía". Salvador Novo. FCE., Primera reimpresión, 1977. (Los libros de poesía de Novo citados en el presente trabajo, están contenidos en este volumen).

conocido como 'estridentismo', movimiento del cual abjuró[2] él mismo más tarde al tiempo que se convertía como Novo en un poeta conservador, dedicado a la escritura en prosa y al desarrollo y cuidado de su carrera diplomática. El alejamiento de Novo de la modernidad poética fue una transición sutil, sin declaraciones (si las hizo, fue en versos de once sílabas y sólo para hacer escarnio de sí mismo por su abandono de la poesía y por el subsecuente refugio que buscó en la estética del soneto) ni justificaciones (no las necesitaba: la fiereza de su temperamento le permitió hacer siempre las cosas como le dio la gana) lo que no fue el caso de Maples, cuyo deslinde de la revolución poética que había iniciado fue violento: una explícita negación total de la ruptura que había llevado a cabo con el pasado, magnífico e irrepetible, de la poesía en lengua española.

En los "Poemas de adolescencia" se combinan las formas regulares con las irregulares y la soltura del verso libre con la traba de la rima; así mismo, las voces y giros de resonancias arcaicas alternando con el silabeo de un idioma comprometido ya en la búsqueda de un ritmo y una forma modernas que expresaran con la libertad y eficiencia necesarias lo informe y cambiante de la realidad que vive Novo en ese momento, en que se alían el desasimiento espiritual con la ternura y la piedad; la sed de infinito y un humor salobre con la sensualidad del mundo; la añoranza del pasado aunada al compromiso con el *ahora*: todo lo cual introducía una anomalía perturbadora en el universo poético que imperaba en aquel momento en la poesía mexicana: Enrique González Martínez y su "tuércele el cuello al cisne..." etc.

[2] La expresión es de Germán List Arzubide. Véase en este libro, con mayor detalle, la ruptura de Maples Arce con el "estridentismo" en el ensayo *La nueva poesía mexicana y Marco Antonio Montes de Oca.*

Una vegetación inusitada

Desde luego, todo había iniciado en castellano con Darío y Huidobro: independencia literaria, renovación lingüística, desbordamiento de la forma, siembra y germinación de una vegetación inusitada que invadió rápidamente el ámbito de nuestra poesía. El libro de Novo, "XX poemas", publicado en 1925 con otro título: "Ensayos de poemas", es una puerta plenamente abierta a la modernidad. En él está contenido, en forma y en fondo, el clima intelectual y el impulso reformador de López Velarde y Tablada, poetas entonces todavía poco o mal leídos, con frecuencia negados o ignorados, apreciados solamente por los más perspicaces. "XX poemas" es un libro genuinamente "estridentista" en su interés experimental, en su lirismo apoyado en un "desarreglo" de la forma (delicada operación que es configuración y "arreglo" de *otra* forma), en lo contrastante de sus imágenes, en la novedad de su ángulo de visión (generador de la construcción de la obra negra del poema); un libro armado con una escenografía a tono con la atmósfera espiritual, política y visual de los años veinte mexicanos: ciudad y campo, cielo cruzado por hilos telégraficos, ferrocarriles "en los que viaja la lluvia para bajar del cielo", cinematógrafos donde es posible encontrar casualmente el amor, luz eléctrica, horizontes y distancias para dilatar el sentimiento y la razón, para asimilar la velocidad de los cambios de la época, estaciones, despedidas, anhelos democráticos de una Revolución que coloca en el mismo plano de atención al campesino, al obrero y al artista, por lo menos en la proclama y el poema... en el fondo, "XX poemas" implica un desacuerdo, una crítica del progreso generador de una visión del mundo cuya indumentaria nos quedaba ya entonces ligeramente apretada y que ha terminado hoy por asfixiar de un modo u otro al mundo entero... Visionario y sarcástico como su profesor de literatura López Velarde cuando advertía en endecasílabos del peligro que implicaban nuestros veneros de petróleo, Novo llama nuestra atención en formas poéticas libres rebozantes de ironía y da su versión de las cosas al tiempo que afirma poderes de otra naturaleza:

"*...Ya veis que no hay refacciones*
para lo que no está Made in U.S.A.
y, aunque no lo parezca,
hay que esperar
la lluvia
el sol
el viento
y la amistad de un árbol diabético..."

Una alfombra de mullida hierba en un campo minado; un sol que si en López Velarde define "la estola de violetas en los hombros del alba" y "el cíngulo morado de los atardeceres"; y en T.S. Eliot (*The waste land*) se oculta "a la hora violeta" ("At the violet hour..."), en Novo (que toma de estos maestros suyos y de su generación la estafeta de la imagen y la reelabora), el sol, luego de atravesar el día, noqueado por la violencia de los tiempos modernos,

"*... llega al sucio lecho*
llena las sábanas de sangre
como las chicas
(pero su hemorragia es nasal)".

Para concluir con el veredicto, impecable y devastador, pero, como los anteriores, no exento de ternura:

"*... ¡Oh mar, cuando no había*
este lamentable progreso..."

Sus 'bondadosos amigos', los estridentistas

La relación de Novo con el grupo de artistas y escritores "estridentistas" fue al principio de una clara afinidad en lo que a escritura y concepción de la poesía se refiere: colaboró en *Actual*, la primera publicación del estridentismo; figuró en el "Directorio de Vanguardia" de sus miembros, que fue elaborado por el propio Maples Arce; y, al referirse a éste y a sus compañeros, no dudó en llamarlos, sin ironía, "mis bondadosos amigos", así haya sido en el contexto de su aclaración de no ser "uno de los discípulos de Maples Arce" (no los llamó "prosélitos", como hizo Villaurrutia), esto cuando ya había dado inicio el intercambio extraliterario de descalificaciones e invectivas con el "grupo sin grupo", momento en que Novo se alinea afectivamente y sin dudarlo al lado de Villaurrutia y el orden intelectual que éste representaba junto a los "contemporáneos", aunque es obvio que la naturaleza de la poesía que escribió a partir de "XX poemas" (y hasta la publicación en 1935 de "Never ever" y "Frida Kahlo", exceptuando el 'Romance de Angelillo y Adela', que fue una irrupción conservadora del octosílabo en su 'momento' vanguardista), está en la misma frecuencia poética, abierta y desafiante de los "estridentistas", y no en el tono intimista, ordenado y cerrado de la poesía de los "contemporáneos". En esa etapa de la obra de Novo es posible encontrar en ella todo el potencial y todos los elementos que configuran la poesía contemporánea, desde luego muchos de los diversos tratamientos del verso libre, la sintaxis inusual, la identidad de cuerpo, escritura y mundo exterior, el poema en prosa, el caligrama, la velocidad del haikú, la mezcla de prosa y verso en un mismo texto, la anulación de la anécdota, la rareza del 'sentido' (su disolución, su desasimiento), lo inesperado de la expresión, un lenguaje y una forma libres de consignas o deberes poéticos, el ángulo inédito de contemplación de la realidad objetiva, las innovaciones formales, etc. Una estética la de esta etapa de Novo más afín a la que encontramos en libros como "Esquina" (1923) de List Arzubide, que a la de "Reflejos" (1926) de Villaurrutia (este último no cesa de *decir* en el poema; Novo deja que el poema y el lector, *digan*) para hablar de dos hitos de nuestra historia literaria, que fluía en el marco del florecimiento internacional del arte moderno: una época de toma de conciencia, metamorfosis, definición de ortodoxias y herejías (lo que parecería una contradicción en ese ambiente de libertad expresiva), reflexión sobre el objeto artístico, su forma, su fondo, la naturaleza del cambio (de allí la proliferación de *manifiestos*), reconocimiento de los límites (cuando existen) y de los militantes o iniciados –de allí la elaboración de *directorios*: los vanguardistas Borges y Huidobro hicieron también el suyo, al que llamaron "Índice de la poesía americana", que fue al mismo tiempo una antología, y en el que incluyeron a Maples y a List, alineados en una sola fila con Novo y Pellicer. Era natural que Novo coincidiera con los "estridentistas", los únicos que escribían como él en ese momento, y que por eso figurara en el *directorio* de Maples: era el saludo a uno de sus pares, el reconocimiento de que la "desarticulación del alejandrino", como caracterizó –¿caricaturizó?– más tarde Jorge Cuesta la labor de los estridentistas, era también un mérito de Novo. En una nota dirigida al lector de su obra de teatro "Divorcio" (1925) Novo confiesa algo que podría haber sido firmado por Marinetti o por Maples: "... no les quitemos (a los Estados Unidos) el mérito real de haber construido los teléfonos, de popularizar el radio, de conservar los discos de Carusso, con máquinas. Día llegará en que las máquinas, de útiles, pasen a ser bellas, como columnas griegas...".

¡Y como si...!

¡Y como si tal "desarticulación del alejandrino" nada tuviera que ver y no hubiera coadyuvado a decidir el rumbo de la poesía de Paz, de otros poetas de su generación, y de la franja más amplia y profunda de nuestra poesía contemporánea! ¡Y como si el "espíritu riguroso" y la influencia ejercida sobre la literatura mexicana posterior, que la crítica ha reconocido repetidamente como un logro de la actividad intelectual del grupo de "contemporáneos", haciendo exclusión de la profundidad e importancia de la labor poética de los "estridentistas", no fuera en realidad característica y patrimonio por igual de todo el *corpus* de nuestra poesía de aquellos años! ¡Como si la elaboración de la poesía de la vanguardia y el resurgimiento del espíritu de su estética unas décadas después, impulsado de nuevo y depurado hasta el día de hoy en la poesía de Montes de Oca, Aridjis, Blanco, Huerta, Rivas, Cortés Bargalló, Bracho y tantos otros, no fuera un trabajo hecho con espíritu riguroso y afán de perfección! ¡Como si la "desarticulación" y ruptura de las formas artísticas y de las ideas en que éstas se apoyan; como si la apertura hacia la intemperie del sentido del mundo y la poesía, que en esencia implica una negación –o, mejor, una transformación– de la retórica y de las formas cerradas tradicionales; como si la modernización cultural no tuvieran una deuda por igual con "contemporáneos" y "estridentistas"!

La forma del fondo. El fondo de la forma

Los poemas de Novo y Villaurrutia (la "generación bicápite" dentro del "grupo sin grupo", según han quedado clasificados los "contemporáneos" para la historia de la literatura) avanzan en aquella época en direcciones opuestas. La más evidente de sus diferencias: el uso del verso medido y el verso libre que uno y otro practican, y el modo y la intención con que emplean este último: Villaurrutia refuerza el sentido; Novo lo diluye. Villaurrutia privilegia la obra terminada; Novo el proceso de la creación poética. El primero se empeña en "cerrar" el poema, mientras el otro cultiva su apertura. Villaurrutia plasma sus obsesiones, su visión de las cosas y el sentido de su lenguaje en formas, imágenes y vías "cerradas" (una expresión de la que se sirvió para definir la topografía del poema y también para juzgar su calidad, contrastándola con la de "los abiertos ángulos del ultraísmo",[3] una categoría ésta a la que concedió una significación menor) y sus poemas terminan siempre, por así decirlo, con una conclusión, cerrando un círculo; sólo en ocasiones deja en ellos aberturas (como es característico de muchas de las obras del arte moderno en general) por las que el lector (y el sentido del poema) pueden respirar, inventar, escapar de las delicadas ataduras de su escritura y de la dirección que le impone a su lenguaje. Ejemplos de esto son sus poemas "Puzzle", "Pueblo" y "Cinematógrafo" de su libro "Reflejos", aunque el método empleado en ellos no sea una constante de su trabajo. Novo deja la estructura poética sin obstrucciones, un puro mecanismo de puertas que se abren hacia adentro y hacia afuera por las que puede entrar y salir el universo entero y con él colarse su lector para dotar de significación a lo que lee. Los dos poetas acuden así mismo al recurso de las asociaciones de ideas y a los juegos de palabras, pero con objetivos y consecuencias distintas: en "Never ever" (1935) el poema habla desde la obscuridad de sus raíces, esa zona de nadie en la que el lenguaje recibe y prepara los significados y de la que surge rozando la escritura automática, operación en la que el lector puede participar (especular, dispersar, quitar, poner, volar hacia afuera):

"...frenético sin freno sin fresno sin fresco sin frasco sin asco
sintasco sintáctico sintético simétrico similibus liber libri
la pobre mujer se inventaba aventuras matutinas...
y hacía

[3] "Cerrado" y "abierto", conceptos que Villaurrutia maneja en sus ensayos; entre otros, en "La poesía de los jóvenes de México", y en "Salvador Novo".

unos
grandes ademanes
unos grandes alemanes unos grandes alamanes..."

mientras que Villaurrutia utiliza sus asociaciones (sus hallazgos) en un esfuerzo manifiesto de construcción para imprimirle al lenguaje un ánimo narrativo que deje a la vista la escena o la atmósfera terminadas, en busca siempre de la experiencia estética, algo que invita más a la contemplación que a una participación activa; leemos en "Nostalgia de la muerte" (1938):

"...cae mi voz
y mi voz que madura
y mi voz quemadura
y mi bosque madura
y mi voz quema dura
como hielo de vidrio..."

Resultado de la influencia de los poetas norteamericanos que admira y traduce, Novo elogia "el exquisito don de la sugerencia onomatopéyica" –a propósito del lenguaje poético de Vachel Lindsay– y emplea este recurso y otros igualmente novedosos, in-formales y subversivos con una libertad que resulta impensable en otros de sus compañeros de grupo, lo que permite situarlo al lado de poetas como Vallejo, Huidobro y los "estridentistas".

Juan Ramón Jiménez, uno de los mentores de "contemporáneos", había reflexionado ya alrededor del problema de la forma poética: "...además de la forma, hay una esencia, un fondo de esa misma forma...". Esa esencia o "fondo de la forma" es la poesía, que se aleja de la retórica en la conciencia moderna. El asunto punzó también en los "contemporáneos". El crítico sagaz que fue Villaurrutia bordeó, literalmente, el asunto: "Todo es una cuestión de forma. Quiero para mi poesía la forma de ella misma, siempre diferente; la forma de los objetos que describo"; evidentemente, alcanzó su objetivo, que no era el que Novo tenía en mente al escribir: desarticular, desdibujar, en busca de la revelación. Gilberto Owen se aproximó con lucidez al dilema no sin un dejo de amargura y una secreta –e injustificada– autoacusación, en su poema en prosa "Poética". José Gorostiza, como nadie entre nosotros excepto Octavio Paz, toma el toro por los cuernos y diluye las diferencias en una operación que podría denominarse óptica: *"...la forma en sí, que está en el duro vaso... y está en el agua de aguijada espuma..."*; da igual que los contrarios que combaten y se complementan en "Muerte sin fin" sean el espíritu y el cuerpo, o la inteligencia y el instinto, o la muerte y la vida, o Dios mismo y su creación: el Diablo, o el poeta Gorostiza y su conciencia de la muerte aprisionados como en un encantamiento en la imagen del vaso y el agua: son paralelamente y con el mismo derecho, como ya apuntó Paz, la forma y el fondo del poema, que luchan, pactan, dialogan, se ahogan mutuamente y se dan respiración de boca a boca hasta fundirse y desaparecer como entes separados cuyo único designio será renacer ahora en una nueva conciencia, en una nueva forma poética inusitada y libre de los límites que le impone una visión del lenguaje signada por el estereotipo de la retórica y la simetría (aquí simetría no tiene la exclusividad de lo profundo o lo armonioso); porque si la existencia (la totalidad universal, la inasible poesía, el modo más excelso de percibir y dibujar la realidad) es una muerte sin fin, la reflexión –mejor dicho: el reflejo– de Gorostiza sobre el vaso con agua (que desata una visión dantesca del proceso de destrucción de la existencia), es por eso mismo la metáfora que corrobora una vida o una creación poética igualmente inacabable, circular, sin principio ni fin, intuída y expresable en esa forma de contornos imprecisos (o no-forma, o supra-forma) que delínea todos los poemas (pasados, presentes y futuros) concebidos a su vez, cada uno de ellos, como fragmentos de un solo poema inabarcable, inaprensible, indefinible, poseedor de un número infinito de sentidos incrustados en la carne de la realidad a la manera de ojos innumerables que atisbaran en todas direcciones: tal alegoría –monstruosa, imposible, heraldo de una conciencia inalcanzable– atestigua la ruptura del vaso (las formas regulares) y la dispersión del agua (las irregulares) *"...cuando la forma en sí, la pura forma, / se abandona al designio de su muerte..."*: un epitafio que implica una transformación, un renacimiento, la irrupción plena entre nosotros del verso libre y de los otros múltiples recursos igualmente libres como forma de la obra abierta y como conciencia de la in-forme, inflamada, infamante modernidad –que Novo y algunos otros encarnan en el escenario de la poesía mexicana como punto culminante de una vocación de irregularidad que se remonta a los orígenes de la poesía en lengua castellana y que ha persistido manifestándose y ocultándose a lo largo de los siglos hasta desembocar en las obras del presente (doble acepción de la palabra *obras*: trabajo artístico y acciones humanas; aspiración a seguir explorando el siempre vigente sueño de Lautreamont y Rimbaud: cambiar la vida, dejarla que entre a saco en el poema como un canto imprecativo y una encendida plegaria alimentada y entonada por todos).

Paz reconoció y agradeció siempre la enseñanza dejada por los "contemporáneos" (su precisión intelectual, su cosmopolitismo, "su valerosa e intransigente defensa de la libertad del arte y la cultura", etc.) pero se preguntó también si el sentido y la forma de los sonetos y las décimas de éstos (específicamente, de Villaurrutia, Cuesta y Pellicer) así como su postura de conservación de la tradición poética y no del cambio pueden entablar un diálogo con el lector moderno. Interrogación que generó su propia respuesta, una afirmación particularmente significativa y radical para el caso de Jorge Cuesta: "...su poesía no está en sus poemas..."

Lo nuevo de Novo

Libertad: una expresión poética sin ataduras que avanza por voluntad propia (hasta cierto punto) dinamizada en las pulsiones del lenguaje, independientemente del arbitrio del poeta (hasta cierto grado); un desarreglo y un reacomodo de los sentidos y de los objetos del mundo (operación de la que brota la ironía como un hongo en la lluvia), en busca de la visión que otorgue una vivencia y una versión más nítida y justa de la realidad; involucramiento del cuerpo y del "destino personal" en la escritura –y en la lectura– del poema: acción que surge de un movimiento de signo intelectual, sí, pero al mismo tiempo de la experiencia de una fisiología que nos iguala a todos y que propicia la identificación del mundo exterior con el cuerpo del poema, entendido éste como un organismo viviente, dotado como nosotros de la conciencia de un lenguaje que nos es consustancial y compartible: algo a la manera en que Picasso concebía y realizaba su trabajo de pintor: "La pintura me utiliza para pintar a través de mi brazo". Dice Novo:

"...esta ola de viento
sabe a torsos y a hombros desnudos
y a labios y huele a miradas..."

El terceto es parte del poema "Naufragio", que, como los poemas "Diluvio" y "El mar", alcanzaron el elogio entusiasmado de Villaurrutia, aunque justamente porque veía en ellos la "obra cerrada"; no que desdeñara sus otros poemas, a los que en conjunto calificó de "maravilloso juego rimbaudiano"; pero lamentando y prediciendo que esta vertiente del trabajo de Novo "...parece que no se convertirá jamás en trabajo despacioso, sufrido, profesional". Tal vez opinaba de ese modo porque no creía que aquello fuera verdadera poesía, pensando que era una pasajera y desbordada ráfaga de primavera que no requería de profesionalismo para su ejecución, y confiando en que Novo se volvería con el tiempo un poeta "despacioso, sufrido, profesional"; una vertiente que Paz, unas décadas más tarde, apreciaría justamente como la más verdadera, profunda y válida del trabajo poético de Novo: "un territorio que no ha perdido ninguno de sus poderes de imantación".

La alusión a Rimbaud por parte de Villaurrutia al referirse al trabajo poético de Novo es un acierto. Novo y el estridentismo son la ruptura y al mismo tiempo el tendido del puente que une el espíritu del romanticismo y del simbolismo, la poesía francesa y alemana del siglo XIX con la poesía mexicana moderna. En ellos se cruza otro puente que hace una confluencia elíptica con su poesía y que se llama Stephan Mallarmé. No sabemos si Novo estaría de acuerdo con esto; pero se trata de hechos literarios, coordenadas que es posible trazar en la contemplación del paisaje poético, en el recuento de su trayectoria espiritual y vital, en la consideración de una época que desemboca como una cascada en el presente. En Novo alientan el dandy transgresor y el voyeaurista que espía y *ve* en el lenguaje, el exhibicionista y el hashish, el filósofo de la ironía y el receptor de atmósferas poéticas extremas y desacostumbradas en las que se instala a respirar y desde las que muestra no el cuerpo del ser amado sino el de la poesía misma, que confunde con el suyo propio. Es fecundando la poesía de Paz, Sabines, Huerta, que Novo entra a saco como ave gigantesca en la "nueva poesía" que, como continuación de la suya, llena la segunda mitad del siglo XX, en la que pone un huevo irreverente que sigue incubándose al amparo del umbral del siglo que comienza.

A Novo lo describe y lo escribe la poesía y no a la inversa: tal es el núcleo, "el fondo de la forma", eso que subyace más allá de ésta, lo perceptible sólo a través de las "aberturas", la clave que define el espíritu de la poesía de hoy: el desarreglo de los sentidos y el trastocamiento del mundo asumidos y encarnados en "el cesto" al que Novo lanza el cuerpo, el alma y el oficio del poeta en "La renovación imposible", poema e imagen en los que el crítico Guillermo Sheridan ha visto "la ironía, y [como] objeto de la ironía... el poema mismo";[4] pero se puede ir más allá del "poema mismo" para abarcar a la poesía entera. Dice Novo en ese poema:

"...Todo, poeta, todo..."

Con un gesto que dejó una huella imborrable en la poesía mexicana, y "con dos dedos", Novo echó ¿su poesía entera? ¿su vida entera? al cesto, pero dejando plasmado el ademán en forma de pregunta: "*Mas ¿el cesto?"*. Toca a los poetas ahondar en el problema –y en la solución de este moderno *koan* que exige de los involucrados respuestas originales, únicas e irrepetibles.

El poeta y crítico Marco Antonio Campos dice en el prólogo[5] a su traducción de "Iluminaciones" de Rimbaud: "...El desarreglo de los sentidos consistió en aquellos años que podríamos situar entre 1871 y 1874, en los cumplidos excesos de la droga y del alcohol, en una violencia programada, en transgresiones sexuales, en una libertad libre, llevando una vida de miseria y destrucción, pero simultáneamente elaborando, en forma lenta y silenciosa, su alquimia del verbo...". Porciones importantes de esto hay en el caso de Novo, aunque la experiencia límite que fue su vida entera como desafiante impugnador del orden socialmente aceptado de la sexualidad, fue lo que alimentó principalmente su "desarreglo de los sentidos", esa condición fisiológica que implica un paralelismo con el desequilibrio armonioso de la escritura, con la disolución del sentido, con la visión poética. Novo asumió su vida amorosa haciendo un manejo peligroso, escandaloso y valiente de ella, en un medio y un tiempo que eran extraordinariamente agresivos hacia la condición homosexual. Su búsqueda de la fortuna económica y el confort en que se guareció fueron su Abisinia, su tráfico de

[4] "Los contemporáneos ayer". Guillermo Sheridan. FCE., 1985.

[5] Editorial "El Tucán de Virginia", 1991.

armas, su gangrena. Como Rimbaud, abandonó pronto la poesía y no volvió a ella, aunque siguió cultivando su prosa y atizando su desolación y desamparo, su procaz y amargo humor en terribles y desollados sonetos y otras formas retóricas con las que hacía escarnio de otros, del mundo, y de él mismo, y en las que siguen resonando todavía los fieros arpegios de su genio.

Comentando uno de los célebres sonetos tardíos en que Novo sintetiza la biografía de su escritura, el ensayista Carlos Monsiváis hace la siguiente interpretación sumaria: "En catorce líneas, Novo disuelve con ironía afiladísima su drama personal, y refiere su abandono de la poesía, el aparente extravío de la vocación en pos de la fortuna económica..."[6] Los primeros cinco versos del soneto dicen así:

> "*Escribir porque sí, por ver si acaso*
> *se hace un soneto más que nada valga;*
> *para matar el tiempo, y porque salga*
> *una obligada consonante al paso.*
> *Porque yo fui escritor y éste es el caso...*"

[6] Carlos Monsiváis. "Salvador Novo. Lo marginal en el centro". Ediciones Era, 2000.

La poesía silenciosa de Germán List Arzubide[1]

"...buscad el ondulante camino de la dicha..."
G. List

Estar siempre en el presente

El "estridentismo" es, sin duda, el movimiento poético mexicano que ha sido más relegado, menos entendido o más deliberadamente ignorado por una buena parte de la crítica, pese al papel fundamental que tuvo en la renovación y ulterior desarrollo de la poesía mexicana, una influencia que se prolonga hasta nuestros días. Entre los poetas de ese grupo, la poesía de Germán List es, acaso, la más iluminadora y poderosa de todas, a pesar de haber permanecido hasta muy recientemente en un relativo desconocimiento por parte del público lector. Todo ello debido a la disputa que estos poetas protagonizaron en su tiempo con los poetas del grupo "contemporáneos" y, como consecuencia, al encono y mala fe que

[1] Versión ampliada, fruto de una nueva investigación, del prólogo al libro "Poemas estridentistas", de Germán List Arzubide, publicado en 1986 por Editores Mexicanos Unidos.

la crítica oficial desplegó a lo largo de las décadas subsecuentes en contra del estridentismo, actitud de la que no han estado ausentes la burla y el escarnio, y que se prolonga también hasta el presente. Sin embargo, y pese a los dilatados lapsos transcurridos entre la publicación de uno y otro de sus varios libros de poesía, la labor poética de Germán List se desarrolló lenta pero seguramente a todo lo largo del siglo XX: su primer libro de poemas apareció en 1923; el último, *El libro de las voces insólitas,* tal vez la más hermosa de sus obras, en 1986, cuando el poeta se acercaba a cumplir los noventa años de edad.

List hizo suyas de inmediato las premisas estéticas y estratégicas que Manuel Maples Arce propuso en su manifiesto de 1921, y fue entre todos aquellos poetas el que mejor supo realizar los propósitos allí expresados de crear un arte nuevo. Basado en las ideas de dicho manifiesto: *"...totalizar las emociones interiores y sugestiones sensoriales en forma multánime y poliédrica..."* y *"la emoción sincera es una forma de suprema arbitrariedad y desorden específico"*, lo que habría de manifestarse en *"una poesía sincera, sin ordenar la emoción, que es siempre desordenada",* List lanza en Puebla, en 1923, el manifiesto estridentista número 2, en el que hace un nuevo llamado a renovar el ambiente artístico de México, y se dedica luego él mismo a la desarticulación de las formas del verso tradicional y del lirismo que éstas sustentaban, así como a la edificación de nuevas estructuras poéticas. A este respecto, hay que señalar que la modernidad de List no proviene del futurismo de Marinetti, lo que sí es el caso de Manuel Maples Arce y otros 'estridentistas', sino directamente del cubismo y de los poetas a los que rindió tributo y publicó en sus revistas *Vincit* y *Ser*: Rimbaud, Mallarmé, Reverdy, Apollinaire y, señaladamente, de su modelo y maestro, José Juan Tablada, al que en un artículo publicado en la revista *Ser* en 1923, saluda y reconoce como el iniciador de la renovación.

El estridentismo irradió hacia el interior de la sensibilidad artística de México la nueva estética de la vanguardia, valiéndose para ello de pinturas y libros de poemas, revistas y manifiestos –insensatos estos últimos y a la vez profundos y significativos, como los del dadaísmo y otros movimientos similares de la época–, aportaciones que ayudaron a cambiar para siempre el rostro de la poesía y el arte mexicanos. Los pintores y escultores que se adhirieron a este movimiento introdujeron el geometrismo, el cubismo, el abstraccionismo y el *collage* en nuestra plástica, así como el uso de materiales diversos en la escultura: alambre, cemento, mosaico, hojas de metal, etc., como lo hizo Germán Cueto en la elaboración de sus máscaras; los poetas, por su parte, se adelantaron a los prosistas en el abordaje del tema de la ciudad, en la creación de escenarios urbanos y el diseño de arquitecturas fantásticas; pero fue List, entre todos ellos, el que supo cumplir, impecablemente, desde el principio y hasta el fin de su vida, la tarea de la experimentación y la renovación, la afirmación de valores estéticos y lo que es la divisa moral del estridentismo: "estar siempre en el presente", definición que habría de delinear una poética y una actitud ante la escritura, y que le trazaría un rumbo a la poesía mexicana: el de considerar la escritura del poema como "un campo de experimentación" según lo expresó Octavio Paz años después (en el prólogo a *Poesía en movimiento*) o, en palabras de Marco Antonio Montes de Oca, como un conjuro, una práctica y una experiencia de la "fuerza enlazadora del lenguaje"; lo que en la poesía norteamericana, a mediados de los años cincuenta, Robert Creely definiera como "campo de fuerza" al hablar de la configuración del poema.

La discreta receta de González Martínez

Germán List Arzubide fue dos veces testigo del paso por este mundo del cometa Halley. Por ventura, estuvo mucho tiempo aquí, generoso y terrible, acrecentando con tantos otros la conciencia de nuestra poesía, desdeñoso siempre de la cena literaria oficial "que recrea y enamora", a la que jamás quiso hacerse invitar. Era un niño todavía cuando Einstein puso en tela de juicio las verdades que sobre el universo habían sido larga y cuidadosamente edificadas hasta ese momento. La aspiración de la física contemporánea –antes que una teoría de la naturaleza quiere ser una *visión* que trascienda los reinos del pensamiento y el lenguaje y vaya más allá del marco convencional de la ciencia– y sus hallazgos que hoy escandalizan y asombran: la materia es una idealización, el tiempo fluye hacia atrás, todos los fenómenos naturales están interconectados, etc., se gestaron entonces (Fritjof Capra: *The Tao of Physics*). El mundo paría al arte moderno y sin darse cuenta se preparaba para la guerra, ante cuya barbarie los artistas, como peces que se disuelven, respondieron con una carcajada que podría, quizá, derribar de un golpe los fantasmas que se agitaban en el ánimo del mundo.

La música se hizo atonal. Picasso, por su parte, duda también. Con pinceles feroces de gozo hace trizas el objeto y agrieta para siempre los muros de lo real. Surge el cubismo en los resquicios. Apollinaire quita bruscamente de su poesía toda puntuación. Luego deja a las palabras sin el cerrojo del significado, y el idioma de inmediato toma el mando. Delicada operación. Con ello libera al ritmo de la cárcel de la métrica, lo deja emprender el vuelo para que ondulante, embriagado en su propia liviandad, el verso libre, en todas las lenguas, exprese las nuevas realidades de la vida, que no eran realmente nuevas: sólo se trataba de las mismas, eternas apariencias, que cambiaban de forma.

Los últimos vestigios de las apariencias del mundo real desaparecen de la obra de Kandinsky por esos años. En ese contexto vanguardista surge en México el estridentismo, cuando aún estremecía al país la violencia revolucionaria y en el caserón de nuestra poesía ya sólo voces sin cuerpo recorrían los cuartos declamando... Un golpe de aire fresco abre entonces puertas y ventanas y arremolina en los senderos la hojarasca poética, con la que los estridentistas hacen fuego y calientan su cena. Rubén Darío había revolucionado unos años antes la poesía en lengua española, pero su fulgurante estilo "modernista", que aspiró hasta el desvanecimiento el aroma equívoco de unas flores ebrias, en el más depurado espíritu romántico, se había vuelto receta, remedo, artificio sin vida en las manos de tantos emisarios de la poesía, de los que era preciso desconfiar. También Ramón López Velarde había dibujado una puerta de salida con ardiente imaginación, y, con ello, sacrílegas hormigas andaban ya camino de la boca de una estética muerta. José Juan Tablada ensayaba por su parte en la cuerda floja, en las alturas, con una inteligencia en llamas. Pero todo eso no era suficiente. Había que ahondar la operación. El doctor Enrique González Martínez quiere cortar por lo sano y en bien medidos versos aconseja torcerle el cuello al cisne. Entonces los estridentistas, dado que aquella declaración de independencia no llegaba más allá de proclamar una discreta receta culinaria, deciden echarse a la calle "y torcerle el cuello al doctor Enrique González Martínez". Este gesto vanguardista es el punto de partida de una nueva poesía mexicana; un gesto cuya estética, depurada y transformada, sigue dando vida a la producción poética de nuestros días.

Primer manifiesto estridentista

En los últimos días del mes de diciembre de 1921 apareció pegado en los muros de la ciudad de México el primer manifiesto estridentista; llevaba el nombre de "Actual, Número 1. Hoja de vanguardia. Comprimido estridentista", y había sido redactado por Manuel Maples Arce. El poeta mismo dejó por escrito sus motivaciones: "Explicar las finalidades de la renovación implicaba un largo proceso; la estrategia que convenía era la de la subversión total; había que actuar con rapidez y no dejar títere con cabeza". No hubo entonces concepto, academia, ateneo ni endecasílabo que quedara en pie, al menos teóricamente. Poetas como Urbina, Díaz Mirón, Nervo, sólo escribían poesía "descompuesta y podrida", además de ser "porfiristas, huertistas, ¡diplomáticos!". Aquel puñado de fieras se proponía hacer poesía pura. Suprimir toda descripción, toda anécdota, toda perspectiva familiar a la mente. Querían empezar desde el principio, crear el fondo y la forma del poema sobre una base de "honradez espiritual, afecto hacia la vida en su aspecto radiante, nuevo, de realidad del momento" (List); ir más allá de los logros del parnasianismo y el simbolismo, vencer a la retórica, a la elucubración esotérica y al empleo manido de los signos –prosódicos y metafóricos. Buscaban con ansia la equivalencia entre la contemplación del objeto exterior y la emoción suscitada por ésta; la interpretación simultánea del estado espiritual y la visión material; querían que la meditación acerca del mundo no fuera una descripción intelectual sino un "retrato emocional" o una "música de ideas". ¿Pudieron lograrlo? En algunos momentos, en ciertas imágenes y poemas, sí, y eso es una parte de la masa hereditaria de su legado. También nos dieron las bases, las ideas, la teoría, las diversas actitudes emocionales ante el texto poético, la voluntad de *ruptura*, lo que es una de sus aportaciones más importantes, aquello que le dio sustento y dirección a la poesía mexicana contemporánea. En un país nuevo, respiraban un aire nuevo; una vida y un acento poético nuevos. Y no estaban solos en aquella magnífica aventura. El estridentismo absorbió todo el impulso vanguardista, que en otras partes se llamó futurismo, dadaísmo, surrealismo y, en la literatura de nuestra lengua, ultraísmo y creacionismo. Aquel despliegue de vitalidad significó y evidenció un cambio profundo en la concepción de la vida y suscitó una nueva sensibilidad en el mundo. Desde Chile, Argentina, Madrid, París, Perú, los poetas de nuestra lengua inauguraban una nueva era: el joven Jorge Luis Borges quería para la poesía "no la descripción, sino la sensación en sí"; Vicente Huidobro exigía no hablar de la rosa, sino hacerla florecer en el poema; César Vallejo escribía versos asimétricos perfectos como "vusco volvvver" y ponía ante nuestros ojos, como lo hacía también Marc Chagall, "unas posaderas sentadas para arriba". Los estridentistas List Arzubide, Arqueles Vela, Salvador Gallardo, Maples Arce y los otros miembros de su banda se afanaban como hormigas en "ahondar las posibilidades de la imagen". Y esto ocurría no sólo en el universo del castellano y de las otras lenguas occidentales: al mismo tiempo y en temperaturas artísticas tan aparentemente alejadas de nosotros como las formas *tanka* y *haikú* de la poesía japonesa, el influjo de la vanguardia artística había hecho trizas también a la estética teñida de orden confuciano que durante siglos había regido aquellas formas artísticas.

La historia del movimiento estridentista ha sido estudiada y narrada pródigamente por Luis Mario Schneider en libros imprescindibles;[2] también ha sido abordada por el poeta y crítico Evodio Escalante[3] y por el poeta y traductor Víctor Toledo en su ensayo sobre List que es el prólogo al libro de éste, *Ensayos sobre Gutierre de Cetina*.[4] Aquí habrá que subrayar que el estridentismo, con toda la novedad que significó (y sigue significando) se inscribe en una antigua tradición, la que en los tiempos modernos, y a partir del romanticismo, ha hecho de la provocación intelectual y la ironía armas contra el espíritu burgués, el conformismo y el entumecimiento espiritual. La vanguardia mexicana fue (y es) por eso, una rebelión contra el orden intelectual y el orden moral. En el caso del estridentismo coincidió con el movimiento armado revolucionario, al que sus miembros apoyaron claramente en todos los órdenes, y fue por eso no sólo una literatura y un arte, sino una política. Por eso también, y como tantos otros movimientos y artistas de la época, en México y el mundo, algunos de los estridentistas se adhirieron

[2] *El Estridentismo*. Ediciones de Bellas Artes, 1970.
El Estridentismo, México 1921-1927. UNAM, 1985.

[3] *Elevación y caída del estridentismo*, La centena, 2002.

[4] Víctor Toledo y María Teresa Colchero Garrido, editores. Benemérita Universidad Autónoma de Puebla, 2003.

al partido comunista (en esos años "un comunismo casi romántico, aun en la misma Rusia", según asentó Jean Charlot) al que consideraron instrumento inmejorable para cambiar al mundo.

Estridentópolis

El propósito de los estridentistas, "renovar las viejas fórmulas literarias", corría parejo con los anhelos populares de cambio político y social, lo que les ganó las simpatías del general Heriberto Jara, revolucionario y liberal, uno de los participantes de aquella legendaria huelga de Río Blanco de 1907, y en 1925 gobernador de Veracruz. Jara invitó a varios miembros del grupo a trabajar en Jalapa como parte de su equipo de gobierno, y apoyó e impulsó con esto sus tareas de renovación poética. Maples fue nombrado secretario general de gobierno y List su secretario particular y encargado del departamento editorial –labor en la que colaboraron con él, Alva de la Canal y Leopoldo Méndez. La ciudad de Jalapa fue nombrada por ellos "Estridentópolis". List recuerda en su libro "El movimiento estridentista", cómo el gobernador-mecenas fue persuadido de que, tras el torcimiento de los cuellos del cisne y del doctor González Martínez, "se trataba de arrumbar viejas y carcomidas ensambladuras de odas, sonetos, silvas y canciones, y que bajo el fácil rechinar de los endecasílabos y la rotundez de los alejandrinos, muchos poetas ocultaban con un manto retórico, entre elipsis, hipérbatons, epifonemas y demás hojarasca, las fórmulas para soslayar la realidad, extraviar la angustia del pueblo y disfrazar con oropeles y lentejuelas de vagas sonoridades consonantes y asonantes el grito de protesta que se había alzado ansioso de venganza en los campos de batalla del país". La del estridentismo era una protesta tanto política como literaria; llama la atención una cierta similitud que hay en esta crítica, ciertamente ideologizada, con lo que Octavio Paz plantearía algunas décadas más tarde, con precisión intelectual y lucidez, a propósito del empleo que hicieron de las formas poéticas regulares algunos de los poetas del grupo "contemporáneos": "...Las décimas de Villaurrutia y los sonetos de Pellicer entablan, dentro de su obra, un diálogo con sus otros poemas. ¿Lo entablan con nosotros? Fue una generación dividida por la disyuntiva entre tradición y ruptura, obra cerrada y abierta..."

En lo estético y filosófico los estridentistas suscribían la idea de que en el universo todo se interpenetra y corresponde, noción edificada a mediados del siglo XVIII por el filósofo Swedenborg a partir de su experiencia mística, lo que tuvo una resonancia natural en la poesía romántica alemana y en el simbolismo francés. Las relaciones que los poetas establecen entre los objetos y las ideas adquirieron en los estridentistas, así, un aire simultaneísta no sólo entre dos escenas alternantes en el espacio y el tiempo, según el gusto de Apollinaire, sino entre el ojo que contempla y el objeto contemplado, fundidos en la intuición poética:

en el cóncavo grito de la sombra se ahoga el horizonte (List)
contempla el agua de los espejos encharcados de sombra
(Arqueles Vela)

En el estridentismo militaron también pintores, escultores, músicos, artistas que se hallaban inmersos en la renovación. Diego Rivera, Leopoldo Méndez, Ramón Alva de la Canal, Jean Charlot, Manuel M. Ponce y Silvestre Revueltas fueron algunos de sus miembros más prominentes. Borges y Huidobro incluyeron poemas de List[5] y

[5] En México, según parece, con excepción de Luis Mario Schneider, Evodio Escalante y Víctor Toledo, nadie más se ha ocupado de la obra de List. El propio Maples, cuando ya era diplomático él mismo (1940) y "ya asentado su espíritu vanguardista", lo deja fuera de su "Antología de la poesía mexicana moderna". Y Xavier Villaurrutia ni siquiera lo menciona por su nombre: en las pocas líneas que le dedicó al estridentismo ("logró rizar la superficie adormecida de nuestros lentos procesos poéticos") se refiere a él como "prosélito" de Maples. ¿Inaugura con esta actitud la cara tradición literaria mexicana del ninguneo?

Maples en su *Índice de la nueva poesía americana*. A su vez, Borges colaboró en "Irradiador", una de las revistas estridentistas, que era dirigida por Manuel Maples Arce y Fermín Revueltas. Rafael López –quien como prueba de su espíritu vanguardista declinó el honor de pertenecer a la Academia Mexicana de la Lengua, lo que le valió ser homenajeado por los estridentistas con un banquete– y José Juan Tablada, apadrinaron el movimiento. List escribió acerca de aquel banquete: "...después de comer... y luego de que el poeta Guillermo Esteva comparara a los académicos con los limpiabotas, porque como ellos, 'limpian, pulen y dan esplendor', el siempre irónico Chucho González pronunció un discurso en el que principió diciendo: 'Mi querido Rafael, es verdad que te has negado a entrar a la Academia, pero en cambio has ganado los bosques de Gilberto, las Torres de Bodet, el Monte Verde de Panchito; y te dará su nombre y su miel el Maple, que también es el Arce de Manuel; List te dará sus sonatas con Arzubide...' y así siguió haciendo cuenta de lo que ganaba el poeta guanajuatense con no entrar a la Academia, acomodando con mucha gracia otros nombres de los asistentes al acto. Fue un banquete para muchos inolvidable y que otros más quisieran ahora olvidar...". También apoyó al grupo, sin reservas, José D. Frías, uno de los poetas, traductores y críticos que más relegados están, el primero en llamar la atención sobre la frescura asombrosa de la obra de Tablada al incluirlo en su "Antología de jóvenes poetas mexicanos" en 1922, cuando Tablada había cumplido ya cincuenta y un años de edad. Además, en un principio coincidieron, simpatizaron y participaron con ellos poetas como José Gorostiza, Jaime Torres Bodet y Salvador Novo (una parte importante de la poesía de Novo, la escrita entre 1925 y 1935, así como la porción "maldita" de su obra, con la que fustigó, se burlo, hirió y humilló a sus enemigos –también a algunos de sus amigos– y aunque escrita en formas regulares –endecasílabos y octosílabos– se enmarca claramente en la estética estridentista y no en la de los "contemporáneos"). Más tarde habría de venir el rompimiento entre los dos grupos y la división en dos bandos irreconciliables que se menospreciaron y atacaron mutuamente y rehuyeron el diálogo, sólo en perjuicio de la literatura. El crítico Guillermo Sheridan[6] lo ha visto con claridad: "el enfrentamiento entre los dos grupos, o las dos intenciones, pudiera haber resultado fructífero de haberse puesto en juego sus versiones sobre la modernidad, sobre el oficio de escribir o sobre las necesidades literarias de una cultura que, como la suya, acababa de emerger de una confrontación violenta consigo misma... las paralelas de su trabajo sólo se cruzaron en el plano del resentimiento". De esa ruptura en facciones habría de terminar imponiéndose en el aprecio de la crítica mexicana el grupo de los "contemporáneos", que daría el tono y le marcaría el rumbo a nuestra literatura, aunque, de modo soterrado pero sin mengua de su vitalidad ni de la verdad en que se sostiene, el impulso vanguardista emblematizado por el estridentismo continuaría nutriendo a una franja de la poesía mexicana, la que se escribe en la segunda mitad del siglo XX, la más experimental y la más libre, la que reaparece y se hace evidente entre nosotros más fresca que nunca a partir sobre todo de los años sesenta; o sea, a los poetas que, precedidos por Marco Antonio Montes de Oca, figuran como continuadores de la "tradición de la ruptura" en la antología "Poesía en movimiento", y que publicaron y animaron casi todas las revistas independientes de la década: *cuadernos del viento*, *mester*, *el rehilete*, *pájaro cascabel*, *el corno emplumado*: una genealogía que se prolonga hasta hoy, en los poetas más jóvenes, aquellos que hacen de la volatilidad y asimetría de su lenguaje y de la estructura de sus poemas, la aventura por excelencia de sus vidas.

[6] Los contemporáneos ayer. FCE, 1985, pp. 133-34.

Las deplorables regresiones románticas

Cabe intentar aquí una digresión, que acaso aclare uno de los múltiples malentendidos que han sido generados en torno al estridentismo: en la 'Antología de la poesía mexicana moderna' Jorge Cuesta dice a propósito de Maples Arce, que su poesía "intenta una fuga de los moldes formales del modernismo, pero incurre, con frecuencia, en deplorables regresiones románticas". El comentario, leído de prisa o francamente fuera de contexto, parece una nota que censura la noción misma de romanticismo, y ha dado lugar a una confusión, importante porque señala lo que parece una incongruencia en la comprensión que el grupo 'contemporáneos' tenía acerca de su propia filiación con el espíritu del romanticismo (oro y sangre, sobre el fondo negro de un abismo horroroso) y no necesariamente con las formas métricas en que se apoyaba. A este respecto, Sheridan menciona en su estudio a Schneider, y Schneider menciona a su vez a Octavio Paz, pero ni Sheridan ni Schneider aclaran el sentido de la intervención de Paz en su interpretación del juicio de Cuesta. Dice Paz en *Poesía en movimiento*: "En la antología de Jorge Cuesta se le reprocha a Maples Arce su romanticismo. La crítica revela cierta miopía: Apollinaiere y Mayakovski fueron románticos y el surrealismo se declaró continuador del romanticismo". Comentario irrelevante si se toma en consideración que Cuesta se refiere al empleo que hacía Maples Arce de los "moldes formales" en que están vertidos los versos regulares (que Cuesta mismo, paradójicamente, cultivó con ahínco), al estéril y nefasto sonsonete que tantas vocaciones literarias ha hecho vacilar y que aún hoy, al comienzo de un nuevo siglo, continúa llevando como maléfico flautista a tantos poetas al agotado pozo de la monotonía. Sí, Cuesta le reprocha a Maples el *tono* de su verso alejandrino, el mismo que usaron nuestros poetas del siglo XIX con Manuel Acuña a la cabeza, y que Maples Arce siguió empleando imperturbable pese a su declaración de independencia. En efecto, el romanticismo mexicano, en tantos sentidos epidérmico,[7] usó y abusó hasta la exasperación de la forma tradicional del alejandrino: acentuación en 2ª., 6ª., 9ª., y 13ava. sílabas. El conocido verso de Acuña es un redoble arquetípico:

pues bien yo necesito decirte que te quiero

y no ofrece ninguna diferencia con alejandrinos de Maples Arce como: *la noche ha enflaquecido lamiendo su recuerdo*. Ejemplos parecidos a éste plagan los poemas de Maples, en los que abundan temas novedosos y actitudes vanguardistas, es cierto, pero ¿en dónde estaba la renovación lingüística? Los acentos de la poesía se precipitan en los moldes del idioma y determinan el modo de hablar y razonar de un pueblo. México se estaba poniendo de pie y buscaba desesperadamente las palabras que explicaran lo que le estaba ocurriendo. El reproche de Jorge Cuesta era justo. Había que deplorar las "regresiones románticas" de Maples, sobre todo después de que el idioma se había paseado ya por la calle en que vivía Rubén Darío. Interpretar el reproche de modo diferente –haya sido hecho por Cuesta o por cualquiera otro de los 'contemporáneos'– señalaría un lapsus inconcebible y perturbador en quienes tan impecablemente nos enseñaron –junto con Octavio Paz– a penetrar el sentido del romanticismo. Leer más despacio el siguiente párrafo del propio Cuesta despeja toda duda: "El tono mismo del alejandrino que prefiere [Maples Arce] y que desarticula con escasa agilidad, lo ata a esa tradición que continúa precisamente cuando más la ataca".

[7] No sólo el mexicano: "¡Nunca se lamentará bastante el daño que hizo en América nuestra pueril interpretación de las doctrinas románticas!" La exclamación es de Pedro Henríquez Ureña en 1922.

Esquina

List publica su primer libro de poemas, *Esquina*, en 1923. Un poco antes había lanzado el *manifiesto estridentista No. 2* "para molestar a la sociedad de Puebla", y editado las revistas *Vincit* y *Ser* en las que comentó o publicó a sus modelos y maestros: Darío, Herrera y Reissing, Lugones; y a los doctores Verlaine, Rimbaud, Laforgue y Mallarmé, quienes no sólo le enseñaron a caminar sin extraviarse en el laberinto de vértigo del verso libre, mil veces más peligroso y difícil que el bien cuidado jardín de la métrica italiana, sino que le mostraron la poesía como una imagen, un estilo, un ritmo, un desasimiento del espíritu, un desarreglo y una embriaguez de los sentidos, y, por debajo de numerosas formas, como un clasicismo iconoclasta y una pasión romántica: es decir, le enseñaron cómo tener conciencia de ser un poeta moderno.

En *Esquina* esa conciencia delimita ya los campos y se lanzan las primeras cargas de advertencia:

contra los Académicos la mañana
se ha levantado en armas

y, sin embargo, resabio de sus propias lecturas académicas, hallamos allí los ritmos más conservadores, a la manera de González Martínez:

la noche está leyendo sus versos del pasado

mezclados con otros más novedosos y politonales, de sabor más áspero, aunque todavía enmarcados en formas tradicionales:

la calle se ha venido toda tras de nosotros
y la sonrisa aquella se voló de mis manos.

La ciudad fragorosa es el escenario natural en que se desarrolla el drama emocional y silencioso de la poesía de List. Porque List es un estridentista muy curioso: es un estridentista que atestigua en silencio, como en un sueño marcado por una dorada lucidez, a la manera de algunos pintores expresionistas (August Macke, George Grosz) la hermosa y carnicera farsa en la que le ha tocado alentar. La ciudad inclemente y moderna, territorio magnetizado en que el poeta protagoniza los temas de todos: el amor, la búsqueda, la soledad, la pregunta; la ciudad que nos sepulta y nos niega, que nos tortura y anima, proporciona la hora, la esquina, la multitud, el rascacielos, le electricidad, el cinematógrafo y los taxímetros: novedades de última hora, objetos que los poetas futuristas exaltaron en sentido opuesto a Picasso y que List decolora: *un claxon agresivo desconecta el ensueño / allá fuera una rosa está pidiendo auxilio*, casi a contracorriente del impulso del propio Maples, lo que lo pone a salvo del lugar común que ya por mera costumbre se continúa asignando al estridentismo: ser un basurero de cachivaches mecánicos.

Los últimos girones de un lenguaje lógico, nombres y acontecimientos del mundo objetivo enmarcados en un lirismo intenso, se aferran todavía a la húmeda ribera de las páginas de *Esquina* y se mezclan al absurdo en una danza compleja y arbitraria, desarreglada y múltiple como la misma modernidad. Entre las estaciones que espían la intimidad por el ojo de la chapa y aquel muerto que chifla la Adelita en la esquina, unos ojos dorados resuelven un divino ademán. ¡Si la vida hablara…! Sorprende el parentesco de estos poemas de List con las inquietudes críticas que inspiraron al mismo tiempo los versos de T. S. Eliot al otro lado del mundo, en la "*Tierra baldía*" ("pero a mi espalda oigo / un estrépito de bocinas y motores…").

Horizonte

En 1926 List reside en Jalapa, donde funda y dirige la revista *Horizonte*, órgano del movimiento, y publica *El movimiento estridentista* (ensayo) y *El viajero en el vértice* (poesía). En estos poemas la visión se hace extrema y un halo fantasmagórico cubre las apariencias. Extraño libro de calles deshabitadas (que mucho recuerda al extraño Giorgio de Chirico) donde alguien monologa y sólo el silencio habla y sólo el insomnio vela. Trenes que parten, sombras, ecos y desapariciones, marco ominoso para un amor imposible que: o está muerto, o nos ha abandonado. Nunca lo sabremos. De todas formas, ELLA cruza eternamente. ¿Es la moda que pasa? ¿Es la vida que aúlla? List no lo dice. Sólo se encoge de hombros y desdobla los diarios infames. Con gesto de dandy extraviado concluye el asunto:

> *todo pasó rozando mis aceras nocturnas*
> *y me perdí*
> *entre los callejones de la lluvia.*

Además de la edición de la revista "Horizonte", de la que se publicaron once números –de abril de 1926 a mayo de 1927– y fue ilustrada por artistas de la talla de Diego Rivera, Tina Modotti, Jean Charlot, Fermín Revueltas y Ramón Alva de la Canal, el grupo diseñó un programa editorial que incluyó la publicación de la novela "Los de abajo", de Mariano Azuela, la poesía de Góngora (en cuya crítica List volcó toda su inteligencia y admiración por el poeta cordobés), "Poemas interdictos", de Maples Arce, "El café de Nadie", de Arqueles Vela, "El movimiento estridentista", de List, y obras de Fernández de Lizardi, José María Luis Mora, Ignacio Ramírez, Altamirano, Clavijero… un programa de trabajo que no pudieron concluir porque un golpe político quitó del gobierno de Veracruz al general Jara, lo que motivó la dispersión del grupo de escritores y artistas que trabajaba con él. Maples tomó entonces el camino de ascenso en su carrera diplomática… y emprendió el retorno a la estética del postmodernismo poético.

List se aleja de la escena literaria durante treinta y cinco años y sólo hasta 1960 publica nuevamente otro libro de poesía: *Cantos del hombre errante*. Disgregado el núcleo estridentista a finales de los años veinte, el largo silencio hizo creer a muchos que el estridentismo había muerto olvidado de dejar herederos directos (aunque sólo el nombre del movimiento, que había tenido una justificación momentánea, estratégica, gestual, había dejado de tener actualidad, debido en parte a los esfuerzos que hizo en tal sentido el propio Manuel Maples Arce: como publicar en 1940, en Roma, una antología de la poesía mexicana moderna en la que no hace una sola mención del "estridentismo" y no incluye a ninguno de sus compañeros; y, más tarde, el desconcertante desconocimiento que hizo del movimiento por él fundado; etc.); pero del estridentismo había quedado su poética, su concepción de la poesía y del arte en general, todo aquello cuyo germen, impregnado también de algunas de las lecciones dejadas por los "contemporáneos", alimentó las estructuras y el sentimiento de la poesía mexicana a partir de la obra de Octavio Paz, Jaime Sabines y Efraín Huerta. En ese lapso List abandona Jalapa e inicia una etapa en la que viaja extensamente, ejerce el periodismo (fue cofundador de la revista *Tiempo*, con Martín Luis Guzmán), escribe teatro, da clases y funda sindicatos (en 1934, la Liga de Escritores y Artistas Revolucionarios; en 1936, el ala izquierda de empleados federales). En ese mismo lapso se consolida también, en la crítica académica, el elogio y predilección por la "sobria mesura" a que antes había hecho alusión Pedro Henríquez Ureña al definir el "tono" de la lírica mexicana.

Pero List estaba vivo (como otros de sus compañeros, señaladamente Salvador Gallardo y Germán Cueto, que seguían empeñados en la creación de su obra) y reaparecía ahora con *Cantos del hombre errante*, un libro de estética netamente "estridentista" en el que su escritura se perfecciona al ahondar sus designios y definir sus contornos. Al libro sólo se le miró, si acaso, por encima del hombro: ¿otra vez, ese aficionado? Aquí lo urbano sigue siendo una visión y, sobre todo, un espectáculo en que "se ven pasar las búdicas ventanas", aunque algunas ciudades hayan muerto o estén adoloridas y herrumbrosas, no importa, porque aún hay ramos disecados en mustios calendarios y en su seno se establecen *compromisos de parques y de nidos*. Pese a todo, List profundiza en *Cantos del hombre errante* el rasgo silencioso y el aire de ceremonia y nostalgia que atraviesa sus libros anteriores; vagabundo del asfalto, también aclara el dibujo de sus trazos y deja a la geometría irrumpir en su escritura: así los vértices, los ángulos agudos, las esquinas y los horizontes, los panoramas *vencidos por los trenes* y hasta los *gritos de la distancia*, confieren al libro un tono clásico que nos remite a la perspectiva renacentista en la pintura, pero en la actitud onírica y desnuda que plantean los lienzos de Paul Delvaux o la prosa aséptica y filosa del doctor Farabeuf, libro de Salvador Elizondo contemporáneo de *Cantos del hombre errante*.

El estridentismo, "una batalla"

La obra póstuma de List, tal vez la más hermosa, *El libro de las voces insólitas*, que se publica en 1986, es un balance de su propia vida y un ajuste de cuentas. Ahora, sin cansancio y sin miedo, ahora que el amor ha abierto las ventanas del cielo y la magia de las abejas despierta descoloridas añoranzas, ahora que los pájaros han visto morir los panoramas y las canciones deshojan los últimos otoños, *otros vendrán después de nuestro ascenso / a la magistratura del recuerdo*. List finaliza su obra con beneplácito:

buscad el ondulante
camino de la dicha

aunque sangren sus manos *mientras todo va cayendo / en las últimas fronteras del olvido*. Ahora que las ciudades están derruidas y las cansadas arenas añoran heroicos horizontes, se hace el silencio en las pirámides y oscuras voces interrogan a los dioses de piedra mientras el crepúsculo desciende sobre el mundo y acaricia *la carne suntuosa y desvaída*.

List fue uno de los poetas mexicanos que supieron envejecer (no todos pudieron hacerlo) con elegancia y dignidad, fresco y despierto como a sus veinte años, fiel como el primer día a las cosas que amó, sabio y artista, orgulloso y modesto. Por eso su último libro puede terminar con un grito de triunfo: *¡Vincit!*; por eso su convencimiento y afirmación reiterada hasta el fin, de que a su verso libre no lo obstaculizaría "la estética del soneto", ni a las alas de sus aspiraciones las detendrían la hidras de sus sufrimientos personales ("lo íntimo no tiene la suficiente grandeza para entregárselo al mundo"). Hasta el final de su vida –murió en 2001, a los 101 años de edad– y tras haber recibido en 1994 el 'Premio Nacional de Lingüística y Literatura', alimentó ejemplarmente y sin descanso su pasión por la verdad del arte y por el gusto del combate: "el estridentismo es una batalla para crear una poesía que responda al hombre en un camino de paz y felicidad".

Y ahora, idas o resueltas en un nuevo dualismo las pasiones que dividieron en dos actitudes antagónicas y complementarias el misterio sin orillas de la poesía mexicana moderna, la obra de List aguarda como un fresco manantial, a la sombra de un relativo desconocimiento y propuesta para una lectura más atenta y abierta. Sin duda no se trata ahora, como dijo entonces Xavier Villaurrutia al referirse al estridentismo, de apenas "rizar la superficie adormecida de nuestros lentos procesos poéticos". ¿Sabremos comprender de qué se trata ahora?

El cántaro roto de Octavio Paz no está hecho pedazos

...Mientras la casa se desmoronaba
yo crecía. Fui (soy) yerba, maleza
entre escombros anónimos...

O.P. "Pasado en claro". 1974

"La mirada interior se despliega", dicen las palabras iniciales de "El cántaro roto", el poema de Octavio Paz, y el mundo tradicional y mesurado, de tono intimista y coloración grisácea de la poesía mexicana, se desploma. En su lugar, *"un mundo de vértigo y llama nace bajo la frente del que sueña"*. ¿Y quién sueña? Sueña lúcido y pasional el poeta mexicano, y en el lugar que le han preparado los poetas anteriores a él, la poesía da una vuelta y recomienza: experimenta una mutación.

El *mundo de vértigo y llama* no era otro que el de la poesía mexicana de la segunda mitad del siglo XX. Era 1955, año de la escritura de "El cántaro roto". Los "estridentistas" y los "contemporáneos", un hito en el camino debidamente asimilado, habían quedado atrás (aunque su influjo seguiría sintiéndose hasta el día de hoy). También por esos años se escribían "Pedro Páramo" y la "La región más transparente", piedras de toque en la renovación de nuestra prosa. Paz, por su parte, daba a México una imagen certera, quizá la más hermosa y verdadera de la realidad interior del mexicano, desde el águila y la serpiente enlazadas en una lucha mortal. Símbolo e imagen, metáfora y arquetipo, la metafísica de "El cántaro roto" vino a enriquecer la realidad poética de México, a revelarla y aclararla: lo que el poeta efectivamente nos dice, lo que se desprende de la imagen y de la lectura del poema es que los mexicanos y el país que hemos hecho, que hemos recibido en herencia y que heredaremos a los que nos seguirán, no es la imagen de lo destruido, no es un montón ininteligible de fragmentos separados (como podrían pensarlo quienes se han abandonado al desaliento o a una baja autoestima): el cántaro está roto, pero íntegro; está relleno de una tierra repleta de semillas que germinan, y entre sus resquebrajaduras crece lozana la hierba: está colmado de vitalidad.

El color del cántaro de barro semeja el rostro moreno del país mestizo que somos; cántaro "sentido", sus rajaduras son las cicatrices y las llagas vivas de la historia atroz de México. El poeta se pregunta en el poema si el dios-maíz, y la Virgen, y los otros dioses "*¿...se han muerto, se han ido, cántaros rotos al borde de la fuente cegada...?*"; pero sabe que debajo de las mataduras se guardan los mecanismos y los secretos de la fecundación y el renacimiento: siglos de polvo, lluvia, viento y sol inclemente han hecho del cántaro un recipiente de semillas traídas por el viento y paso de hormigas rojas y negras –engendradoras divinas de la alimentación y la fecundación en los mitos de la sierra mazateca. El poeta se inclina sobre el cántaro y le hace una pregunta, que es al mismo tiempo una respuesta:

> *"...dime, cántaro roto caído en el polvo, dime*
> *¿la luz nace frotando hueso contra hueso, hombre*

contra hombre, hambre contra hambre,
hasta que surja al fin la chispa, el grito, la palabra,
hasta que brote al fin el agua y crezca el árbol
de anchas hojas de turquesa?"

Volver a empezar

La poesía mexicana iniciaba con la obra de Paz el movimiento que divide al siglo XX en dos mitades antagónicas y complementarias, ese contrapunto tradicional que ha marcado siempre a nuestra poesía y le ha imprimido singularidad desde el principio: Terrazas, Balbuena, Sor Juana Inés de la Cruz y Juan Ruiz de Alarcón, y la discusión –o diatriba– sobre los rasgos mexicanos o españoles de sus obras; el rechazo y el reencuentro entre los escritores españoles y los poetas modernistas hispanoamericanos; el no-diálogo tan elocuente y ruidoso entre "estridentistas" y "contemporáneos", que todavía hoy alienta injusticias literarias, nubla el juicio crítico y suscita en algunos una excluyente toma de partido en la arena hace ya tanto tiempo desierta...

Luego de consumada la época de oro de nuestra poesía –Gutiérrez Nájera, Othón y Nervo, Díaz Mirón– se inicia el despertar intelectual de México. Los ateneístas –Alfonso Reyes, Antonio Caso, José Vasconcelos, Pedro Henríquez Ureña y algunos otros– lanzan la consigna de la modernización cultural y la libre incursión en todas las literaturas. Una ola de audacia y renovación toca a los escritores. Los "estridentistas" y los "contemporáneos" (dos poéticas, dos estéticas igualmente antípodas) se dividen el campo y ponen manos a la obra. Se lanzan a fondo a la vanguardia y a la experimentación, al estudio y profundización de su oficio, para heredarnos, cada grupo a su manera, un bagaje de ideas, un estilo de trabajo poético, una actitud de precisión intelectual o desenfado, un idioma literario en buena forma, al día, depurado y flexible, y un puñado de poemas y otras piezas memorables. Ahora, a la mitad del siglo, la lección anterior estaba consumada. Había que volver a empezar. Y Octavio Paz estaba a la cabeza de la empresa.

Juntar de nuevo lo que fue separado

La poesía de Paz es una tradición en sí misma –como lo es la de Sor Juana, López Velarde o Tablada, que han alcanzado el nivel del mito y son, de algún modo, autosuficientes– y se inscribe en una progenie que, en la historia de la poesía de nuestra lengua, tiene sus raíces en la Edad Media española y en la versificación amétrica e irregular que adquiere plena conciencia de sí misma en Rubén Darío: un trazo amplio, accidentado, de corte cubista, a veces oblicuo, que se ha ocultado y reaparecido a lo largo del tiempo dibujando la trayectoria de una vocación de modernidad –y que hace del poema una obra de arte construida y vista no sólo como una pieza verbal sino como una proyección plástica en el espacio del lenguaje.

El arte de Paz inaugura un estilo y una forma, penetra en otro tiempo, que no es ya el de sus antecesores y sí el del México contemporáneo, *condenado* –en las propias palabras del poeta– *a ser moderno* y, a la vez, o por esa misma razón, a reconocerse en su tradición y en sus creaciones, en la diversidad de sus orígenes, en sus creencias, en sus rituales y sus imágenes: sólo eso podría derribar a sus fantasmas. En este sentido "El cántaro roto" es el poema de nuestra identidad: *"somos un solo tallo con dos flores gemelas"* –un tema tan traído y llevado y del que Octavio Paz dijo en una ocasión que "el problema de la identidad del mexicano es que tiene demasiada". La fuente, pues, no está de ningún modo cegada; en nosotros se halla *"el manantial de las palabras para decir yo, tú, él, nosotros"*, lo cual implica la aceptación del otro y el que podamos reconocernos integralmente en el mestizo, el indio, el europeo que conforman –lo que nunca hemos podido o no hemos querido aceptar del todo– este México mosaico que es muchos méxicos y sin embargo uno solo. Alquimia del sentimiento, *arte de la conjugación.*[1] Acción y representación colectiva. Un arte espiritual. Lo dice con claridad "El cántaro roto":

> *"...para decir los pronombres hermosos y reconocernos*
> *y ser fieles a nuestros nombres*
> *hay que soñar hacia atrás, hacia la fuente, hay*
> *que remar siglos arriba,*
> *más allá de la infancia, más allá del comienzo[...]*
> *echar abajo las paredes entre el hombre y el hombre,*
> *juntar de nuevo lo que fue separado..."*

El temperamento de Paz es afín con el de Sor Juana Inés de la Cruz, a la que admira: "...su *Primero sueño* se parece en cierto sentido a *Le cimetiere Marin, Muerte sin fin, Altazor, Un coup de dés* [...] prefigura a la modernidad más moderna...", y con la que comparte una postura crítica de la sociedad –con las limitaciones teológicas que su tiempo le impuso a la monja–, una cultura descomunal e incluyente, pasión por el conocimiento y por la perfección artística y una aspiración a la transparencia, cada uno en el estilo, "barroco" o "moderno", que le correspondió protagonizar. En ambas obras –que se iluminan y fecundan mutuamente– México respira con amplitud y las dos tradiciones, la india y la europea, se fusionan. En sus escritos se dicen las cosas que tienen que ser dichas, con las que podemos coincidir o disentir, pero lo importante en el caso de Paz: sus imágenes, la forma de su escritura, su vocabulario, su sintaxis, han moldeado, nos demos cuenta o no, nuestra forma de hablar y de escribir, y aún más: de pensar. No que todos reflexionemos

[1] Esta idea la desarrolla O.P. en "Corriente alterna", *Invención, subdesarrollo, modernidad.*

como él lo hizo, pero del ritmo de su obra se desprende, directa o indirectamente, un modo de razonar y manejar el lenguaje. Y esto se refiere no sólo a sus escritos en prosa, los cuales significaron una renovación del lenguaje en el campo del ensayo (en el que, con frecuencia, la forma es el fondo, o sea, el idioma razona allí consigo mismo y parece moverse de acuerdo con una dinámica propia), sino al "prosaísmo" de una parte de su poesía, el cual se continúa en algunos poetas de la generación que le sigue, señaladamente en Marco Antonio Montes de Oca, José Carlos Becerra y Homero Aridjis, entre otros; y, más recientemente, en David Huerta.

En la perspectiva de la poesía mexicana, José Juan Tablada y Ramón López Velarde son otros dos puntos de referencia (o dicho de otro modo, otros dos poetas de su misma estirpe) que permiten situar la obra de Paz: con ambos se encuentra él inmerso en la "tradición de la ruptura" y con el primero comparte el gusto por la diversidad y la experimentación: juventud en la obra de Tablada, lozanía en la de Paz. La obra de los tres es igualmente novedosa: imaginan, fabulan, escriben de un modo diferente, como no se había hecho aquí hasta antes de ellos. Su percepción del lenguaje es la inauguración de otro tiempo. Tal vez el de nuestra verdadera –y bien entendida– modernidad: fraternidad, comunidad. Otra vez, el arte de la conjugación, el necesario encuentro de México consigo mismo.

El centro vivo del origen

Ramón López Velarde escribe "La suave patria", una aproximación a nuestros recuerdos y nuestros sentidos, una hermosa visión de la superficie de México revestida de maíz, de la que no está ausente la conciencia de la ruptura original, *"el sollozar de tus mitologías"*, ni la certidumbre del infierno de una modernidad al revés: los veneros de petróleo escriturados por el diablo. Una patria a la que el poeta ama *"no cual mito, sino por tu verdad de pan bendito"*, y que es un retrato de cuerpo entero de la tierra entrañable. La visión de Paz en "El cántaro roto" es un viaje al interior de él mismo, hijo de estas tierras nutricias, y es una versión terrible –pero exacta– de México y de la condición humana al mismo tiempo. En ese contexto el poema es una violenta denuncia y una dolida protesta, aunque es también y sobre todo un canto y la anunciación del triunfo de la razón poética –el otro nombre de la *Raison ardente*, de Apollinaire, a que hace alusión el epígrafe del libro "La estación violenta" en que fue publicado por primera vez "El cántaro roto"– lo que le permite concluir su poema con la celebración visionaria del vivir reconciliados los unos con los otros:

> *"...como un solo río interminable bajo arcos de siglos*
> *fluyen las estaciones y los hombres,*
> *hacia allá, al centro vivo del origen, más allá*
> *de fin y comienzo."*

O sea, un itinerario en sentido inverso: el río que fluye hacia el origen, el pasado "que se anima, cambia, marcha hacia nosotros" cuando se le contempla "desde un presente en movimiento":[2] ideas, trazos, campos de color y perspectivas de un poeta moderno que sabe conjugar, relacionar, acercar las palabras y las cosas, la realidad y el lenguaje.

"El cántaro roto" está escrito en ocho estrofas de extensión irregular (nueve, en algunas ediciones posteriores a la primera), en versos y versículos rítmicos, acentuales, también irregulares, que fluctúan entre las cinco y las treinta y dos sílabas y tienen el tono natural de la conversación: una corriente de habla sucesivamente exaltada o plácida, descriptiva o soñadora, profunda y fluída de

[2] Prólogo a "Poesía en movimiento", Siglo XXI Editores, 1966, p. 7.

principio a fin. Su estructura aparentemente prosística en algunas de sus partes, lo que Paz llamó "prosaísmo poético", algo muy distinto del llamado poema en prosa, implica tanto una invención de metros como una distribución libre de los acentos –que tocan todos los registros de la música del verso–, lo que hace a este poema una forma única e irrepetible, como lo son otros poemas modernos de su tipo. En éste se cumple a plenitud también la tendencia de la poesía contemporánea a elaborar "imágenes insólitas",[3] artesanía de imágenes y figuras que fue iniciada en los siglos de oro (sobre todo por Góngora, Lope y Garcilaso) y luego aprendida y desarrollada por los primeros poetas modernistas hispanoamericanos.

Conciencia del laberinto

El poema inicia con una descripción de las realidades interiores del poeta que sueña y despliega su mirada en un mundo onírico que es suyo y de todos: imágenes del deseo, fantasmas de la belleza y la alucinación, material incandescente del delirio: las maravillas y los terrores del arrebato y la visión, en donde crepitan y se dibujan exorcismos y rituales: *"...plumas, surtidores, plumas, súbito florecer de las antorchas, velas, alas, invasión de lo blanco..."* En seguida el poeta abre los ojos y la realidad de la noche estrellada se le entrega en toda su profundidad esplendorosa. El espectáculo tiene una magia que es tanto visual como sonora, y cierra la estrofa con una escena en la que se recupera en toda su integridad la inocencia de los sentidos de la vista y el oído: *"Harpas, jardines de harpas"*. La siguiente estrofa cambia con la rapidez del ademán de un ilusionista que transforma el escenario en un paisaje diurno reseco de calor y de abandono:

[3] O. Paz, "Cuadrivio". Ed. Joaquín Mortiz, 1965, p. 25.

"Pero a mi lado no había nadie.
Sólo el llano: cactus, huizaches, piedras enormes
que estallan bajo el sol.
No cantaba el grillo,
había un vago olor a cal y semillas quemadas,
las calles del poblado eran arroyos secos..."

"Pero a mi lado no había nadie". En las sílabas de ese verso deshabitado cabe todo entero el laberinto de la soledad; una verdadera declaración de principios que se profiere como una confesión en un aire hiriente y quebradizo a la que sigue un desafío en el que asoma, pese a todo, un temblor de esperanza: *"¿quién vive?"*. El horizonte es un llano en llamas que nos asfixia a todos con su humo y su sequía. Aparece entonces el fantasma de la progenie de México en harapos peregrinando hacia ninguna parte: *"... rumor de pies descalzos sobre el polvo..."* y la pregunta: ¿sólo hay sangre, polvo, andrajos y comida de insectos, muerte? ¿No hay agua, relinchos de caballos, gritos de hombres y mujeres bañándose al alba, vida?

"¿...sólo reluce y brilla en la noche de México el sapo verduzco,
sólo el cacique gordo de Cempoala es inmortal?"

Ese cacique es el prototipo del cacique rural o urbano que ha enseñoreado en estas tierras desde el principio ancestral de las diversas sangres que fluyen por el cuerpo de México: en la galería de tlatoanis y esperpentos, señores presidentes y caudillos que han sucesivamente parido y abortado a nuestra historia, caben con soltura otros personajes que Paz colocó en su "Piedra de Sol": *"... el tigre con chistera, presidente / del Club Vegetariano y la Cruz Roja / el burro pedagogo, el cocodrilo / metido a redentor, padre de pueblos / el Jefe, el tiburón, el arquitecto / del porvenir, el cerdo uniformado / el hijo predilecto de la iglesia... que toma clases de inglés y democracia..."*

La quinta estrofa

Sería difícil encontrar en la poesía mexicana el paralelo de una violencia tan honda, surgida de una suprema indignación ante los hechos atroces de lo que ha sido el aspecto escindido de la vida de México, como la quinta estrofa de "El cántaro roto". Desde el primer verso surge el dramatismo y la intensidad de una declaración terrible, la presentación de un espectro desollado de palabras demudadas dispuesto a cobrar caro el agravio: *"...he aquí a la rabia verde y fría y a su cola de navajas y vidrio cortado..."*. El equivalente habría que buscarlo en los rasgos crispados de la escultura mexica, en la obra de Francisco Goitia y en algunos trazos de la pintura de José Clemente Orozco. El sentimiento de esta estrofa podría ser rastreado también, quizá, en aquel "estado de rebelión y de protesta" que Rafael Solana vio en otro poeta de la generación de Paz, Efraín Huerta; y afuera del ámbito de la poesía mexicana (¿hay realmente ámbitos diferentes en la poesía?), en ciertos aspectos que le son afines con la exaltación de algunos textos de *les Poetes maudits*; y en el poema de la generación *beat*, "Howl", del poeta norteamericano Allen Ginsberg –que escribió ese poema en las mismas fechas en que Paz escribió "El cántaro roto"–. Quinta estrofa que es un desfile de signos, muecas, objetos de tortura, imágenes de la abyección y el sufrimiento extremos (*"...al tambor de piel humana golpeado por el fémur ...al tambor del pecho golpeado por el talón rabioso..."*) agitados con desesperación en esos versos de una belleza horrorosa y sombría y que no son otra cosa, empero, que una crónica meticulosa y fiel del lado oscuro de la historia humana (*"...hay siglos de piedras, años de losas, minutos espesores sobre la fuente humana"*).

Y todo dicho allí con la más expresiva y fluída musicalidad del verso libre de la lengua castellana, en la pauta que fue inicialmente explorada y marcada entre nosotros por Rubén Darío (algo que comenzó con la invención de la versificación acentual que hicieron los poetas latinos en la Edad Media, pasó por las jarchas mozárabes y se manifestó con plena conciencia artística en el *Cantar de mio Cid*). Nada que sea altisonante en los versos de "El cántaro roto", nada que se parezca a una palabra estridente. No hay golpes sobre la mesa ni puños alzados contra el cielo. El yo del poeta no aparece en esa estrofa por ninguna parte: se trata de una conciencia y un clamor colectivos. Tampoco hay anécdota ni protagonistas. El lugar en el que transcurre el drama de esa visión terrible es aquí, allá, en todas partes; en el espacio intemporal de la condición humana que carece de pasado y de futuro y está condenada a *ser siempre* en la conciencia punzante de un presente perpetuo: el suplicio de Prometeo o el estado de *samsara* en la concepción existencial budista: una filosofía que Paz vio siempre con un vivo interés y que en cierta medida permeó su vida y su poesía. En esos versos visionarios la única certeza es el sufrimiento que es consustancial a la conciencia humana desgajada:

"...he aquí al hombre que cae y se levanta y come
polvo y se arrastra,
al insecto humano que perfora la piedra y perfora
los siglos y carcome la luz..."

y por eso el testimonio del poeta, su quinta estrofa atroz, intransigente y verídica, que se resuelve exhausta en el último verso en una modulada frase de baja intensidad en la que más que resignación ante la evidencia de los hechos, se puede adivinar el asentimiento profundo de una razón que ve con toda claridad en la naturaleza de las cosas: *"...he aquí a la piedra rota, al hombre roto, a la luz rota..."*.

Declaración de fe en nosotros mismos

"¿Abrir los ojos o cerrarlos, todo es igual?". Paz quiere que otro pensamiento más puro que ése se levante; que la semilla de la imagen del cántaro ahora fecundada, crezca hasta ser árbol (*"el árbol de anchas hojas de turquesa"*); que brote la luz. Esa es la anunciación de un México resurrecto, enteramente renovado, reconciliado con sus orígenes, coherente (afectuoso, justo, respetuoso) en sus relaciones igualitarias de pluralidad porque ha sabido restañar sus heridas: un México que ve con transparencia en su propia realidad y que actúa en consecuencia. Y no sólo México: la potencia de la imagen del cántaro roto en el que crece la hierba alcanza a la totalidad de América Latina, a la sangre indígena y al mundo resultante del choque –encuentro– de sus civilizaciones con la cultura occidental; una figura que funciona como símbolo que se anima, una vez asimilado (¿enarbolado?) como emblema liberador de conciencia y energía creadoras, desde la lectura poética de lo que podemos llamar el sentimiento hispanoamericano. Pero el poema no es ni una proclama ni un manifiesto. No es un poema políticamente ideologizado. Mucho menos es una receta o un tratado psicológico o de sociología. Afortunadamente, en ninguna parte se encuentra en él, por ejemplo, una alusión explícita al refinamiento, la crueldad, la hipocresía y la tontería con que, en México sobre todo, se ha saqueado, diezmado, engañado y hecho sufrir a nuestros indios hasta el día de hoy, y la humillación y el racismo supuestamente soterrados que durante quinientos años han regido las relaciones sociales en nuestros países; pero la imagen del cántaro roto contiene eso y más.

"Dormir con los ojos abiertos, soñar con las manos", es la invitación del poeta. Construyamos, soñemos, cantemos: *"...hasta que el canto eche raíces, tronco, ramas, pájaros, astros..."*. En un ritmo que tiene una lógica y una sintaxis claramente conversacionales, el poema continúa: *"...cantar hasta que el sueño engendre y brote*

del costado del dormido la espiga roja de la resurrección...”. De esa “fuente humana” ha de brotar también *“el agua de la mujer”*: arte de la conjugación, un arte espiritual que es simultáneamente un arte corporal.

“El cántaro roto” es imagen y símbolo de un renacimiento, de la fecundidad y la reconciliación totales, emprendidas desde la raíz misma del ser:

> *“...el alba está cargada de frutos, el día y la noche*
> *reconciliados fluyen como un río manso,*
> *el día y la noche se acarician largamente como un*
> *hombre y una mujer enamorados...”*

El poema concluye con una epifanía que es una afirmación pura, como el poema de Rubén Darío “Salutación del optimista”, ese canto a la abundancia y la feracidad del mestizaje, del cual “El cántaro roto” es continuación y complemento no sólo por el tema –la sangre, la resurrección–, sino porque prosódicamente de él recibe y lleva a la perfección (apenas cincuenta años después de aquél) el ritmo nuevo que habría de convertirse en la divisa de la “nueva poesía” mexicana. Como el poema de Darío, “El cántaro roto” es también un canto de vida y esperanza o, más precisamente, una declaración de fe en México y en nosotros mismos; es la señal de que la poesía mexicana está de pie para iniciar una nueva rotación y una nueva etapa, con esta imagen que es la visión estética y moral, poéticamente verdadera, que nos hereda un poeta.

La 'nueva poesía' mexicana y Marco Antonio Montes de Oca

"...Solas se dicen las palabras...[1]

- I -

Continuación. Comienzo

Marco Antonio Montes de Oca es el pionero de la "nueva poesía" que se escribe en México en la segunda mitad del siglo XX, autor de una de las obras más originales y extensas de la poesía mexicana. Esto se desprende de la treintena de libros que tiene publicados, los cuales se singularizan en nuestro panorama poético por el caudal inusitado e interminable de versos que fluyen de sus poemas en todas direcciones, repletos de posibilidades combinatorias (es una obra que, en una porción importante, podría leerse en cualquier dirección a partir de cualquier punto, debido a la autosuficiencia de sus versos y segmentos y a su ma-

[1] *Cantos al sol que no se alcanza*, 1961.

nifiesta multiplicidad de sentidos) e imágenes que deslumbran por su novedad y por la osadía con que se relacionan entre sí los diversos elementos que les dan vida: una herencia que proviene del simbolismo francés, del clásico encuentro de un paraguas y una máquina de coser sobre una mesa de disección, imagen que fue trasmutada una vez que se rompieron los límites de la aséptica sala de operaciones de aquel experimento inicial. Y no es ése el único elemento que toma de aquel venero de la poesía moderna: su poema "Correspondencias" es ilustrativo:

> "*La coma es una cometa,*
> *El punto, un sol,*
> *Los puntos suspensivos, otra galaxia,*
> *El punto y aparte, nuestro sistema solar,*
> *El paréntesis, un hoyo negro,*
> *El texto, este universo;*
> *El punto final algo que no impide*
> *La segunda edición."*[2]

Pero esta poesía es mucho más que analogía, ironía y verso libre. Abrevar en su lectura es lanzarse y dejarse arrastrar por la corriente hacia lugares cada vez más sorprendentes y profundos del reino magnetizado del lenguaje; es internarse en la espesura viva de lo que se oye y se dice, se lee y se escribe, se sueña o se piensa y queda resonando en la memoria o el ánimo; es abrirse paso en el tupido follaje, a veces espinoso y áspero, a veces amoroso y suave, del bosque reverberante del habla. Un bosque tan brillante que en ocasiones ciega momentáneamente, para dar paso en seguida a comarcas espaciosas y quietas (lugares aptos para la meditación) o a campos abiertos al color y al movimiento de las ferias y juegos de la forma, caprichosos y múltiples (un festín para la vista):

[2] *Horizonte anegado*, 1991.

... Y mi lectura inagotable ya no precisa atmósferas de cámara dorada,
Cuando penetro la lejanía labrada, por el filo de un pétalo,
Cuando no sé de dónde saca tantos rayos mi ceniza,
Ni por qué mantiene su rubor mi petrificada brasa,
Ni en qué estación me ciño mi escafandra de colores
Llevándola con más ligereza en la tierra que en el mar..."[3]

Las direcciones, los meandros, los sentidos que toma esta obra desmesurada y caudalosa (no sólo por su extensión: también por el radicalismo de sus imágenes) son ilimitados. Aquí las palabras, sentimientos, vistas, intuiciones, en enjambres inquietos, contienen todas las posibilidades de lectura y dejan al lector la tarea de darles un sentido (o varios sentidos) y dirigirlas a su vez hacia cualquier entorno. Obra abierta por excelencia, las imágenes de Montes de Oca afirman y niegan la realidad al mismo tiempo.[4] Y en esa paradoja apuntan siempre a un absoluto del lenguaje, a un más allá de la totalidad de las interpretaciones y vivencias –un más allá de lo que están diciendo– al tiempo que dibujan en su trayectoria relumbres de ascuas contra la noche negra y sin fondo del significado. Así explica el poeta el sentido de su trabajo: "...el presente cede espacio a una totalidad de significado que sólo se esclarece a medias, para revelarse quizá por completo a través del conjunto de la obra..." Y con relación a lo que constituye su poética: "...a riesgo de diluir el motivo concreto de mis poemas, opté siempre por servir a la fuerza enlazadora que no estaba presente en el tema".[5] Esa "fuerza

[3] *Altanoche*, 1992.

[4] A propósito de la poesía de Montes de Oca, Octavio Paz escribió: "...el poeta camina por un paisaje indeci- so, donde todo es engaño y apariencia, donde todo se transforma sin cesar en lo contrario..." En *Generaciones y semblanzas*: *escritores y letras de México. México en la obra de Octavio Paz.* O. Paz y Luis Mario Schneider, (vol.II), Fondo de Cultura Económica, 1987.

[5] "Primeras palabras" de *Pedir el fuego* (1953-1992), Editorial Joaquín Mortiz, 2ª. ed., corregida y aumentada, 1994.

enlazadora" es, entre otras cosas, el poder magnético o mágico inherente a las palabras que, en manos del poeta, lleva a la creación del poema y conduce al lector a la conciencia de la obra de arte y más: al vislumbre de la condición humana liberada del cerrojo del "significado", que es por naturaleza parcial y discriminatorio, lo que impide percibir una visión unitaria del cosmos natural y el universo humano, inabarcables de suyo por los caminos de la razón discursiva: un reino al que sólo se accede por el lenguaje de la poesía –o del silencio.

Dejar el poema en manos de la poesía

En esta obra vasta y plena (y ambiciosa: quiere abarcarlo todo) una palabra lleva a otra y una imagen es referencia de otra más, de la que toma nuevos elementos obedeciendo siempre a ese poder instintivo y supremo que interconecta todas las manifestaciones del lenguaje: se trata de una doble operación en la que el poeta conduce a las palabras y es a su vez conducido por ellas. Esta actitud experimental ante el lenguaje ("invocatoria", ha escrito Montes de Oca)[6], que habría de generalizarse a partir de los años cincuenta convirtiéndose en la forma más frecuentada y explorada por la poesía contemporánea, y que rompe con una actitud más conservadora de escribir poemas, había dado inicio en la poesía mexicana en el primer cuarto del siglo XX con poetas como José Juan Tablada y Ramón López Velarde, introductores como fueron del cambio de sensibilidad poética; también con Salvador Novo y su libro "XX poemas", publicado en 1925; y Germán List Arzubide con su libro "Esquina" (1923), su "Segundo manifiesto" (1923) y la labor de difusión que desde la ciudad de Puebla, en las páginas de

[6] *Ibidem*.

sus revistas "Vincit" y "Ser", hacía del movimiento internacional de renovación artística. Había principiado, en general, con quienes participaron de una forma u otra, con conciencia de ello o no, de la estética del "estridentismo", movimiento que en otros países de nuestra lengua se llamó "ultraísmo" y "creacionismo". Como es sabido, el iniciador del movimiento entre nosotros, y autor del primer manifiesto del "estridentismo" (1921), escuela de la cual luego abjuró, escandalosamente, fue Manuel Maples Arce. List explicó en un artículo periodístico[7] el abandono que hizo Maples Arce del estridentismo: "...Al desbandarse el grupo estridentista en los años treinta y salir de la ciudad de Jalapa, lugar principal de su actividad literaria, Manuel Maples Arce ingresa a la diplomacia, donde se refugia de la amargura de tener que batirse con gandallas (los "contemporáneos"). Jaime Torres Bodet es nombrado más tarde Secretario de Relaciones Exteriores y, caprichoso destino, tiene en sus manos la suerte de Maples Arce, que tan pesado le ha sido. Para Manuel el golpe fue devastador. De la noche a la mañana es degradado de la sonriente Italia al aburrido e insípido Panamá. Maples Arce entendió los avisos. Sabe que en México siguen vivos los rencores y las rivalidades.... que el estridentismo debe ser enterrado, liquidado para siempre... Más tarde exijo a Maples que utilicemos su estancia en Europa para promover en otro ámbito nuestra poesía, como lo hacía Neruda; le pido explicaciones, ya que ni en su "Antología de la poesía mexicana moderna", que publica en Roma en 1940, incluye o menciona su propio movimiento. Su respuesta es fulminante: 'El estridentismo ha muerto. Del estridentismo no quiero saber nada. Te pido por favor que lo olvides y jamás lo vuelvas a mencionar'. Maples trocaba a cambio de una vida diplomática sin sobresaltos, la inmensa gloria literaria que le correspondía..."

[7] *La tragedia de Maples Arce.* "El Búho", suplemento cultural de Excélsior, 21 de agosto de 1993.

De cualquier modo, el verdadero innovador y demoledor de la vieja prosodia, el que señaló el camino para la renovación, fue German List, fundador y director de la revista "Horizonte", el órgano del movimiento. La limitación de Maples para incidir en la prosodia de nuestra poesía con aportaciones para el ritmo del verso y las proyecciones del cambio, como lo proclamaba su primer manifiesto estridentista, fue observada por Jorge Cuesta que, a propósito de él, escribió en su "Antología de la poesía mexicana moderna" (1928) lo siguiente: "... el tono mismo del alejandrino que prefiere –y que desarticula con escasa agilidad– lo ata a esa tradición (el modernismo) que continúa precisamente cuando más la ataca". Es lamentable que ninguno de los "contemporáneos" se haya ocupado en analizar la poesía de los otros "estridentistas", en particular la de List. Su táctica para atacar y defenderse de sus oponentes en aquel momento decisivo, crucial para nuestra poesía, fue ignorarlos; actitud que les fue facilitada por la temprana disolución del grupo estridentista y por la producción más bien escasa y esporádica de libros de poesía de sus antagonistas (aunque la poesía no puede ser valorada en términos de cantidad). List publicó tres libros más de poesía: "El viajero en el vértice" (1926), "Cantos del hombre errante" (1960) y "El libro de las voces insólitas (1986) los cuales forman parte del tomo de su poesía reunida, "Poemas estridentistas",[8] que todavía está esperando ser abordado por la crítica. Debe insistirse en que List está efectivamente más cerca de Vicente Huidobro que de Manuel Maples Arce y del "futurismo". La lectura atenta de sus poemas y de los manifiestos muestra que su verdadera filiación poética fue el "creacionismo": no una loa sino una crítica de la máquina y una afirmación de la paz sobre la guerra, todo lo cual lo aleja del "futurismo" de Marinetti. A List lo sedujo el tono irreverente y la arenga de renovación del primer

[8] 1ª. edición, Editores Mexicanos Unidos, 1986. 2ª. edición aumentada, El Tucán de Virginia/Gobierno de la Ciudad de México, 1998.

manifiesto de Maples; pero su poesía es finalmente lo opuesto de la estridencia: revela el aspecto nirvanizado de la realidad, que es contemplada y asumida como una ceremonia trascendente en el marco del transcurrir cotidiano: la poesía como aventura silenciosa. Una atmósfera que se halla también en la pintura de Giorgio de Chirico; y que más tarde en Montes de Oca se desplaza hacia el reino imantado de Max Ernst y otros pintores surrealistas, según ciertos ángulos desde los que puede ser apreciada su obra.

El Trueno del Cambio

Ahora la "nueva poesía" hacía su aparición como un brote de aquel impulso vanguardista que, soterrado durante algunas décadas, resurge a principios de los años cincuenta con toda vitalidad en su continuador, Marco Antonio Montes de Oca, que aborda ya la poesía de una forma diferente de como se escribía en aquellos años en que publicó sus primeros libros, "Ruina de la infame Babilonia" (1953), "Contrapunto de la fe" (1955), "Pliego de testimonios" (1958) y "Delante de la luz cantan los pájaros" (1959).

En efecto, poco tenían que ver los poemas de Montes de Oca con la lógica discursiva, el tono y la estética que subyace a los poemas que se leían en ese momento de poetas como Xavier Villaurrutia, José Gorostiza, Rubén Bonifaz Nuño, Rosario Castellanos o Jaime Torres Bodet (con toda la grandeza que tienen). La distancia entre la poesía del primero y la de los segundos es la misma que va, en el plano de la prosa, de las novelas "Al filo del agua" y "La sombra del caudillo" a "Farabeuf", de Elizondo, o "De perfil" de José Agustín: un cambio total en la forma y el fondo de la obra, lo que revela un cambio en el pensamiento y el rumbo que está tomando la sociedad. Los poetas que transformaban ahora la estructura del poema para aproximarse a la estética que hacía su aparición plena en México, y que era el principio de un movimiento que habría de hacerse manifiesto en toda la poesía hispanoamericana, eran Octavio Paz (que publicaba a mediados de los años cincuenta "El cántaro roto", el poema quizá más importante de la poesía mexicana –por la revolución que significa en la forma, por la decisiva influencia que ha ejercido y por su contenido que apunta a la configuración simbólica del mexicano), así como Jaime Sabines y Efraín Huerta, entre otros; pero era Montes de Oca el que con certidumbre y arrojo, en el despliegue de una vocación de experimentación e intensidad que ha conservado hasta el día de hoy, daba el paso decisivo en aquel nuevo amanecer de la creación poética (*...mi fe se consolida cuando la sacra vislumbre, el eco original, se esconde bajo el espesor de sus más claros habitantes. Hay que seguir tamaño rastro por arroyos de vidrio cortado. Seguirlo mientras haya fuerzas y modo y entusiasmo. Seguirlo hasta que la noche final se muerda la cola en nuestros labios...*).[9] En el prólogo a la antología "Poesía en movimiento. México 1915-1966",[10] así lo afirma Octavio Paz: "*El iniciador de la nueva poesía es Montes de Oca*". El término "nueva poesía" fue usado por primera vez, en el contexto de la poesía hispanoamericana, por Jorge Luis Borges, Vicente Huidobro y Alberto Hidalgo, en el prólogo que elaboraron para la antología "Indice de la nueva poesía americana",[11] en la que, de México, publicaron poemas sólo de List, Maples, Novo, Pellicer, José Rubén Romero y Tablada; también incluyeron al poeta de Guatemala Luis Cardoza y Aragón, que todavía no residía entre nosotros, autor de un libro central de la vanguardia, "Pequeña sinfonía del Nuevo Mundo", un extenso y hermoso poema en prosa, marea verbal alucinada y desbordante que se halla en la misma temperatura poética que la obra de Marco Antonio Montes de Oca.

[9] *Las fuentes legendarias*, 1966.

[10] 1ª. Ed., 1966. Siglo XXI Editores, S.A. Selecciones y notas de Octavio Paz, Alí Chumacero, José Emilio Pacheco y Homero Aridjis.

[11] Edit. El Inca, Buenos Aires, 1926.

Como es sabido, Paz utilizó en "Poesía en movimiento" los diseños geométricos de trazos quebrados y enteros (cuya naturaleza es el movimiento mismo) del *Y Ching o Libro de las mutaciones* para aproximarse e indagar acerca de los nuevos poetas ("...ese torbellino..."). El planteamiento que le hace Paz al oráculo da por resultado que, entre los diferentes signos que establece la tradición china (Trueno, Agua abismal, Fuego, Lago, Montaña, Viento, etc.), a Montes de Oca le corresponda "...el signo que señala a lo que aparece, surge, se levanta, suscita: el Trueno [...]; el Trueno es el primer hijo del principio creador, el Cielo, y Montes de Oca puede considerarse el primogénito: recibe la herencia y la impulsa, la pone en movimiento..." Esa herencia venía de la vanguardia, de la conciencia del arte moderno que se convertía otra vez en una nueva vanguardia. En palabras de Paz, y en referencia a los poetas de la segunda mitad del siglo XX que encabezaba Montes de Oca: "...la poesía joven es un principio, con ella comienza algo en México [...]; ese principio es una continuación (tradición de la ruptura) de algo que iniciaron Tablada, Pellicer, Novo y algunos otros". Entre esos otros estaban List y Maples Arce.

- II -

El sollozar del heptasílabo

El cambio que operó Montes de Oca en la poesía mexicana fue radical: puso en libertad a las palabras, las que de inmediato, como parvada de pájaros, volaron a los lugares más extremos y heterogéneos del lenguaje para formar imágenes ardientes e imposibles –y que son poco vistas afuera de esta obra– en el intento de la prosodia y la semántica por romper el *continuum* de una lógica de la razón verbal que casi siempre había servido como un ancla a la poesía (*"...Cargada de lastre explicativo, ayuna de verdadera capacidad de sólo sugerir, nuestra poesía está urgida de síntesis y de una crítica ejercida sobre los estratos más profundos del lenguaje..."*)[12]. Es así como forma, contenidos, acentuación rítmica, géneros, extensión de los versos, puntuación, la idea misma de "buen gusto" y de belleza y aun de poema, todo se precipita y se funde en el centro generador del lenguaje para ser reciclado. El resultado es esta obra monumental totalmente unitaria, interconectiva y desquiciadora al punto que cualquiera de sus poemas podría formar parte de otro, una obra en la que se entrecruzan y confunden los estilos y las formas: verso (extenso o breve), prosa, prosa poética, poema visual o concreto, poema en prosa, escritura automática, ensayo, todo ello sostenido por el hilo conductor de una poesía que, al tiempo que es una ruptura que inaugura o abre algo, cierra una etapa del mismo modo en que los "contemporáneos" y los "estridentistas" habían comenzado otra cosa mientras terminaban con la estética del modernismo. Lo suyo es una fidelidad ejemplar a esa oquedad espiritual que es "la ruptura", en la que el poeta se juega todo completo con dados "cargados con el alma", adhesión al verso libre –experimentación perpetua porque cada paso que se arriesga es enteramente el primero– y cultivo incansable de una actitud "invocatoria" que propicia y facilita la acción de la "fuerza enlazadora" del lenguaje.

"...Hoy precisamente, cuando solloza el heptasílabo
y la sentencia disuelve sus huesos en ollas colmadas con ácido maligno
y el discurso enceguece a sus vigías
y la estrofa, arrastrada a cabeza de silla, se rompe las vértebras lumbares..."[13]

[12] *Lugares donde el espacio cicatriza*, 1974.
[13] *La casa por la ventana*, 1968.

En Montes de Oca están vivas las raíces de sus antepasados poéticos, desde los poetas medievales castellanos que iniciaron la versificación irregular hasta el romanticismo, Rubén Darío, la vanguardia, el surrealismo, Octavio Paz. El pasado del que parte, esa vocación que desde el principio de la poesía de nuestra lengua ha alternado la construcción y la desconstrucción de la forma, es la simiente de la cual brota su poesía; en ese pasado se nutre y de él toma los elementos de su arte combinatorio, liberador de la energía del lenguaje y productor de imágenes por excelencia, encarnando así el proceso gracias al cual el mito y la imagen poética son los generadores de la historia, según lo muestra la escuela mitocrítica: es la imagen, atavío del mito, la que hace aparecer la realidad al hacerla legible (labor de la que se ocupan los poetas: un cambio de métrica produce grandes consecuencias sociales, según aventuró Ezra Pound); proceso que desde el despertar de la vanguardia se ha presentado con el rostro enharinado por el humor moderno en una mueca metafísica. Así, el "golpe de dados" de Mallarmé puede adquirir un sentido inédito al ser desmontado con el entusiasmo y la fe de Montes de Oca en su poema "Hacer viajar":

"Coup de dés
Ni qué nada
Cargados con mi alma
Los dados
Salen como quiero."[14]

Época bárbara, pero poética. Recuento

La ruptura protagonizada por Montes de Oca se dio de manera natural en el contexto de la ruptura generalizada de su tiempo, un

[14] *En honor de las palabras*, 1978.

movimiento que fue un rechazo del estado de cosas y que tocó a todas las artes y marcó y fue marcado por los hechos sociales. Sus libros iniciales fueron publicados en la primera década de la segunda mitad del siglo XX. La lectura y el ánimo del "existencialismo" permeaban a la sociedad mexicana ilustrada, aunque pronto pasarían de moda. El espíritu de la época, veloz y exhuberante, buscaba librarse de todas las estructuras y era por eso propicio para el cambio. Se avisoraba en el horizonte la alucinación que representarían los años sesenta. La experimentación, la novedad, el entusiasmo, la rebelión, el descubrimiento, se daban en todos los ámbitos: en el cuerpo, en el espacio, en la sociedad, en las artes (revolución femenina, viajes espaciales, pacifismo militante, derechos civiles, invención del rock, aparición del "pop-art", cambios inusitados en las formas literarias): era el juego, que se hacía explícito mientras soñaba una reconciliación, de Eros y Thanatos, según lo describía Norman O. Brown, un autor muy leído y citado en aquellos años en México y en el mundo, y que explicaba esas energías instintivas no en el lenguaje metafísico del *I Ching o Libro de las mutaciones* ("ying" y "yang"), sino en los términos freudianos de "principio del placer" y "principio de la realidad". La divisa, inspirada en Herbert Marcuse y enarbolada por los movimientos estudiantiles de los años sesenta, era "ser realistas, exigir lo imposible"; o, en la imaginería ética de José Lezama Lima, "creer justamente en lo increíble".

En la poesía norteamericana irrumpía un nuevo tipo de escritores: los "beats", de temple literario desenfadado y desafiante del *establishment*, localizados en el área de la bahía de San Francisco, al lado de un grupo de poetas igualmente disidentes, de tono más erudito y técnico, los de la escuela "Black Mountain", en Carolina del Norte, y de un tercer grupo localizado en Nueva York. El detonante de aquella actitud novedosa que habría de afectar al mundo entero fue la lectura y publicación, en 1956, de "Howl and other poems", de Allen Ginsberg, con introducción de William Carlos

Williams, libro que fue confiscado y prohibido. Los "beats" y sus compañeros contestatarios eran herederos y al mismo tiempo antagonistas del lenguaje en que se habían expresado Whitman, Eliot, Pound, e.e.cummings y Walter Lowenfels, poeta éste que fue procesado y condenado por ser comunista militante, y que fue uno de los líderes del renacimiento de la poesía oral en las décadas de 1950 y 1960. Lecturas de poesía con jazz –época de oro de Miles Davis y Thelonius Monk–. Los nuevos poetas entendían su tradición, pero iban más allá de ella. Mostraban vocación pacifista y generalizaban un rechazo al rostro autocomplaciente y satisfecho (que pretendía sepultar su sentimiento de culpa) de la sociedad en que les tocaba vivir, actitud que era una crítica del estado de cosas y que se expresaba claramente como una crítica en el espacio del lenguaje. De aquel sacudimiento se derivaron modas que le dieron la vuelta al mundo y que primero se llamaron "beat", luego "hip" y finalmente "hippie", y del cual sobrevive una constelación de poemas y de nombres que son ya leyenda al lado del de Ginsberg: Denise Levertov, Lawrence Ferlinghetti, Philip Lamantia, Diane di Prima, Gary Snyder, LeRoi Jones, Robert Creeley... Las ideas de Creeley sobre el "campo de fuerza" del poema –teoría que compartió con Charles Olson– tienen más de un punto de contacto con la "fuerza enlazadora" de Montes de Oca y con los "campos de experimentación abiertos a la acción del lector y a otros accidentes externos" de que habló Paz al referirse a los rasgos distintivos de las creaciones modernas.[15]

A lo largo de toda América Latina soplaban los aires entusiastas de la renovación poética. En México aparecían nombres nuevos en la poesía: Homero Aridjis, Gabriel Zaid, José Emilio Pacheco, Tomás Segovia, entre otros, así como los poetas que conformaban el grupo 'La espiga amotinada': Juan Bañuelos, Oscar Oliva, Jaime

[15] *Op. cit.*

Labastida, Heraclio Zepeda y Jaime Augusto Shelley. En la poesía nicaragüense Ernesto Cardenal tomaba la estafeta como heredero de Rubén Darío y emergía con una poesía visionaria y coloquial, profundamente crítica, de lenguaje directo y transparente, una espiritualidad de las cosas para él cotidianas: la contemplación de la naturaleza, la oración y la política, la charla con los amigos (epistolar o directa). A mediados de los años cincuenta Cardenal estaba en México estudiando en la UNAM y publicaba sus primeros poemas ("Hora 0", entre ellos) en la Revista Mexicana de Literatura. Su participación en la resistencia contra el dictador Somoza lo había arrojado hacia México. Descubierta aquí su vocación religiosa, ingresó a un monasterio trapense en Kentucky, donde escribió el que quizá sea su más hermoso e importante libro de poemas, "Gethsemani, Ky". De regreso en México convivió con los poetas mexicanos y con los "beats" norteamericanos que estaban aquí, y residió dos años en el monasterio benedictino de Gregorio Lemercier, en Cuernavaca –en el que combinaban la vida religiosa con el psicoanálisis, lo que causó un verdadero sismo en el interior de la iglesia católica–. Tiempo después fue ordenado sacerdote en Colombia y desde entonces ha sido uno de los principales exponentes latinoamericanos de la teología de la liberación. Hoy es el poeta vivo mayor de Nicaragua.

Un hombre nuevo, una nueva era

En América Latina proliferaban las revistas literarias independientes –como en los Estados Unidos se multiplicaban las "little magazines"– en las que se publicaban poemas de una manifiesta intención de ruptura con el pasado inmediato. Se hablaba de una revolución espiritual y de un hombre nuevo que se hallaba en el umbral de una nueva era: una era tecnológica de miseria y desperdicio que ha dividido más profundamente aún al mundo, ahora lo sabemos, y que se muestra no menos feroz que otras, aunque más cínica y desencantada. "*Algo se prepara/ Dijo uno de nosotros* [...] *Siglo tallado en un aullido...*", son líneas en una marea de versos del poema "Noche en claro" de Octavio Paz, escrito en algún momento entre 1958 y 1961.

En Brasil, en 1952, resurgía con lucidez y fuerza inusitada la poesía "concreta" en torno a las revistas "Invención" y "Noigandres", un experimento radical de aproximación al fenómeno poético que no excluye la crítica social –véase como ejemplo el poema "coca cola, 1957 (antipropaganda)", del poeta Decio Pignatari– que privilegia la "sintaxis visual" sobre el principio lógico-discursivo del habla;[16] una inspiración hallada en Mallarmé, en Pound, en la escritura china. Y un intento al que no ha sido ajeno Montes de Oca: años más tarde, en 1974, apareció su libro "Lugares donde el espacio cicatriza", en el que publicó poemas "visuales" alternados con prosa poética, versos breves y escritura automática con puntuación: "*...poemas ceñidos* –explica en su prólogo– *por el propósito de buscar menos sintaxis y más significados frente a la sociedad embotada y sus gritos de sirena mecánica...*" En ese libro, el poema "Bíblica" alude claramente a los U.S.A. en el juego combinatorio de las letras ESA U ES ESSAU. En la parte versificada del mismo: *...Un diez de junio/ Más diez de junio que cualquiera/ Ah mis jóvenes/ Naturaleza muerta que podría estar viva/ Hay que hacer el amor/ Pero también memoria...,* Montes de Oca aclara en una nota: "El poema se refiere al 10 de junio, fecha en que decenas de estudiantes mexicanos murieron como consecuencia de una brutal represión jamás explicada por el gobierno mexicano". También en otros diferentes momentos a lo largo de su obra aparecen el moti-

[16] En abril de 1964 el grupo brasileño de poesía "concreta" publicó en México una amplia muestra de sus trabajos en la revista "El corno emplumado", en la que, ese mismo año, aparecieron también poemas "concretos" de Mathías Goeritz y Werner Bruenner, poetas de origen alemán que residían en México.

vo político, la protesta social, el asombro y la indignación ante la atrocidad de los hechos de la historia, y asuntos como las guerras de Corea, Vietnam, Camboya, el napalm, el holocausto nuclear y el olvido de todo ello configuran muchos de sus poemas. La matanza de Tlatelolco del 2 de octubre de 1968 es el tema del poema "El altar de los muertos",[17] de un claro realismo que contrasta con el barroquismo alegórico que puebla la mayor parte de su obra.

Los innumerables viajes que realizaron los poetas en esos años por el Continente americano y el intenso intercambio epistolar y de revistas que se dio propiciaron una especie de circulación sanguínea de poesía. Desde Perú, Raquel Jodorowsky escribía: "Los poetas de hoy somos las bacterias destructoras de un cuerpo social en descomposición", y daba a conocer en México su poesía de tono intensamente personal, admonitorio y desafiante. En Colombia los poetas jóvenes agrupados en el movimiento "Nadaísta" que fundó Gonzalo Arango desarticulaban ruidosamente y con humor negro la prosodia clásica y sacudían un medio literario al que no conmovía la inaudita violencia que convulsionaba a la sociedad colombiana y que era fruto, como sucedía en otros países, de la política impuesta por feroces dictaduras y gobiernos oligárquicos. Era una época sombría que lanzaba a los artistas a solidarizarse con las causas sociales, a unirse a las marchas en las calles y a redactar manifiestos y protestas. Así ocurrió en nuestro país con los movimientos y huelgas de los ferrocarrileros, los maestros y los telegrafistas en 1958 y 1959 y, en 1968, con la creación del "Comité de Intelectuales, Artistas y Escritores de México" que apoyó al movimiento estudiantil y reunió a la casi totalidad de los miembros de la comunidad cultural; y la consecuente renuncia de Octavio Paz a su puesto de embajador en la India como protesta por el crimen de Tlatelolco (así ocurrió también durante toda esa

[17] *Arena y viento*, 1968-1976.

década con los movimientos campesinos, que continuaron en los años setenta y ochenta, culminaron en los noventa y han desembocado en el presente con el grotesco resultado de la destrucción total de la agricultura campesina de México y la postración y acorralamiento de las comunidades indígenas, labor que se logró merced a la política de los sucesivos gobiernos que con refinado maquiavelismo se autoungieron "agraristas" para mejor abandonar el campo y la cultura indígena y consumar así la hazaña). Situaciones similares en lo literario, en lo político y lo social se vivían en aquellos años en otras latitudes: Ecuador, Brasil, Chile, Uruguay, Argentina, Cuba, cuya revolución triunfante apareció en 1959 como una aurora en el horizonte latinoamericano e hizo a muchos abrigar esperanzas.

La intensidad literaria y vital de aquellos años quedó registrada en revistas y suplementos, en libros y antologías. En la edición que hicieron José Emilio Pacheco y Gabriel Zaid del libro "El otoño recorre las islas" de José Carlos Becerra,[18] en la nota biográfica del poeta desaparecido que redactaron, y del que extraigo dos fragmentos, evocan así aquel momento literario de México: "...1964 fue un año decisivo para Becerra [...] comenzó a escribir *Relación de los hechos* y a publicar en las revistas de aquel breve periodo que hoy parece remoto y brillante: *El Corno Emplumado, Cuadernos de Bellas Artes, Cuadernos del Viento, Pájaro Cascabel, Revista Mexicana de Literatura, Revista de la Universidad de México,* y en los suplementos: *La cultura en México y El Gallo Ilustrado* [...]; Becerra era redactor en una agencia de publicidad cuando, en 1968, la matanza de Tlatelolco borró para siempre la fantasmagoría de los años sesenta mexicanos...". Ernesto Cardenal vio así aquel tiempo espejeante en su poema "MANAGUA 6:30 PM": "*...Y si he de dar un testimonio sobre mi época / es éste: fue bárbara y primitiva / pero poética".*

[18] Ediciones Era, 1973.

No preocuparse del mañana

La poesía de Montes de Oca es emblemática de la ruptura y punto de partida de una nueva espiral estética, y puede representar bien "el arte de nuestros días", nombre que daba Vicente Huidobro a las obras de la vanguardia surgidas del romanticismo y el cubismo, fundidos en el espíritu de los poetas, a los que pedía trabajaran "sin preocuparse del mañana": una poética que respira el *ahora* en el que actúa el juego de la "fuerza enlazadora" y el poder de atracción de las palabras en el "campo de experimentación abierto a la acción del lector y a otros accidentes externos", ya citados.

Poesía que aspira a la libertad expresiva total, al fluir creativo de un lenguaje que no es el de los poetas que nos precedieron y sí el de nuestro tenso tiempo mexicano, o hispanoamericano, en que no se han visto satisfechas de manera coherente sus justas aspiraciones a realizar los ideales de independencia –económica, moral, mental–, en sociedades reconciliadas consigo mismas y en relaciones igualitarias con el resto del mundo.

Poesía con una tendencia al prosaísmo en un verso cuya filiación es el ritmo y los diversos tonos de la conversación, aun en sus momentos de mayor emoción y lirismo, o del más refinado intelectualismo.

"Delante de la luz cantan los pájaros"[19] es el título del libro que reúne el conjunto de la obra (inacabada e inacabable) de Montes de Oca: una tierra imantada en la que germina un bosque de lenguaje que busca lo sagrado, pulsión que ha dado vida a una franja de nuestra poesía desde el romanticismo alemán, que es el manantial en el que abreva este poeta. El epígrafe de Hölderlin que preside el libro es más que un homenaje a un poeta al que Montes de Oca ad-

[19] *Poesía 1953-2000*. Fondo de Cultura Económica, Colección Letras Mexicanas. 1184 pp.

mira: es una verdadera declaración de principios: "...pero si un día alcanzó lo sagrado aquello que es caro a mi corazón, el poema, [...] por una vez habré vivido como un dios, y más no hace falta..."

Con la humildad e ironía con que suele enmascararse el orgullo que otorga la conciencia de la creación artística, Vicente Huidobro había llamado *pequeños dioses* a los creadores de realidades poéticas. Humildad, ironía, orgullo... virtudes artísticas abundantes en esta obra que en la edición anterior que reunía lo escrito hasta 1994, llevaba el título revelador de "Pedir el fuego". No robarlo, como lo hizo Prometeo. El poeta, que se sabe un hombre común, el antihéroe por antonomasia o, en el mejor de los casos, héroe sólo de su propia vida y de su escritura, lo solicita como una gracia por boca de Marco Antonio Montes de Oca, que se ampara en su fe y en la concepción que tiene de su obra como una ofrenda y una plegaria para que le sea otorgada la visión de la poesía, que se da siempre más allá de él: sabe que lo dicho en los poemas es irremediablemente inferior a lo visto, a su intuición de lo real, a su emoción artística: por eso los poemas son apenas los "escombros" de la alucinación que es la vida, la labor de construcción y destrucción que le es connatural a ésta, los rescoldos del viaje a la realidad intemporal, incandescente e incomprensible para la razón: todo eso que nos revela la poesía.

Su trabajo ha sido *ver* en el fondo del imaginario colectivo, orientarse en ese magma ardiente y frío, contarnos lo que ve y, tal vez, servir de guía en el viaje, si es que respondemos a la invitación: digo esto porque repetidamente, desde el principio y hasta el día de hoy, se le ha imputado a Montes de Oca "su falta de gusto", juicio que pasa por alto el hecho de que más allá del gusto –que es cambiante y pasajero como la moda e implica una reeducación permanente por parte del lector– subyace la verdad que la obra de arte nos muestra. En todo caso, el grado de dificultad que hay en lo desacostumbrado de sus imágenes, que absorben magnética y "enlazadoramente" todos los registros de la invención literaria y por esa razón incluyen todas las asperezas y asimetrías de una lengua que es percibida y nos es propuesta en su perpetua transformación, no debería dejar a nadie afuera del gozo de esta obra. El dictamen de "mal gusto" es inmerecido y gratuito. El mismo Montes de Oca se quejaba de una cierta incomprensión hacia su poesía que lo acosaba ya en 1967,[20] y hacía notar entonces que la crítica disminuía el contenido de su obra con "el molesto estribillo que ha acompañado a cuanto he escrito desde *Ruina de la infame Babilonia*: mi 'exhuberancia imaginativa' "). Para obviar la dificultad que ofrece a algunos su poesía, habría que leer a este poeta con la utilización de ese "tercer ojo" de la soledad meditativa que enfrenta al ser consigo mismo, en una saludable y pasajera disolución del "yo" (hacerse uno ligeramente a un lado junto con su propia idea del "buen gusto" para dejar hablar al poeta y verdaderamente oírlo, lo que no nubla sino robustece la intuición y percepción críticas) y que hace su aparición en el poema "Casi un soliloquio" y es:

> " *...Resumen de mis totalidades grises, síntesis de vestiduras*
> *Que dan más altura al vuelo amarillo de lo posible...*[21]

Nuestra cuenta pendiente

Una poesía visionaria que es al mismo tiempo una poesía pictórica, exposición de colores para el entendimiento de los ojos: toda la obra de Montes de Oca es un solo río de imágenes cromáticas, un transcurrir acompasado que no desdeña la asimetría, una "totalidad de significado que se revela quizá por completo a través del conjunto de la obra" a que él ha hecho alusión. Lo que el poeta tiene a la vista es el lenguaje completo en toda su inmensidad. Es su percepción

[20] Ibidem, p. 1138.
[21] *Entre la niebla y la centella*, 2000.

total del idioma lo que nos dona en su poesía. Por eso es válido afirmar que su verdadero tema es la palabra y la forma que tiene la palabra: nieve, mar, pétalo, aullido, colibrí, entusiasmo...

Una lumbrera que se conecta a la profundidad de la vanguardia, donde se mezcla con escrituras afines y surge a nuestros días con un luminoso flujo de lenguaje imantado; una poética que se apoya tanto en la inspiración que preconizaba Vicente Huidobro como en el magnetismo y el automatismo de André Breton, continuadores ambos del espíritu del romanticismo, lo que es decir el espíritu de la modernidad y sus ideales no alcanzados de comunidad, fraternidad e igualdad, esa cuenta pendiente que no hemos cobrado, ni pagado, ni resuelto todavía, y más: esa labor alquímica que sólo es posible realizar a través de la imagen y el mito, en el reino del poema, espacio espiritual en el que pueden conciliarse todas las contradicciones que nos traban y atan a estas sociedades que hemos hecho desarrapadas y opulentas al mismo tiempo, escindidas y sumergidas en la indiferencia, el sopor y la negación de sí mismas.

Poesía que aflora pujante en la segunda mitad del siglo XX como una ruptura a partir de la cual los poetas mexicanos actuales han podido seguir escribiendo liberados de los "deberes" para con la forma y el fondo (las reglas de la retórica y la consigna), amparados en una conciencia del quehacer poético que es completamente libre, con un lenguaje igualmente libre y con el que ha empezado a contarse otra historia, la nuestra, en la más extrema naturalidad y flexibilidad de un verso libre carente del pesado grillete de un sentido que veda de mil maneras la percepción directa de las cosas y el vuelo del espíritu contemporáneo, el cual emprende la aventura de escribir sobre el cuerpo de una realidad en la que todo está por hacerse. El camino ha quedado marcado en poemas como los que configuran el libro "La estación violenta", de Paz, y en la "ruptura" que significó e inauguró la obra de Marco Antonio Montes de Oca: creación de símbolos y mitos, lectura libre de sus imágenes, escritura libre de ataduras.

En sus últimos libros: "Vacación tras la ventana", "Entre la niebla y la centella", "Certidumbre y espejismo", "Nuevo contrapunto" y "Soy todo lo que miro", que aparecen con fecha del año 2000 en el tomo que reúne su poesía completa, el trazado de sus versos (¿de sus vuelos?) se ha tornado aún más amplio y se ha afianzado su vocación experimental: "Soy todo lo que miro" es una combinación perfecta de prosa y poesía (ya los poetas medievales que escribieron en lenguas romances utilizaron esta forma, inspirados por Boecio, que terminaba sus capítulos en prosa con un poema; sólo que Montes de Oca invierte la fórmula: inicia con un poema y termina con un comentario en prosa –o con un poema en prosa). Una novedosa forma que había caído en desuso y que, como todo en esta obra, recuerda al árbol emblemático de la metafísica oriental que tiene su espeso ramaje hundido en la tierra y sus raíces arriba, imagen de la trascendencia de la poesía.

La aceptación de la soledad y la melancolía, la certidumbre de la existencia de "otro" sentido del mundo y la búsqueda de una trascendencia, la convicción de una fe, una trémula religiosidad pagana –con toda la gratitud y el entusiasmo por la vida que están implícitas en su conciencia de la muerte– recorren esta escritura de principio a fin. La perfecta identificación de la persona del poeta con la creación entera le permite a Montes de Oca concluir:

"...Todo cuanto escribí lo llevo
Tatuado en los huesos
Con tinta del más allá."

Homero Aridjis: ver para crear

éste es el ojo que dio luz a su cuerpo
el ojo que se abrió en la sombra
el ojo que miró a su ser
el ojo que da la vida
el ojo que no se cierra

"Ajedrez-Navegaciones"

Una poética del movimiento

Homero Aridjis (n. 1940) publica en 2002 *Ojos de otro mirar. Poesía 1960-2001*, un grueso volumen que reúne catorce de sus libros de poesía, en el que no se incluyen –'por falta de espacio', ha dicho el autor–, cinco libros de poemas en prosa, los cuales fueron agrupados recientemente en otro volumen con el título *Mirándola dormir. Perséfone*: ambas ediciones, conteniendo la totalidad de su poesía escrita a lo largo de su vida (aunque en un sentido lingüístico más estricto y con ánimo menos clasificatorio de géneros, cabría incluir al hablar de su obra poética sus novelas y su teatro; porque en el lenguaje literario de Aridjis todo es lenguaje poético: voluntad del poeta de expresar así su visión del mundo, para transformarlo a su arbitrio con los recursos de su habilidad artística).

La aparición de ambos libros hace evocar la década de los años sesenta, época de ruptura en la poesía mexicana, en que fueron publicados sus primeros libros de poesía: "Los ojos desdoblados", "Antes del reino", "Ajedrez-Navegaciones", "Los espacios azules" y los poemas en prosa arriba mencionados. Aridjis no escribía ya ni en la forma, ni en el tono, ni en la estética de la generación de los 'contemporáneos' y otros poetas que, como aquéllos, seguían comprometidos con la continuidad de las formas poéticas: medida, simetría, discreción. Ahora se trataba de otra cosa. Se daba una renovación no sólo en la forma del verso y de la prosa, sino en la concepción de la escritura también (un desdibujarse de los géneros literarios, una corriente de viento que instrumentaba en sus ondulaciones y quiebres el deslizarse de un pensamiento escritural); y Aridjis mismo era co-autor del libro que teorizó y documentó la ruptura de la nueva poesía mexicana con el pasado inmediato: la antología crítica *Poesía en movimiento*.

Unos años antes de la aparición de los poemas de Aridjis, en la década de los años cincuenta, había sido escrito "El cántaro roto", de Octavio Paz, poema que marca una diferencia abismal con la poesía que se había venido escribiendo hasta ese momento en México, y las novelas "Pedro Páramo" (que puede ser leída como un poema en prosa) y "La muerte de Artemio Cruz", obras que marcaron una frontera y protagonizaron una diferencia radical con la literatura anterior. Y si los novelistas Juan Rulfo y Carlos Fuentes no escribían ya como sus antecesores Agustín Yáñez y Martín Luis Guzmán, los nuevos poetas, entre ellos señaladamente Aridjis, tampoco lo hacían como Xavier Villaurrutia, José Gorostiza o Jaime Torres Bodet, los que, junto con las lecciones y las obras maestras que dejaron como legado, habían quedado atrás porque no quisieron o no pudieron asumir plenamente el cambio, el cual era ahora total, acorde con las mutaciones que se daban en la sociedad, el pensamiento y el arte en general. Los nuevos poetas proyectaban la novedad fulgurante de otra estética, el trazo dibujado por una mano ya plenamente inspirada por la modernidad. Un trazo que han seguido vitalizando muchos de los poetas que escriben a lo largo de la segunda mitad del siglo XX y hasta nuestros días.

El libro de Aridjis y los otros co-autores, *Poesía en movimiento*, ve los inicios de la modernidad como una ruptura y la sitúa –en el caso de la poesía en lengua española– en la obra de Rubén Darío y sus continuadores, Vicente Huidobro y los ultraístas. Aunque esta modernidad, entendida más allá del cambio como *impermanencia*, (ese rasgo profundo de la naturaleza de las cosas, generador del deseo de ir más allá de uno mismo en busca de un acuerdo conciliador, de frente al pasado para intentar modificar el presente y poder influir en el futuro) puede ser ubicada mucho más atrás, en el "momento" mismo del nacimiento de las lenguas romance o *modernas* que se desprenden del latín, cuando algunos poetas medievales dan el salto de una forma de versificar, cuantitativa, a otra silábica y acentual: lo que imprime una marca en la evolución del lenguaje y revela un hambre de modernidad desde el principio. De ese antiguo desafío a las normas establecidas brotó como un surtidor toda la posibilidad generativa de formas de nuestra poesía, todo lo que como lengua española habría de desembocar en lo que somos hoy. Aquello fue el punto de partida de la *tradición de la ruptura*; porque la historia de la poesía en lengua española es la historia de la movilidad y de las mutaciones extraordinarias de las formas poéticas: de la irregularidad del "Cantar de mio Cid" al verso alejandrino y la cuaderna vía, la cual una vez canonizada es hecha a un lado por Gonzalo de Berceo, que escribe "cuartetas" de cinco versos; y el octosílabo y el verso de arte mayor en ordenadas estrofas que el Arcipreste de Hita no duda en dislocar para dar cabida en el poema a una multiplicidad de formas poéticas que tienden a la angulosidad y la asimetría; de allí a la adopción del verso endecasílabo y más tarde a su transformación en la polifonía acentual; el uso y el abandono de la rima; luego la práctica de los versos blanco y libre y la aparición del poeta de Matagalpa, Rubén Darío, y la operación que éste efectúa sobre el *corpus* del habla y su respiración: una conciencia con los ojos ya plenamente abiertos ante el abismo de la modernidad... En suma, *poesía en movimiento*, un esfuerzo ininterrumpido de construcción y desconstrucción, vocación de irregularidad y de cambio, algo que no sucede necesariamente en la poesía de todas las lenguas. El caso de la poesía japonesa es emblemático en este sentido: desde su nacimiento en el siglo VI, en que se escribe el *Kojiki*, su poema más antiguo, hasta los albores del siglo XX, no se escribe en el Japón un solo verso que no sea de cinco o siete sílabas, engastados en una rígida codificación estrófica que no cambia en mil quinientos años (hasta que llega a las letras japonesas el espíritu del romanticismo y la vanguardia europeos, acontecimiento que hace exclamar a Ryonosuke Akutagawa: ¡La vida no vale lo que un verso de Baudelaire!).

Poemas de abajo para arriba

Aridjis celebra la irregularidad, la rastrea en el pasado literario, la respira como una atmósfera propia, se descubre en ella. De San Juan de la Cruz, el poeta que llevó a la cumbre expresiva el idioma español con sus combinaciones de versos de siete y once sílabas, hace destacar el aspecto experimental de su poesía para rendir así homenaje de admiración al fraile-poeta carmelita descalzo: en su poema *San Juan de la Cruz*, (OOM 381) desarregla él mismo la forma tradicional de la lira:

"Como el vapor
que asciende de la tierra
para formar la nube
hacía sus poemas

de abajo hacia arriba
para que su materia transformada
lloviera sobre todos".

El verso de Aridjis *de abajo hacia arriba* no es sólo una alusión clara al rasgo sublimatorio de la obra del poeta del primer siglo de oro, sino que puede leerse como una referencia directa al casi desconocido poema de San Juan, *Las nadas* (sus antologadores y editores no suelen incluirlo como parte de su poesía), que fue escrito en versos libres y no de izquierda a derecha sino de abajo hacia arriba, lo que obliga a girar la página para hacer posible su lectura. Este poema, que se complementa con un dibujo, es quizá el primer caligrama que fue escrito en lengua española; siglos antes de la aparición de Apollinaire –y de nuestro José Juan Tablada.

Desde su primer libro, publicado en 1960, todo en la obra de Aridjis es movimiento, inestabilidad y asimetría: otra forma de hacernos ver lo que ve, de configurar y transfigurar la realidad, de dibujar (y quebrar) los trazos del poema (y de nuestra percepción habitual). No era el único que procedía así en la poesía mexicana ni en la de otras comarcas de la poesía en español en aquella época: el movimiento era internacional y tocaba así mismo a otras lenguas y a otros países del continente: los Estados Unidos y Brasil (la poesía *beat* y la poesía *concreta*). El arranque, una primera llamada, había sido protagonizado por la vanguardia. En el caso de la poesía mexicana, por Salvador Novo y los poetas "estridentistas", que tenían como sus precursores en la aventura de la modernidad a Ramón López Velarde y a José Juan Tablada.

La ciudad de México, donde residía Aridjis, era en los años sesenta punto de encuentro y cruce de las corrientes literarias que se movían de Norteamérica a Sudamérica y de Centro y Sudamérica hacia nosotros. Aquí se encontró el poeta con el estilo y el lenguaje, con la visión del mundo de los *beats* (la condición sagrada y golpeada de los seres humanos). Se leían entonces los libros del existencialismo y el estructuralismo. Los poetas europeos románticos y simbolistas eran la lectura de cabecera de los jóvenes poetas. Aridjis y sus amigos parafraseaban y recitaban de memoria a T. S. Eliot y Dylan Thomas, a García Lorca y Neruda. Comienza en aquel tiempo el gusto de Aridjis por los viajes y por el cultivo de las relaciones humanas, lo que lo ha llevado a aceptar a lo largo de su vida puestos diplomáticos, a organizar y participar en lecturas de poesía y conferencias en defensa del medio ambiente amenazado tanto en México como fuera del país, a visitar múltiples santuarios naturales, impartir clases de literatura en el extranjero, convocar y encabezar asociaciones de escritores... desde entonces hasta hoy ha cruzado el mundo en muchas direcciones. Funda y dirige en 1966 la revista "Correspondencias", un nombre que delata la complicidad profunda de su obra con Baudelaire, cuya estética hace suya. Octavio Paz lo invita a formar parte del equipo que confecciona la antología *Poesía en movimiento*, grupo que, como se lee en el prólogo del libro, se dividió pronto en dos mitades con posturas estéticas distintas, una que concebía la antología con la inclusión en ella de poetas y poemas portadores de valores como "la dignidad estética, el decoro, la perfección"; y la otra, en la que se encontraban Arijis y Paz, que querían un libro parcial que documentara sólo la vertiente del cambio, la trayectoria de la modernidad en México, *la tradición del movimiento y la ruptura*. Al final, escribe Octavio Paz, alcanzaron "sin alegría" una solución intermedia: "incluir también a los autores que cultivan el decoro pero que, en algún momento, han coincidido con la tradición del cambio."

Mirándola dormir a Perséfone

Mirándola dormir. Perséfone es la expresión perfecta de la supremacía del verso libre como óptima herramienta de expresión de la vida moderna, del suceder incesante que se concibe como transformación perpetua, la creación depurada del verso sin ataduras. Es el ritmo de la respiración literaria liberada y vital, en total convergencia con la fisiología sintáctica del que escribe (y del que lee), algo que no conocieron o no se permitieron explorar los que nos antecedieron (toda la obra de Aridjis es, de principio a fin, la salida de la prisión de la rima, de la medida clásica, de la puntuación ortodoxa, de la forma cerrada, de la tradición de la continuidad formal, del modo habitual de considerar el mundo, a favor de la obra abierta en la que el sujeto y los objetos se combinan o fusionan para acceder a una dimensión de la realidad nacida justamente en el momento mismo de escribirla –y de leerla).

Los poemas de este libro emblematizan el poema en prosa renovado. Son la ruptura de la lógica, de los límites espaciales, temporales y visuales; son la entrada al recinto de otra estética, al territorio del juego en el que se pasea un nuevo surrealismo humanizado que porta un sombrero esdrújulo, de la mano con la plástica moderna, Picasso y Marcel Duchamp, y en el que resuenan también los zapatones de Charlot. Representan sobre el escenario de la poesía, la alegría y la tristeza del ánimo contemporáneo.

Berenice, la protagonista de "Mirándola dormir", es todas las mujeres que trotan o reposan, que callan o dicen y han desfilado en la obra de Aridjis a lo largo de cuarenta años; es todos los vicios y todas las potencialidades creativas en el caso de Perséfone, es toda la humanidad que hay en Lautania, la protagonista de "Pavana por la amada presente" (MDP). Todas ellas son brujas rituales, fantasmas de carne y hueso y nahuales que rondan el ánimo del hombre, sus miedos y sus sueños de trascendencia y libertad. Son sus hijas, su madre, su mujer, su laberinto para perderse, su oscuridad y su conciencia. Son todas en una. Son nuestra otra mitad, con la que vivimos obsesionados, mutilados, incompletos como estamos los seres humanos. Cirabel, la heroína de su primer libro, vuelve a aparecer varios libros más tarde en "Vivir para ver" (OOM) y mil páginas después en su libro más reciente, "El ojo de la ballena", (OOM) para detenerlo en un sueño "con el fulgor de sus ojos".

En "Mirándola dormir", escenario por igual de la ternura y la violencia del erotismo, se advierten las tajadas oblícuas que traza el método escritural de Aridjis sobre los pensamientos, las costumbres y los movimientos de los personajes que pueblan sus escenas; es posible advertir allí con claridad la concepción cubista, los trazos seguros, violentos y breves que dibuja la trayectoria de su mirada sobre la multiplicidad del mundo, lo que se traduce en una abundancia de sujetos, gestos rituales y apariciones intermitentes e instantáneas de personajes efímeros, en un ir y venir de un pensamiento a otro, de una afirmación a una negación y vuelta a la afirmación con la pericia y el arrojo de un trapecista en las alturas sin la red protectora del sentido (prosódico y discursivo) tradicional, recurso que ha utilizado el autor a lo largo de toda su obra para prender las luces en la mente de sus espectadores.

A Lautania, "la amada presente" (MDP), la ve también en sus dos extremos de gloria y abyección. En este poema se evidencia como en los otros, claramente, la negativa de Aridjis a ceñirse al discurso, a lo líneal de una historia, como era tradicional que sucediera en el poema en prosa según lo practicaron, entre otros, sus grandes antecesores mexicanos Julio Torri, Gilberto Owen y Alfonso Reyes.

"La tumba de Filidor" (MDP) es un texto ideal para participar de la agilidad que puede alcanzar el lenguaje y para seguir los trazos artísticos y llenos de animación visual que configuran *toda* la poesía de Aridjis. En esas páginas en que él hace caber a sus vivos y a sus muertos, a sus amigos y sus conocidos, sus amores y desamores, sus deseos, frustraciones y realizaciones, podemos vivir la aventura del idioma penetrando con soltura los meandros del espíritu, pertrechado no con la lógica de la razón sino con aquella que le es inherente a las palabras mientras están en posesión de todo su poder original, en el abismo de infinitud que las habita cuando avanzan y piensan por ellas mismas al abrirse paso en el poema, auxiliadas por las manos y los ojos del poeta que las acota con su sabiduría artística sin interrumpir la certidumbre de su marcha: no en el monólogo interior sino en el diálogo abierto con la creación entera; y en el juego interactivo de unas palabras con otras.

En "Perséfone" corroboramos también otra constante de la obra de Aridjis: la importancia que le concede al órgano de la vista, el que le permite crear con un imperceptible impulso de su voluntad la perspectiva desarreglada del mundo y de los cuerpos, del lenguaje y de las sensaciones: creación del poema sobre una realidad así transfigurada en la que realiza su trabajo a placer y en la que se mueve con una seguridad y eficiencia que, desde el primero hasta el más reciente de sus poemas, parecen inextinguibles. Ese reconocimiento al don del mirar queda de manifiesto en algunos de los títulos de sus libros: "Los ojos desdoblados", "Vivir para ver", "El ojo de la ballena" y el que reúne su poesía, ya mencionado, "Ojos de otro mirar". En "Perséfone" su mirada –profética– se extiende sobre el mundo como sobre un prostíbulo (metáfora no muy diferente de la imagen propuesta por Sigmund Freud, que veía el mundo como un mundo de enfermos) en el que todo se vende y se comercia, "hasta el carbón inservible de la entraña"; aunque en otras porciones de su obra nos ha dado una visión paralela del mundo –no excluyente con la otra– en la que el ser humano puede redimirse, un ámbito cruzado por espacios azules, lugar de navegaciones incesantes y calles empedradas donde juegan los niños y pasan las mariposas después de la lluvia: un paraje transido de luz.

> "*Por las ramas de un fresno un día*
> *cayó sobre la tierra un rayo de sol*
> *que encendió las torres verdes del pasto* [...]
> *por esa luz sin nombre* [...]
> *he caminado desde entonces*
> *he trabajado"* (OOM 362).

Ver hablar a las palabras...

El bagaje mediterráneo heredado de su padre griego, casado con una mexicana originaria de Contepec, un pueblo enclavado en las serranías de Michoacán, en las inmediaciones de los lugares de migración anual de la mariposa Monarca en que nació y creció, en el centro de una abundancia de oxígeno y paisajes, todo ello es el fermento y el barro de su obra, el trasfondo de una sensibilidad amalgamada con sus lecturas y sus viajes, el limo creador que habría de desgranarse en su obsesión por sus raíces a un tiempo mexicanas y griegas y por su cosmopolitismo, en su interés por la ecología y en su vocación artística. Una vocación de escritura que se solaza en la existencia de las palabras; en su verlas hablar, vivir, ser dichas y escritas, atareadas en la elaboración de una atmósfera plástica o visual, en una poética del movimiento desplegada en el amplio lienzo ético de uno que está comprometido en descomponer y recomponer la realidad en un universo de trazos y perspectivas, formas en constante movimiento y campos de color en los que se realizan las creaciones. *"Cuelgan las nubes como pechos* [...] *todo se está diciendo* va a llover [...] *el canto del día terminará mojado / en Contepec azul"* (OOM 306). En breve: una literatura sin límites precisos la de Aridjis, que desafía las clasificaciones retóricas.

> *"...Y es una ficción.*
> *Asociada en un animal solitario y salvaje.*
> *Con ternura, pero contradictoriamente, sin generosidad;*
> *con malicia, pero*
> *contradictoriamente, sin imaginación.*
> *Caminando matriarcal sin brasier. Casi transgrediendo*
> *las razones de su*
> *Monte de Venus..."* (MDP 64).

Mientras la poesía hace sus formas...

En Aridjis la realidad es formas, la existencia es formas, el arte es formas, la poesía es formas y sólo las formas son significantes. Formas poéticas múltiples, quizá irrepetibles, que se abren paso en la conciencia del poeta como conciencia del mundo y su heterogeneidad y su Caos. Surtidor inagotable de formas sólo existentes y aprehensibles en este instante que se desintegra en otro instante (en otra forma) a su vez sólo aprehensible en la dislocación o fusión de los sentidos –del poeta, del lector, del poema, de todo lo que es uno y los otros vistos de frente y de perfil, no solamente así sino de lado, jamás oblícuamente sino diseccionados y atravesados por esa imagen en un vidrio que vemos pero que realmente no vemos, para decirlo parafraseando pobremente el estilo de Aridjis: estilo que es un orbe autosuficiente aunque completamente integrado a la corriente del lenguaje y a la plasticidad del pensamiento y por eso abierto a la interpretación y participación del lector. Formas en libertad para decir lo que se va (*"ven poeta ancestral siéntate* [...] *ven a este momento / y da a las cosas que se van un verso ahora"* OOM 307-8); un suceder incesante de formas:

> *"estoy bien aquí* [...]
> *girando sobre mi propio centro*
> *mientras la leona hace sus leones*
> *la poesía sus formas*
> *y la higuera sus higos"* (OOM 307).

Y en el centro de ese transcurrir el hilo dorado de una *fe* que atraviesa su escritura de principio a fin –y que ha atravesado y sostenido su vida–, la intensidad de una fe que irradia luz y que no está anclada en algo sino activa, *en movimiento*, fe que sólo puede ser expresada con eficacia en la ironía que se despliega por derecho propio sobre el tinglado humano, ironía que permea toda su obra y que surge de una percepción o actitud crítica de la existencia y del accionar de los seres definidos o marcados por la enajenación, lo que lo inclina a mostrar al desnudo simples hechos, lenguajes y escenas ya horribles, ya anodinas, ya absurdas o ridículas de suyo. Una fe que ha ido derivando a lo largo de sus libros hacia un desencanto por el mundo en una operación gradual teñida de sufrimiento o pesadumbre, según queda registrado en sus poemas, pero que va dejando a cambio el residuo de una luz, la tibieza balsámica emanada de los afectos filiales y el testimonio irrenunciable e insoslayable de la belleza de la creación; así como la certidumbre de que una compasión básica es inherente a la existencia y subyace en la naturaleza de las cosas. Todo ello, a la vista. En el despliegue de una obra que es una invitación de brazos abiertos a aprender a mirar de otro modo; o, simplemente, a abrir los ojos. En resumen, poesía que germina en una sensibilidad de raíces románticas y floración literaria plenamente moderna, en el corazón de una conciencia de la muerte...

> *"MELANCOLÍA*
> *en el escalón más bajo*
> *y en el escalón más alto*
> *de la escalera pública*
> *de la vida y la muerte"* (OOM 292);

y una seguridad en la trascendencia del suceder, del destino –desconocido, pero claro para Aridjis– de lo humano:

> *"CARTA DE MÉXICO*
> *Por estas callejuelas*
> *ancestros invisibles*
> *caminan con nosotros* [...]
> *mientras con el sol en la cara*
> *nosotros vamos también*
> *hacia la transparencia"* (OOM 321).

Ojos que miran de otro modo...

Un recorrido por la obra poética de Aridjis dona la experiencia de mirar con sus ojos lo que él ve, lo que él sueña (con los ojos abiertos): un participar de su lenguaje creador, de sus paraísos y sus pesadillas:

> *"...el verbo y el horror son míos..."* (OOM 759);

es ver panorámicamente su vida, que es cualquier vida teñida por el sentimiento profundo de lo humano, esa verdad que se encuentra más allá de la enajenación. Así, galopan frente al lector los seres, el tiempo natural y el destiempo de los hombres, los colores del mundo iluminando el arquetípico Contepec, el verde prado fragante y rumoroso de agua y viento que aguarda al fondo del ser, con su cerro Altamirano y la joven Cirabel y el joven poeta bañados por la luz de la mañana; y el padre mítico que mide telas detrás del mostrador de su tienda, y los corredores de la casa, y el cuarto entre los helechos, las muchachas, los fantasmas... "Ojos de otro mirar" es la actualización de la nostalgia de nosotros mismos, de nuestro anhelo de *ser*, del deseo de mirar el mundo con ojos renovados.

Aridjis muestra un camino al escribir con cualquier material que esté a su alcance –la vista de unas azucareras alineadas junto a la vidriera de un restaurante donde un hombre bebe café, genera el presentimiento de la muerte (OOM 331)–; es poeta que mira y reflexiona a todas horas ("*si el gorrión perdiera sus alas / la casa su techo / y la mesa sus patas* [...] *el canto seguiría...* OOM 480); constantemente deja testimonios de la acción de los verbos *irse, estar, ser*:

> *"...Todo avanza hacia su fin.*
> *Todo aparenta quedarse,*
> *pero también se va. Incluso yo.*

Sólo un pájaro fantasmal
cruza el umbral del ojo." (OOM 761)

Movimiento incesante su escritura, toma en sus manos de oficiante Tolteca el corazón palpitante de la vanguardia literaria con su libro "Quemar las naves" (OOM), páginas en que la luz no sólo es transparencia sino revelación: lo que somos, fuimos, seremos; dominio y euforia de la forma, liberación de la sintaxis personal que ha vivido atada a su hablante, a su escribiente. En ese libro alientan guardadas las semillas de sus novelas y de sus intereses ecologistas.

En su libro más reciente "El ojo de la ballena" (OOM) mira el poema en toda cosa, frase, sonido, pensamiento: frente a un espejo, en una calle, al recordar a un perro, al ver la lluvia: más como una develación que como revelación. Contrapunto de la sensualidad de su mirada, la vida es también allí un responso, unas ráfagas de olvido:

"...Habitante de la Tierra, *la* muerte
de toda criatura te disminuye.
Por eso cuando alguien muere, no preguntes
por quién doblan las campanas de la extinción,
doblan por ti." (OOM 817)

"Los espacios azules" son las regiones en que su escritura adquiere velocidad de crucero; son su entrada en materia en la carne de la poesía, su experimentación en el vértigo de los ritmos inusitados: palabras que no revelan ni ocultan: sólo nombran a las criaturas de la vida, de las estaciones, en su mediodía de la creación.

"El poeta niño" es la sabiduría de la infancia recuperada a través de la prosa poética; y de los versos que desgranan experiencias metafísicas a todas horas: al subir una escalera (OOM 283), al formular las preguntas que son en sí mismas las respuestas de la poesía que florece en todos los espacios en que se posa la vista.

"Vivir para ver" es una sucesión de personas, miradas, rumores de la historia de México y de otras tierras: la revolución mexicana, los dioses, los poetas que admira, los antepasados indios y españoles en una reflexión que es visión animada, movimiento puro. Y así sus otros libros de poesía: "Construir la muerte", "Imágenes para el fin del milenio", "Tiempo de angeles"... universos verbales, orbes de vida cotidiana, de pensamiento poético, de mirada de artista; de fe radiante que ilumina todas las direcciones, seguridad en la vivencia y la supervivencia del canto: contrapunto obligado de "la gracia dudosa de haber nacido" (OOM 435).

Un canto siempre, ya en el arcaísmo o en la contemporaneidad de su lenguaje y su temperamento, ya en su prosa o en su verso, siempre en la felicidad o en la infelicidad, en la fidelidad de sus visiones, en la *irregularidad* total de su poesía, en la entrega ejemplar a su vocación entera de poeta.

***

Aclaración: Las siglas OOM y MDP corresponden a los dos libros que reúnen la obra poética de Aridjis, "*Ojos de otro mirar*" y "*Mirándola dormir. Perséfone*".

Bibliografía: Aridjis, Homero (2002). *Ojos de otro mirar.* Fondo de Cultura Económica, México, D.F.

Aridjis, Homero (2003). *Mirándola dormir. Perséfone.* CONACULTA, Lecturas Mexicanas, México, D.F.

Aridjis, Homero / Chumacero, Alí / Pacheco, José Emilio / Paz, Octavio (eds.) (1966). *Poesía en movimiento.* Siglo XXI Editores, México, D.F.

La poesía de Juan Martínez y "la perfecta armonía del universo"*

"Ahíto de soledad
recurrente la imagen
al más allá indomable
era mi corazón
como un barco que pasa.
Abril corría chapoteando en el alma..."

J.M.

- I -

El espacio interior

Poeta prácticamente inexistente en los registros oficiales de la poesía mexicana; ausente de las antologías y de las páginas de la crítica literaria; conocido de unos cuantos lectores, amigo de algu-

* El presente escrito fue redactado en los meses anteriores al fallecimiento del poeta, en 2006, y forma parte del libro de Martínez "En el valle sagrado", Secretaría de Cultura, Gobierno de Jalisco, 2008. Con pequeñas modificaciones ha sido adaptado para esta edición.

nos poetas y desconocido en las casas editoriales...[1] Juan Martínez es un caso aparte en la poesía mexicana.

Quizá lo *diferente* de su obra –elusiva, inquietante– explique en parte esa situación; también su propio radical *desinterés* (una palabra benigna para reemplazar a otra tal vez más certera: desdén) por los destellos y el ruido de la escena literaria y sus reglas de juego a menudo agobiantes y triviales para un temperamento como el suyo, que ha moldeado su propia vida –marcada también por *lo diferente*– de acuerdo con los dictados de su razón poética y las exigencias de su mundo interior que, según se desprende de su obra, no le permitía fisuras.

Lo diferente de la obra: de Francisco de Terrazas y Sor Juana Inés de la Cruz a los poetas jóvenes actuales, ésta no se parece a ninguna otra en la poesía mexicana y no tiene seguidores: es una obra inimitable, como todas las obras verdaderamente originales (aunque abrió un camino que puede ser seguido). La *visión* que comunica, los temas de su poesía, el sentimiento trágico que la desborda, sus imágenes y sus protagonistas, un lenguaje apasionado y elegante que fluye con naturalidad, son los de una totalidad que deja al descubierto –o aspira a ello– *"la perfecta armonía del universo"*: propuesta sumaria que es el sello de su poesía del primero al último de sus versos. Una obra en la que todo sucede en el corazón mismo del poeta, siempre más allá del mundo habitual, que es en ella apenas reconocible. No es de sorprender entonces que el subconsciente, que el poeta actualiza, haga su aparición ya desde sus primeros poemas bajo el ropaje de un cuervo parlante capaz de conjurar a la belleza y la armonía, en contrapunto con las *"descompuestas voces onomatopéyicas"* del entorno social,

[1] La Universidad Autónoma Metropolitana es la única casa editorial que ha publicado un libro de Juan Martínez. En el terreno de la crítica, sólo sus amigos los poetas Alberto Blanco, Luis Cortés Bargalló y José Vicente Anaya, han escrito sobre su poesía. Poemas suyos han aparecido esporádicamente en algunas revistas literarias. Tras el fallecimiento del poeta, en 2006, varios amigos suyos escribieron evocaciones de su trato con él.

"el ambiente del siglo", que salen de un gran agujero *"por el que puede verse el espacio interior del universo"*: el otro lado de la realidad, las dos orillas.

Tampoco su biografía puede parangonarse con la de ninguno otro de nuestros poetas. De él podría decirse lo que el salmo loa: que su plato es el mundo y su techo ha sido siempre la bóveda celeste, con todos los esplendores e inclemencias de la ronda de las estaciones y del viento cambiante, *"que deja crecer sus barbas en el añoso tronco"* del árbol de la vida. Marco Antonio Montes de Oca, poeta de su generación con cuya obra tiene en ciertos momentos algún punto de contacto, dedicó el libro que reúne su poesía completa[2] "a todos los que me ayudaron a eludir la moral de la usura"; añadiendo que no ganó el pan con el sudor de su frente porque "el trabajo era otro, y aquí están sus escombros", con lo que alude a su vida dedicada íntegramente a la poesía, algo que podría ser valedero también en el caso de Juan Martínez, aunque éste –según creo– difícilmente habría llamado "escombros" a sus propios poemas, no por un mero refinamiento expresivo sino porque una vez escritos no solía volver la vista atrás ni regresar a ocuparse de ellos, y parecía conceder poca importancia a la suerte que corrieran.

Una patria de imágenes

Su primera publicación, en 1959, fue la plaquette *En las palabras del viento*, en la colección "Cuadernos del unicornio" que dirigió Juan José Arreola –uno de los primeros escritores mexicanos en dejarse fascinar por su poesía y por su personalidad avasalladora y enigmática– y contiene dos poemas: el primero, con el mismo

[2] Marco Antonio Montes de Oca, *Delante de la luz cantan los pájaros, Poesía 1953-2000*, México, FCE., 2000.

título de la plaquette, que dedicó a su hermano, el escritor José Luis Martínez; el segundo, "Los neumatismos", dedicado al poeta Alí Chumacero. Ambos poemas tienen el trazo largo que corresponde a la respiración profunda del ritmo versicular, mezcla de prosa poética y verso, y hacen recordar las fuentes literarias y el sistema de creación de imágenes y símbolos empleado por T.S. Eliot y también algo del estilo y la visión totalizadora, precisión y refinamiento de lenguaje de Saint-John Perse, poeta al que Martínez mostró su admiración publicando con su propio esfuerzo, en aquellos años, en una edición que tituló "El Albatros, No.1", la traducción que hizo Octavio G. Barreda del poema de Perse, "Anábasis". En unas célebres cuartetas, Baudelaire había comparado al poeta con el albatros, torpe en su andar cuando está sobre cubierta, donde es objeto de escarnio por parte de los marineros, e insuperable en su vuelo con las poderosas alas desplegadas. De aquella época inicial son estos versos de Martínez: *"Alas... todos queremos alas... / ¿Pero cuándo desclavaremos nuestros pies... nuestras manos?"*

Aquel primer volumen de sus poemas es a la vez una declaración de principios y la anunciación de una labor y una atmósfera poética: en esos escritos están contenidas las claves de todos sus poemas posteriores y su propia biografía redactada a la inversa, en el preámbulo de los acontecimientos. El poema "En las palabras del viento" es también la visión de un estado de cosas –una crítica radical de la realidad, sin concesiones– y una toma de partido en favor del espíritu que alienta en la palabra poética:

> *"¡Generación!*
> *Oíd vosotros la palabra del viento que habla por el hálito de mi nariz.*
> *Olvidado el mundo de su atavío y el pájaro de su concupiscencia,*
> *encontré la sangre esparcida del alma de los pobres y de los inocentes,*

y no la hallé precisamente en excavaciones,
sino en todas estas cosas que tocamos a diario con nuestra mirada..."

Este descubrimiento de una cotidianidad corrompida por la ignorancia y el quehacer humanos marca irremediablemente el destino del poeta, que es llamado en el poema, *"príncipe de una patria de imágenes"*: soberano de un territorio imantado que se encuentra un poco más allá, al margen de las cosas, en ese instante de espacio y tiempo que hace la diferencia entre la tierra y el cielo y lleva a este poeta a encarnar la práctica de una depuración artística y humana en un estilo de vida único –que es una meditación estética y moral–, en aras de la visión poética:

"...mis entrañas encendidas clamaron y guardé su enojo para siempre,
la amargura de mi corazón penetró hasta mis tuétanos,
las aguas en lo alto detuvieron su paso y la lluvia faltó,
miré la tierra y he aquí que estaba asolada y vacía..."

¿Pero se halla realmente al margen o está en el centro de una incandescencia –si es que existe algo como el centro y el margen de las cosas– o nos movemos todos desde el principio, sin percibirlo, en tierras nirvanizadas? Se trata sin duda en este caso de una travesía interior y la contemplación que se hace del mundo –o del purgatorio– en el resplandor de la conciencia, mientras el poeta *"sube hacia el mediodía y cabalga llanuras como la sombra de la tarde"*, desde donde percibe la condición humana enajenada, *"aunque mis ojos no vieron ni mis oídos oyeron"* –una referencia bíblica, un tono profético que es una de las constantes de esta poesía– y trae de regreso lo que encuentra *"para aquellos que al oír el silbido más puro de la perdiz errante"* (los seres humanos ante el contacto con su propia naturaleza libre) *"...tornan a construir bufandas para pájaros"* (huyen de la intemperie y regresan a la comodidad de un transcurrir abrigador y seguro).

La ironía brota aquí con naturalidad de los veneros profundos del lenguaje y da sustento a una filiación con la modernidad artística –que es siempre intemporal, porque se da más allá de la conciencia del devenir, en una especie de instante que se perpetúa– matizando, depurando y revelando, frente al caparazón que encapsula al yo, la realidad impersonal de una *"simiente alada"* (el potencial de trascendencia humana) que subyace *"abajo, en las numerosas familias de acrídidos moribundos...*(merced a la cual) *como poetas con sus palabras, viajarán por un clima más vasto que el imperio del sueño"*: esto es, por el reino liberador de la poesía, patria de los dones de los que es rico el poeta, que ha elegido habitar ese clima magnetizado dador de la intuición que se yergue sobre las limitaciones de la razón, y único medio a su disposición para penetrar los estratos psíquicos en donde se encuentran los seres humanos cara a cara con su propia naturaleza (y en donde el arte alcanza la dimensión de lo sagrado), una atalaya solitaria y salvaje ajena a la cultura en la que ni aun los edificantes sentimientos humanos de lo altruista pueden argüir un veredicto a favor suyo: *"...no os alegréis todavía... simplemente es un sepulcro abierto, / uno para cada uno, valientes perseguidores de la verdad..."*

Hieronymo's mad againe[3]

Las connotaciones del segundo poema de *En las palabras del viento*, "Los neumatismos", son claramente pictóricas y personales: El Bosco (esa concepción trágica, dantesca, de la naturaleza humana); y una impresión y acabado surrealistas más cercanos entre nosotros

[3] Subtítulo tomado de T.S.Eliot en *The Waste Land*, que es a su vez una referencia al protagonista de *The Spanish Tragedie,* de Thomas Kyd (m. en 1594, en Londres).

a Remedios Varo por la claridad y coherencia de su discurso, que a la complejidad y nebulosidad de los climas creados por Leonora Carrington (una artista esta última con la que Martínez cultivó en los años sesenta una amistad en el curso de la cual surgió un relato de Leonora en el que aparece un personaje llamado *Juan raro*); pero más allá de las formas y sus implicaciones plásticas y lingüísticas, el poema refleja el juego de Eros y Thanatos, la médula de lo humano, *"el nutrido lamento* [que] *surge del sótano de nuestras tensas vísceras, iii, iii, iii"*. En el escenario minuciosamente dispuesto por el poeta surge así entre *"brocados y sedas"* la señorita Mammón (que reaparecerá más tarde como *"la neumática mujer recién desembarcada de un cálido espacio de amor"* en el poema "Prendas de la palabra inaudita", encarnando la insuficiencia de la sexualidad para el despejamiento del destino humano), en contrapunto con la sequedad e infatuación de cierto tipo de reflexión intelectual: *"...¿y las doradas constelaciones, asumirán aún su dogmática fidelidad para sus confederados?"*; alternancia que rige la travesía por la existencia, ese *"momento amargo entre el nacer y el morir"*, enigma de la naturaleza que el poeta aborda con el poder omnímodo de sus imágenes y con la ascética de su relación personal con el mundo: un ejercicio de austeridad que no descarta sino se apoya en la sensualidad del juego.

En "Los neumatismos" –poema que lleva al lector desde la abyección del subsuelo hasta la transparencia del cielo– la tensión de los contrarios se resuelve en un acto de magia –que va a presidir en adelante toda la obra de Martínez– protagonizado por personajes o presencias como la muerte y el subsuelo, la noche y sus criaturas, la soledad y el sueño o el manantial de *"agua viva"*[4] que brota del inconsciente humano, enfrentándose y pactando la justa del placer

[4] Ver el poema "La Revelación", pág. 63, en: Juan Martínez, *En el Valle Sagrado*, México, Universidad Autónoma Metropolitana, 1986.

y el deber en que se crean y se destruyen todas las cosas mediante la fuerza de una justicia poética perfecta que se realiza en la arena del poema, esto es, en el corazón humano (como reflejo en la tierra de lo que ocurre en el cielo):

"...el cuervo se deshizo en loas tan contundentes y eficaces que el agujero por el que manaban onomatopéyicas voces resquebrajóse con estrépito, quedando al descubierto la perfecta armonía del universo..."

- II -

Lo que dijo el poeta a la Turba

En ocasión de la muerte de T.S. Eliot, en 1965, el poeta Robert Lowell escribió que "la influencia de Eliot es ineludible en todas partes, y en ninguna se le puede usar de inmediato".[5] Juan Martínez sintió dicho influjo –según creo–, lo asimiló y lo usó pronto para rendirle al autor de 'La Tierra Baldía' un personalísimo homenaje de gratitud y admiración, como antes lo había hecho con Perse, aunque en esta ocasión haciendo una lectura crítica de dicho poema y de muchas de las lecturas que se han hecho de él, y escribiendo a su vez, con la recreación de algunas de las imágenes utilizadas por Eliot (una crítica de la razón poética no podría haber sido hecha de otro modo) su propio poema "Lo que dijo el poeta a la Turba", luego de que apareció en México la precisa (y preciosa) traducción al español de 'The Waste Land' realizada por el poeta Agustí Bartra,[6] quien señala con toda justicia que, "...con la publicación

[5] *La Jornada Semanal*, 19 de noviembre de 1988. Nota y traducción de Antonio Saborit.

[6] Agustí Bartra, *Antología de la poesía norteamericana*, México, Libro-Mex Editores, 1957. Primera edición, Colección Letras, México, 1952.

de 'La Tierra Baldía', en 1922, Eliot se puso a la vanguardia de la poesía contemporánea".

Haciendo a un lado el hecho señalado repetida y acertadamente por la crítica en el sentido de que 'The Waste Land' sintetiza toda la desilusión y disgusto de la generación de la post-guerra, toda la esterilidad de una civilización mecanizada,[7] y mirando al interior del poema, que es el lugar al que Martínez dirige su lectura, tomamos para su interpretación el camino señalado por el propio Eliot cuando indica que "Tiresias es la figura más importante de 'La Tierra Baldía', y *lo que él ve*,[8] es la substancia del poema". En efecto, Tiresias lo ve todo porque tiene el don de la videncia que le han otorgado los dioses: "Yo... aunque ciego, puedo ver...", y es el espectador de lo que ocurre no sólo en la superficie del mundo sino también en su complemento, las profundidades de los instintos humanos. Además, está a cargo de la narración en este páramo en el que nos encontramos (donde enterramos a nuestros muertos y jugamos infames partidas de ajedrez); pero en el que es proferido, así mismo, el Sermón del Fuego, y el Trueno dice cosas importantes, y los seres humanos tenemos la oportunidad de poder alcanzar la conciencia del Caos. Eliot indicó también, ampliando lo anterior, que "todas las mujeres son una mujer" y colocó en el sitial más destacado de 'La Tierra Baldía' ("...La silla en que estaba sentada, como un bruñido trono...") a Filomela, "tan rudamente forzada por el bárbaro rey", figura mítica que es así mismo la mecanógrafa "que se alisa el pelo con mano automática y pone un disco en el gramófono [...] sin importarle que su amante ya no está...". Juan Martínez extiende y recrea por su cuenta la *substancia* de 'La Tierra Baldía', aunque rechazando el intelectualismo y academicismo que

[7] Esta opinión no era del todo compartida por T. S. Eliot, para el que "...The Waste Land... was only the relief of a personal and wholly insignificant grouse against life; it is just a piece of rhythmical grumbling" (...La Tierra Baldía...fue sólo el desahogo de una queja personal e insignificante contra la vida; ese poema no es más que un rezongo acompasado).

[8] Cursivas de T.S. Eliot: "what he *sees*...".

aderezan de manera evidente el poema y realizando en este sentido una crítica no sólo de 'La Tierra Baldía' sino de toda una vertiente de la poesía contemporánea proclive a la filosofía, la criptografía, la dispersión y la sapiencia libresca, elementos que van casi siempre en detrimento de la sabiduría y pureza expresiva de la naturaleza (la naturaleza del cuerpo y la naturaleza del prado y todas sus criaturas) y que se manifiestan bulliciosamente o mostrando su cara pavorosa en el lenguaje poético. "Lo que dijo el poeta a la Turba" comienza de este modo:

"Ya os lo dije una vez en singular ocasión:
No quiero nada con sapiencias vaharientas y cansadas, mientras el tordo continúe silbando su mejor canción en el sótano de los huesos y las zarzas conserven su alcurnia de doncellas en las secas vertientes del silencio..."

En seguida la visión de las cosas, los juicios, el discurso, y la postura moral del Tiresias-espectador de Eliot, "Yo...vi la escena, y predije el resto..." son reemplazados en "Lo que dijo el poeta a la Turba" por la voz, las imágenes y la actitud existencial del poeta-personaje que se involucra él mismo en el drama y que *"por las rendijas del aterido corazón, escucha el recuerdo que la araña ha cubierto con su tela*, [cuando] *la reverberación del cuerpo murmura una plegaria"*. Es entonces que aparece una renovada visión de Filomela –de su lamento– más allá de su presencia circunstancial y corpórea, presentada ahora como *"imagen de lo que el alma sufre bajo el peso del muro de la razón polícroma",* con lo que todo el hermoso decorado manierista y erudito de Eliot se desploma para que sean esta vez los delfines azules *"llevando el ataúd de oro de los sueños infantes"*, y los unicornios *"sombríos, brillosos y poniendo cara triste"*, los que comenten la realidad del verdadero suceso (que nos atañe a todos): la violación de Filomela (o la mecanógrafa) no como metáfora de una moral teñida de indiferencia y de culpa sino como testimonio del drama en que la razón (el aparato intelectual, "el bárbaro rey"), endiosada y entronizada en el sitial de honor de la consideración humana, ejerce su permanente y tiránica fuerza sobre todas las otras vertientes del ser para impedir así el despertar de la fe en el poder supremo de los mecanismos de la intuición (Filomela, el alma) como instrumentos liberadores de la servidumbre humana. El poeta-personaje del poema de Martínez habla luego, *"aunque cargado de nostalgia y rumores subterráneos"*, [y a pesar de que] *"el estrépito de motores y bocinas sugiera un matraqueo de huesos y risas descarnadas"*, no para emitir un juicio sobre el mundo o la conducta humana (como sucede en 'La Tierra Baldía') sino para proferir un compasivo y solidario *"yo os bendigo"*.

- III -

Prendas de la palabra inaudita

Todo lo dicho hasta aquí es el intento de colocación de algunas señales de orientación en un territorio todavía reconocible antes de internarse en el espacio sin asidero de una obra sorprendente por la profundidad y belleza de su lenguaje, desacostumbrado, apasionado y desnudo en su pureza –aun en aquellos poemas menos poderosos, como los de versos breves que aparecen en las páginas finales de *En el valle sagrado*–, un lenguaje que alude directamente a la verdad del ser en la doble vertiente del potencial de felicidad que es connatural a su existencia, y la fuerza descomunal de una evidencia que muestra la realidad de su debilidad y desamparo: bicórnea quimera que habita por derecho propio el reino encantado de la creación artística y es el heraldo trágico de toda obra que aspira al perfeccionamiento expresivo de la visión poética. (Véase al respecto el retrato de la criatura fabulosa que pintó Juan Martínez para la portada de su libro *Ángel de Fuego*).[9]

A partir de la escritura de los poemas ya reseñados, la obra de Martínez ha ido dejando una marca inmarcesible en el tronco del árbol de la poesía (mexicana, universal, ¿cuál es la patria de la poesía?), escritura que arde bajo el cuerpo desnudo de la noche mientras documenta una historia intemporal que se desarrolla sin cesar enfrente de nuestros ojos y nos involucra y pertenece a todos tanto como al poeta, a pesar de que hayamos perdido la noción de los hechos metafísicos registrados en ella o los eludamos desviando la mirada a otro sitio, en busca siempre de las formas y los argumentos de *"la razón polícroma"*; pero que permanecen debidamente asentados *"en nuestro obituario de registros lejanos"* dispuestos a nutrir nuestro espíritu a una señal que hagamos, para hacernos entrar de inmediato en posesión de nuestra potencialidad más profunda, *ver*, poder transformador de la poesía mediante la "alquimia del verbo", que se mueve en dirección opuesta a la lógica de la razón y a una contemporaneidad como la nuestra, utilitaria, despiadada y desprovista de fe:

> *"Y nos vanagloriamos de poder*
> *de sentir que tenemos*
> *y así como no viendo prolongamos la espera*
> *en nuestra causa no resuelta*
> *más cuando la noche cubre por sobre nuestros hombros..."*

[9] Juan Martínez, *Ángel de Fuego*, Ediciones El albatros, No.2, México, 1978. La notable actividad de Martínez como pintor es tema de otro artículo. Sus logros en el campo de la plástica han pasado desapercibidos para la comunidad artística, con excepción del reducido grupo de sus amigos y admiradores. Según parece, sólo las críticas de arte Sofía Rosales y Laura González Matute, investigadoras del CENIDIAP (Centro Nacional de Investigación, Documentación e Información de Artes Plásticas) del Instituto Nacional de Bellas Artes, se han ocupado de su obra pictórica –en términos ciertamente elogiosos.

También T. S. Eliot alude en 'La Tierra Baldía' a ese lenguaje espiritual con el que la naturaleza se expresa para narrar la historia intemporal: "...El mar estaba tranquilo, tu corazón podía haber respondido / Alegremente a la invitación, palpitando obediente a las diestras manos"...[10]

Un sentimiento puro y poderoso

La noche y el lenguaje del sueño son el ámbito natural en que se despliega esta poesía, romántica por excelencia. En ella desembocan y cristalizan en lengua española los logros y las reacciones de la poesía moderna de Alemania, Francia e Inglaterra en contra de los valores y el dogmatismo de un racionalismo mutilador y excluyente (al que, en nuestros días, se ha sumado el berrido del nuevo becerro de oro del comercio globalizado y su panza repleta de víctimas); una obra en este sentido heredera del espíritu que pasó de aquellas lenguas a la nuestra y fue esbozado ya en la poesía hispanoamericana por Rubén Darío; una poesía en la que sintetiza el sueño lúcido de Sor Juana, la metáfora de Ramón López Velarde, la claridad de la llama que iluminó a varios de los "Contemporáneos", la vanguardia como continuación del espíritu romántico, y la obra de Octavio Paz... (por cierto: Juan Martínez fue durante un breve período –dos o tres semanas, alrededor de 1960– secretario privado del poeta José Gorostiza –un temperamento diametralmente opuesto al suyo–, cuando éste ocupaba el cargo de Secretario de Relaciones Exteriores: uno de los pocos intentos de Martínez por llevar una vida con reglas y horarios regulares que pronto resultó intolerable e incompatible con la intensidad de sus aspiraciones y las exigencias de su temperamento artístico; otro trabajo que

[10] Traducción de Agustí Bartra (op.cit.).

desempeñó fue servir de modelo al pintor David Alfaro Siqueiros –en 1947, siendo un adolescente– para la formidable figura masculina de cabeza pétrea y torso desnudo de su obra "Nuestra imagen actual").

Un lenguaje, el de esta obra, edificado con imágenes y frases que son ritmos manifestantes de un sentimiento exacerbado puro y poderoso que (como ocurrió con el romanticismo y el simbolismo europeos con respecto de sus propias lenguas) abre con la fuerza de la palabra el camino al inconsciente de nuestra poesía en su historia de quinientos años de aspiración a una excelencia expresiva, vividos paralelamente como edificación y desciframiento de una identidad por parte de los mexicanos; una poesía, en fin, que rompe el caparazón del yo de esta tierra nutricia en la que germina nuestro idioma (lo que implica, también, que lo ha vitalizado y obligado a revelar mucho del poder y la suntuosidad inédita que atesora). Las palabras, dice, *"...son medios cabalgantes del símbolo* [que] *transmigran antropológica y semánticamente a fuentes inagotables donde la premonición es presente en el pasado y el futuro, teorema resuelto, ascendente en el espíritu revelado, en la visión clarificado..."*

Visión clarificada que se expresa como ritmo preñado de significación, la antigua magia intocada que todo lector y hablante lleva consigo como *"misterio a cuestas"*, según la expresión de Martínez. Ritmo del mundo interior que puede ser despertado y liberado al conjuro del ritmo alcanzado por la vitalidad de unas palabras que saben combinarse de modo inusitado en el poema, *"conjugación de juegos fonéticos en radiantes corolarios"*,[11] en un eslabonamiento de frases que son reflejo de la armonía universal, herencia y divisa de lo humano. A propósito del ritmo del poema: algunos poemas del libro *En el valle sagrado* presentan ciertas

[11] Ver el poema "Creación intelectual", pág. 43 de *En el Valle Sagrado.*

diferencias de forma con los que se publican aquí. En aquella edición, y debido sin duda a la ausencia de manuscritos originales en los cuales basarse, se publican los poemas cortando los versos de tal manera que se afecta el significado y la fluidez de la lectura: no es lo mismo el ritmo entrecortado (que obliga a una respiración igualmente entrecortada) de estos versos del poema "Prendas de la palabra inaudita", como aparecen en la edición mencionada:

> *"...donde los arbollones de la noche*
> *dejan escapar*
> *todo el esplendoroso lujo de las estrellas nuevas*
> *y el arancel para viajar*
> *por el recuerdo de un sabor a metal acabado*
> *es menos corrosivo, a pesar de los crueles manómetros*
> *que miden el silencio de las palabras caídas*
> *en el aljibe de los sueños..."*

que leerlos y verlos en versos trazados más largamente, como corresponde a la cadencia y naturalidad de una conversación y al estado de ánimo de una persona que contempla la creación, alguien que respira con la profundidad y libertad propias de una meditación (y que es como se le escuchó decirlos a Juan Martínez):

> *"...donde los arbollones de la noche dejan escapar todo el esplendoroso lujo de las estrellas nuevas*
> *y el arancel para viajar por el recuerdo de un sabor a metal acabado es menos corrosivo,*
> *a pesar de los crueles manómetros que miden el silencio de las palabras caídas en el aljibe de los sueños..."*

y así con otras partes de éste y otros poemas del libro.

La costra del presente

"*El recuerdo de un sabor a metal acabado*" y "*el aljibe de los sueños*" son referencias tanto a la historia colectiva como a la intimidad intemporal y personal, imágenes que evocan en "Prendas de la palabra inaudita" la presencia de los viejos dioses mexicanos bajo las palabras arquetípicas que les otorgan sentido: agua, sol, luna, viento, para la necesaria comprensión del itinerario de un pueblo –o de la condición humana– que sigue interrogando a su destino y buscando su lugar en la realidad que alienta bajo la costra del presente:

> *"...no nos ha de salvar el matemático equilibrista, pensaban sus antenas* [...]
> *...por eso preferimos la ululante ribera con sus bocas de oxígeno y la luna*
> *a quien imploramos clemencia para nuestra diezmada raza.*
> *Pero ni el agua ni el sol*
> *ni la luna ni el viento escucharon el anhelo equilibrista del insecto*
> *y el ¡craj! inevitable sollozó en la navaja del último lamento..."*

"Nuestra diezmada raza" tiene aquí una doble significación: por un lado, el pasado de nuestro mestizaje, la indiferencia mostrada por los dioses y la devastación del valle que fue escenario del drama y ara del sacrificio: *"...Lleno de dolor el valle sufrió los mecanismos de la escarcha...*(algo que hizo cimbrarse a la naturaleza entera): *...estrujados, los relámpagos clamaron llenando de rumor la hierba..."*; el valle, empero, es sagrado[12] como el resto de la creación

[12] Esta visión de la sacralidad o *beatitud* que penetra todo lo creado -la concepción oriental de una totalidad nirvanizada- así como las líneas de tipo versicular que se corresponden con

y en él, al amparo de la soledad y de la muerte, el poeta invoca "*la palabra inaudita*" que no ha sido escuchada ni ha sido pronunciada, pero que redime al ser en su búsqueda incansable y perpetúa la especie: "*...y por el ojo de un búho / vidriada por la soledad / nació la noche con sus milenarios documentos de parlantes orugas / y subsuelos de intuiciones fantásticas...*"

Por otro lado, "nuestra diezmada raza", para la que Martínez implora clemencia, alude también a los poetas que, como él, encarnan –según la concepción de Baudelaire–, la aspiración a lo infinito, y han podido asomarse al abismo aterrador del inconsciente, el fondo sin fondo de lo humano, el agujero que al resquebrajarse deja al descubierto "*la perfecta armonía del universo*". El dilema a partir de ese punto sin retorno en la vida del poeta es la forma de conducir en adelante su propia existencia frente al hecho abrumador de la revelación –la *develación*– del ser; porque la obra de arte, depurada en esa profundidad signada por la belleza y la armonía y realizada según la capacidad del genio particular de cada artista, trasciende la esfera estética y se inscribe en el terreno de una ética para el poeta –y para el lector– que podría ser llamada post-visionaria, universal e insoslayable. El crítico Walter Muschg documentó en su *Historia trágica de la literatura*,[13] exhaustivamente, la pléyade de poetas románticos europeos que vivieron la poesía con un sentimiento trágico y como una forma natural de lo visionario y lo profético, y el grado extremo de excesos y desdicha que los avasalló y empujó a muchos de ellos hasta la enfermedad y la locura y otras formas inauditas de sufrimiento, no sin prevenir a su lector que la palabra *trágico* del título de su libro tendría que ser comprendida en el sentido tanto de *crítico* como de *humano*: "...todos los poetas del

---

el ritmo de una respiración amplia y profunda, relacionan en cierto modo a este poeta con la poesía norteamericana *beat*; aunque en ese punto, ciertamente, terminan las semejanzas.

[13] Fondo de Cultura Económica, México, 1965. Traducción de Joaquín Gutiérrez Heras.

romanticismo experimentaban su arte como un peligro mortal. Era un camino hacia el abismo que podían seguir hasta el final o ante el cual retrocedían asustados. Libraban una lucha terrible con este peligro, y sólo podían escapar a la maldición que Nietzsche veía encarnada en Wagner tomando sobre sus hombros la tragedia del poeta órfico. Tenemos que haber visto enmudecer a los maestros de este arte para poder comprender totalmente el romanticismo"... Aunque no todos solamente enmudecieron: otros claudicaron grandiosa y dolorosamente de su sueño como Rimbaud, y otros más buscaron la muerte por su propia mano –habiéndonos dejado testimonios altísimos de las iluminaciones que tuvieron y de los infiernos y los paraísos por los que puede atravesar el alma humana.

Juan Martínez, poeta de esa misma estirpe, por su parte, no renunció a la magia de su quehacer poético; supo preservar fielmente la pureza de su sueño y de sus convicciones, a los que consagró íntegramente su vida, y su incursión *"al más allá indomable"*[14] no terminó en un naufragio sino que, a la inversa, continuó la travesía de ese viaje interminable en plena creatividad, responsabilizándose de sus equivocaciones y de sus aciertos y afrontando todos los riesgos con el decoro y la dignidad que lo caracterizaron toda su vida, *"acechando en la atmósfera sedimentos de augurios insondables..."*. Con una conciencia total de la verdad que sustenta lo que ha *visto* y *oído* (ver y oír, una división de los sentidos que pierde validez una vez alcanzado el punto en que éstos se confunden e interpenetran unos con otros para *reacomodarse*, más que *desarreglarse*, según lo había expresado Rimbaud)[15] y de los alcances de su trabajo poético, al cual describe como *"poseer pájaros medio*

[14] Véase el poema "Como un barco que pasa", pág. 21 (op.cit.).

[15] "...Il s'agit d'arriver a l'inconnu par le déreglement de *tous les sens*. Les souffrances sont énormes, mais il faut etre fort, etre né poete, et je suis reconnu poete...": carta de Rimbaud a su profesor y amigo Georges Izambard, el 13/V/1871; y tres días después, en otra carta al amigo de éste, Paul Demeny: "...le poete se fait *voyant* par un long, immense et raisoné déreglement de *tous les sens*..."

muertos por la lejanía y hacerlos cantar en el cráneo", Martínez contrasta esa labor del poeta *"que sólo se encuentra en las otras vertientes del cielo"* con la del filósofo, cuyo *"viejo oficio"* consiste en *"masticar la soledad en diminutas porciones de muerte";* una muerte a la que nombra "madre y maestra" y a la que como corolario implora para todos:

> *"...y que el hermoso elíxir con que ungieron la ojiva de tu blanca mirada*
> *aleje la opresión de la silente niebla*
> *y nos deje tocar la prenda más hermosa*
> *de la palabra inaudita."*

- IV -

Ángel de fuego

Un ánimo autobiográfico –no los avatares de la vida sino los hechos del espíritu– o una biografía telúrica del mundo, *"belleza bestial que el alma llama Realidad"*, parece cubrir con un velo traslúcido los 22 capítulos del libro *Ángel de Fuego*: recuento de las experiencias de su vida, incluido el estado prenatal y las transfiguraciones e intuiciones del futuro, confirmación de un mundo y un trasmundo, soliloquio, exorcismo, diálogo con el ángel... De la mano de la lectura de sus poemas anteriores, que nos han introducido a diversas atmósferas (el horror indescriptible del instante de un crimen, tras el cual *"toda la luz del arrepentimiento habría cabido en el ojo de un gallo"*, en el poema "Visión de un lema silencioso y el tapiz de un ojo"; el desentrañamiento de procesos interiores *"en el tiempo por excelencia perpetuo"* de "Blanco"; la ubicación alquímica del mar en el interior mismo del fuego, que permite *"adquirir potestad en la paciencia del morir",* de "En torno al fuego y su imagen en el corazón"; y la concepción de la sobria *"infección"* de la belleza en el canto del grillo en "Como un barco que pasa", etc.,) se llega en *Ángel de fuego* a un momento crucial de la experiencia poética de Martínez: la visión de la vida prenatal, desplazada del plano del que *ve* al del que oye; y del poeta al lector, fundidos en uno merced a un verdadero *reacomodo de los sentidos*, único medio para penetrar esta lectura y acceder a una comprensión más allá de *"las aderezadas promiscuidades de la razón"*; el poeta es entonces visto mientras recuerda su vida prenatal y narra la experiencia en la "Introducción" de *Angel de fuego*, un libro que, según refieren sus amigos los poetas Alberto Blanco y Luis Cortés Bargalló, dictó en una sola sesión para ser transcrito, no sabiéndose claramente si lo tenía memorizado o lo compuso allí mismo–

"En la preeminencia de mi conextensión prenatal, formado mi mundo desde los interiores espacios siderales, analizando la consecuencia de todos mis esfuerzos, dada la posición, no obstante la tenacidad del color, la objetiva aunque abstracta manifestación de las formas, eran, sin menoscabar su sortilegio, docta inclinación a mis actuales consideraciones; recias características delimitaban en aquel entonces los ruidos ahuecados del devenir, primario a todas luces, pero invadido por el bullicio del paraíso inexplorado; aquí un gineceo en la armonía de su color, incitando la congénita avidez del colibrí, los gritos de colores brillantes, la destreza núbil de sus vuelos..."

Habrá que renunciar en este punto, necesariamente, a la comprensión habitual y *ver* y *oír* el poema fuera del contexto de las significaciones racionales, como una afirmación del sentido de la palabra poética en sí mismo frente al sinsentido del mundo; efectuar una zambullida en el lenguaje que permita apreciar el bullicioso, a veces ominoso deslizarse de las palabras que se desplazan y se reemplazan unas a otras en un juego taumatúrgico hasta alcanzar el punto cero de la ininteligibilidad: la visión, la lectura con *otro* entendimiento, el que se da en el hasta ahora desconocido paraje de la contemplación (*"los huecos inéditos de la memoria absoluta"*), fusión e identificación de todos los sentidos en un punto único capaz de trastocar la idea que tenemos de nosotros mismos y del mundo. Un acto semejante implica la anulación de la propia individualidad a cambio de convertirnos en partícipes del proceso mismo de la creación-destrucción de la Palabra actuando sobre la persona del lector para hacer a un lado, así sea momentáneamente, la falsa concepción que el pensamiento se ha hecho del Yo; un quedar a la intemperie, por así decirlo, sin nada en el bolsillo; una actitud existencial que permite el movimiento del espíritu y da paso a una experiencia inmarcesible que no es el resultado de un pensamiento presa de la avidez de identificación y apropiación del objeto. Estaremos así dándonos cuenta, paralelamente, de que existen otras formas válidas y más poderosas que las habituales de percibir la realidad, y que desde un principio hemos estado equivocados, al menos parcialmente, en nuestra versión de cómo son las cosas. Esta sensación no es fácil de aceptar (y de allí tal vez el aire elusivo e inquietante de esta obra), pero sólo entonces el ánimo puede ser partícipe de la vida misma de la imagen, transformarse con ella y ver sin dificultad las propuestas de poemas como "Carta 2":

> *" ...otras veces las fuentes prenatales afloran a blanca superficie*
> *mensajes por los cuales la coloratura del poema adquiere intimidad translúcida..."*

De ese estado de percepción activa que brota de la experiencia con este tipo de poesía, que toca la raíz misma del ser y es capaz por eso de liberar energías que son *"serpientes embrujadas ahítas por franquear el cielo vasto que las retiene"*,[16] de ese estar deshabitados de nosotros mismos, experiencia que se da fuera del tiempo, se regresa luego a seguir funcionando en el mundo habitual del intelecto y sus criaturas: nuestras ideas de lo que es moral, verdad, amor, responsabilidad, trascendencia, etc. El proceso es comunicado en "Rosa de la circuncisión" de esta manera: *"Cuando las imaginaciones de mi corazón / se paseaban tranquilas en mi infancia, / y los gallos cantaban / sin despertar angustias en las frescas riberas del sueño..."* lo que se contrasta en seguida con esa pérdida de la inocencia que supone el abrupto despertar a la conciencia del tiempo y al pleno funcionamiento ya de *"la razón polícroma"*: *"... No obstante: / un día la víbora parió bajo las blandas ramas de un sol acariciante, / y sobre la mirada de una fábula inerte / las trenzas del recuerdo desataron su furia..."*

Porque todo es anunciación, finalmente, de la armonía universal, aunque también ese mundo deba atravesar previamente por la experiencia de ser *"degollado en la víspera de las estrellas nuevas..."*

Ángel de Fuego es la culminación de una poesía que desde el primer momento ha propuesto a nuestra consideración un mundo diferente y una transformación de lo humano, lo que implica una higiene existencial lograda a través de la experiencia estética y mediante el poder de la imagen enmarcada en el ritmo del lenguaje, reflejo moviente de la realidad: *"pájaros encendiendo con sus gritos inéditos sentidos"*; imagen y ritmo que desde el poema conjuran a ese doble que se halla en las profundidades del más allá de la humanidad del ser: *"...ese peligro morado avanzando lentamente / vastas comunidades inconscientes, insomnes / en la escala creciente de sus automatismos reversibles / turbados por*

[16] Ver el poema "De la vida y la luz", pág. 113 (op.cit.).

el fulgor..."[17] Aunque esto no es un psicologismo ni un recetario para dolientes del ánimo, sino que implica un esfuerzo supremo de comprensión y reconsideración de la idea que tenemos acerca de nosotros mismos, la aceptación de que podemos reaprender a mirar y a convivir de otra manera con nuestra propia naturaleza, *"...musicando el hábito del ritmo al vuelo de las nubes..."*

La cabellera de Berenice

Juan Martínez solía bromear en su juventud con sus amigos poetas preguntándoles con toda seriedad si querían "ser constelación", especialmente al recorrer por las noches las calles desiertas de la ciudad de México o a campo abierto bajo *"el esplendoroso lujo de las estrellas nuevas"* y sin esperar respuesta podía como corolario de la conversación echar a correr, con lo que subrayaba, entre otras cosas, la importancia del cultivo de la vitalidad del cuerpo que debe acompañar siempre a la vitalidad del espíritu, según la fórmula clásica. Vitalidad y fuerza que, en su caso, llegó a ser legendaria y dio lugar a que en Tijuana (una de las tres ciudades en las que pasó la mayor parte de su vida; las otras dos: el Distrito Federal y Guadalajara, donde nació en el barrio de Tequila el 18 de septiembre de 1933) los que le conocían le llamaran "Hércules". Vitalidad y fuerza que le han permitido vivir con la frugalidad y el esplendor de un yogui o un chamán a los que no se podía menos que equiparar mientras realizaba proezas que desplegaba a la vista de sus amigos –hablar con el bosque y hacer oír ese diálogo a sus acompañantes; caminar o hacer otros ejercicios físicos durante períodos prolongados más allá de los límites naturales; pasar etapas completas de su vida concentrado en el diseño con tintas de colores de miles de

[17] Ver el capítulo V de *Ángel de Fuego*.

puntos y círculos diminutos sobre frágiles servilletas de papel, con los que configuraba muchas de sus obras plásticas, etc.; actividad esta última que remite al poema "Om" de las páginas finales de "En el valle sagrado": *"...La energía vibrando / Ruido de circulitos de plata / Tono de toda la creación"*.

Evidentemente, una es la vida que ha escogido vivir el poeta y otra la vida del lector. No se trata, sin duda, de emularlo o someterse a las disciplinas y rigores de una existencia extraordinaria como la suya, ascética o espartana, fuera de las posibilidades de las personas comunes; pero quizás el "ser constelación" aluda al potencial de *belleza y armonía* que subyace en cada ser humano y que está en las propias manos hacer consciente y poner en actividad, labor en la que puede ser de utilidad la poesía. El poeta lo dice así por boca del silencio, que le implora a la muerte:

> *"...tú que entre los espacios sin voluntad del hombre esperas*
> *¡Ten piedad de su búsqueda!*
> *no permitas que su sacudido corazón torne a su esencia de gaviota sin rumbo*
> *sin haber escuchado los salmos que esperan por su llanto y su cadena de suspiros...*

La cabellera de Berenice y la felicidad de la gaviota sin rumbo al alcance de la mano, *dentro de nosotros*, como dice el salmo, más allá del llanto y la cadena de suspiros de los seres humanos.

DAVID HUERTA. INCURABLE. UNA HIPÓTESIS

El ser ama ocultarse
Sor Juana Inés de la Cruz

- I -

Un gemido de esperanza

SE HA RELACIONADO, Y CON RAZÓN, la escritura de David Huerta con el arte barroco. En muchos sentidos eso es evidente. Hay en este poema[1] una teatralidad, una suntuosidad y abundancia, una vocación hermética que se resuelve en una claridad aparente, y una cierta aspiración a *otra cosa* que justifica tal apreciación; elementos tanto superficiales (el arte es también artificio) como de profundidad psicológica que, como un estremecimiento, vitalizan su discurso incesante, su hambre dialéctica de unidad y fragmentación, conexión y desconexión, lo cual define su forma y estilo.

[1] "*Incurable*". David Huerta, Ediciones Era, México, 1987, 392 pp.

El estilo es, al mismo tiempo, completamente moderno: retrata de cuerpo entero, en su inagotable fluir de conceptos e imágenes mentales, una condición existencial que, aunque esencialmente intemporal y siempre la misma, tiene el temple de una contemporaneidad muy siglo XXI. La forma de este exhaustivo diagnóstico, sin paralelo por su universalidad en nuestra literatura, está modulada por la corriente de conciencia (que le es entregada al lector cuidadosamente revisada y aderezada con una rigurosa y tersa ortografía prosódica) y se va fraguando sobre la marcha implacable y poderosa de las páginas armada con la fe del poeta en la capacidad innata del lenguaje para significar por sí mismo e inundar de sentido los meandros del espíritu humano y los estípites que sostienen las ficciones en que vivimos enconchados.

Retrato y también radiografía de la conciencia moderna: neurasténica, desarraigada, sobre-informada, fragmentada, ansiosa, apocalíptica, con apenas una posibilidad de alcanzar una presentida y remota salvación en un infinito de negaciones; posibilidad ínfima a la que, sin embargo, "Incurable" se aferra: por eso está (intelectualmente) en la vanguardia, enunciando una afirmación que puede mover a engaño en su rotunda simplicidad y aparente inanidad: "el mundo es una mancha en el espejo" (y también: "mi cuerpo es una mancha en el espejo"), verso con el que abre y cierra este caudaloso y *samsárico* libro; lo que equivale a decir que todos cabemos en ese círculo infernal, situados como estamos en algún punto de la rueda atroz del devenir. "Incurable" es, precisamente por esa perspectiva geométrica, inestable, irónica, crucial, en que se contextualiza, y por las irrisorias (aunque existentes) probabilidades de mejoría que enuncia (¿denuncia?), un gemido de esperanza, un testimonio vivo: un libro vivo. Su lectura mueve a la sensación de que, a pesar de todo, en nosotros mismos yace una salud, una salida: estamos destinados a seguir adelante:

"...Somos un hacia.
El fantasma generador..."

El *objeto* que el libro aborda, interroga, idealiza, construye y destruye alternativamente es, de modo evidente, el ser, el yo (del lector; del poeta). O aquello en que este ego se desborda, proyecta y multiplica: el mundo, el otro, vistos a través de una puerta de vidrio o como imagen en un espejo. El *espejo*: intermediario físico o metafísico, piadoso o despiadado, propuesta provisional de punto de vista o atalaya ilusoria frente a una realidad también ilusoria, dada la imposibilidad que se tiene de disponer (por ahora) de un ojo monstruoso que pudiera mirarse a sí mismo; intermediario que es actualmente la única posibilidad de averiguar algo que permita tocar el fondo para ver la realidad directamente y poder hacer pedazos al intermediario mismo. Mientras tanto, el sujeto escudriña acompasadamente adentro y afuera, explora y hace de esa actividad una contemplación. Una meditación en movimiento: el pensamiento, el lenguaje, la escritura. El estar enajenada, endemoniadamente vivos.

Fervor del poeta. Hervor del lenguaje

Poderosa corriente de lenguaje en la que explicablemente predominan las tonalidades turbias, los ricos ocres y los blancos terrosos, y en cuya obscura sinfonía se confunden los ayes de los desahuciados con el bisbiseo hipnotizante de las sirenas que pueblan ese sofocante teatro mental, ese film imaginativo que da vueltas sobre sí mismo sin fin; admirable e impecable fluir de largos versos acompasados del principio al fin de sus centenares de páginas, el libro de David Huerta es, con su lograda ambición de poema en prosa, un caso singular en la poesía mexicana: ninguno otro lo iguala en extensión, en fervor, en diversidad, en la tensión al rojo del "frío fuego" que le es aplicada al lenguaje (y al pensamiento) para forzarlo a decir. En sus aguas tumultuosas incorpora y se traga al relato, la prosa poética, los versos tradicionales ("la lluvia es un dios deshecho"), al ensayo o reflexión sobre el texto, el habla, la escritura ("escribir es ya una forma del cuerpo... cada palabra tiene usuras espaciosas, fraudes, usurpaciones..."). Las tentativas en ese género realizadas entre nosotros por Torri, Owen, Paz, Montes de Oca, Becerra, Aridjis, están aquí asimiladas, magnificadas, llevadas al extremo. Sobre todo está llevada mucho más allá, a otro extremo, la desmesura de la obra de Marco Antonio Montes de Oca.

"Incurable" no es un libro hermoso en el sentido tradicional de esa palabra, ni es enteramente comprensible: es más bien incomprensible en su profundidad de *koan* enciclopédico. Su hermosura y sentido son de otro signo y no están en las particularidades de lo que dice –aunque está sembrado de hallazgos y su sabiduría amarga nos asedia por todas partes– ni en la belleza de sus imágenes, que no son "poéticas" en sentido estricto –como no lo son siempre las de José Lezama Lima, con cuya poética tiene un nexo muy claro–, sino intelectuales y conceptuales en su mayor parte. La fuerza de este poema, su calidad de obra de arte inusitada está en el conjunto, en el prodigioso labrado del edificio, en la vastedad vertiginosa del abismo que ha copiado para nosotros, en la transgresión (literaria, moral) de su perspectiva, en la identificación a que nos está continuamente forzando su lectura –si es que respondemos a la invitación, como pedía T.S.Eliot en "The Waste Land", poema que es uno de los afluentes de "Incurable"– para que nos reconozcamos en el espejismo de esa nada horrorosa que se halla completamente llena con nuestros pensamientos e imágenes, para que ubiquemos en nuestro interior el griterío dantesco de esas "hordas de mí", esa "muchedumbre del yo" que se agita allá adentro del recinto que se muestra de entrada con un rostro engañoso:

"...Un collar de quietud rodea los espaciosos milímetros
del yo,
un silencio blasfemo, un ídolo entre las manchas..."

Sólo habiendo sentado sobre las rodillas a la belleza contrahecha de lo humano (espectro que habita desde hace más de un siglo algunas de las obras más significativas de la poesía moderna), puede penetrarse la reciedumbre y áspera generosidad de afirmaciones o imágenes conceptuales[2] como ésta, no ciertamente "hermosa" aunque sí justa y profunda (y que sólo un incurable que ha sido tomado por el cuello para obligarlo a aceptar su lamentable condición, puede "ver" en su realidad personal):

"...el abismo es la baba de la esencia..."

(abismo y baba también de la contemplación, la estupidez, la muerte, la genitalidad, las excrecencias de lo humano, "lo que me declara activo y funcionando").

Baudelaire parece profetizar o soñar un poema en prosa como "Incurable" (en la diversidad de sus tópicos y en sus posibilidades inumerables de conexión y desconexión), cuando en la dedicatoria de su libro "El spleen de París" dice a su editor refiriéndose a los –en aquel tiempo– novedosos poemas en prosa que lo integran: "... Quite usted una vértebra y las dos mitades de esta tortuosa fantasía volverán a unirse sin trabajo alguno. Córtela en numerosos fragmentos y verá que cada uno de ellos puede existir aparte. Con la esperanza de que algunos de estos trozos estarán lo suficientemente vivos como para agradarle y entretenerlo a usted, me atrevo a dedicarle la serpiente entera..." Y respecto a la *actitud* que el poeta adopta frente al poema en prosa, su *postura* ante su trabajo con

[2] "Ideas poéticas", las ha llamado David Huerta. *Revista Opcit,* núm. 75, Enero de 2003.

ese lenguaje: "...¿Cuál de nosotros no ha soñado en sus momentos de ambición el milagro de una prosa poética, musical, sin ritmo y sin rima, bastante dócil y bastante quebrada para adaptarse a los movimientos líricos del alma, a las ondulaciones del ensueño, a los sobresaltos de la conciencia?".[3]

Babel de un solo idioma

La versificación de "Incurable" carece de rima, como quería Baudelaire, pero no del ritmo ni del encanto natural de una conversación inteligente y refinada (no importa que el tema de la charla, el yo, sea un objeto inexistente, como lo ha postulado el budismo, acaso sólo una sensación pasajera, un material de cualquier modo irrisorio), generadora aquí de una tersa y persistente polifonía acentual (como quería Rubén Darío) ritmada con la misma cadencia con que se escribió el poema "El cántaro roto" de Paz y estructurada con mucho de las intenciones y proyecciones con que fue construido "Águila o Sol", del mismo autor. Por otra parte, su cualidad desmontable e interconectiva, ese recurso llamado "rizomático" por los estructuralistas y ya analizado a propósito de "Incurable" por la doctora Angélica Tornero,[4] es llevada por David Huerta a extremos inverosímiles al igual que aquello que Baudelaire llamó "movimientos líricos del alma, ondulaciones del ensueño y sobresaltos de la conciencia", realidades existenciales que se expresan en este libro como sacudimientos vertiginosos de un pensamiento que arrastra violentamente a las vivencias, a las sensaciones y a la emoción misma hasta el plano voraz del intelecto para conceptualizarlas y destazarlas (como lo haría Francis Bacon, tantas veces

[3] Traducción de Nydia Lamarque. *Charles Baudelaire. Obras*. Aguilar, México, 1963.

[4] *Revista de Literatura Mexicana Contemporánea*. Año IV, Núm.10, Abril-Julio de 1999.

nombrado en este libro) en una operación que deja muy atrás (en forma y contenido) aquellos textos, perspectivas y preocupaciones artísticas del siglo XIX entre las que se contaban el odio de Dios, los paraísos artificiales, la sed de infinito, la pasión por la vida y por la muerte, etc. En el texto "El 'confiteor' del artista", Baudelaire describe el proceso del pensamiento; en "Incurable" vemos la oquedad –o dicho de otro modo: la vaciedad o falta de sustancia– del pensamiento que se está pensando a sí mismo en el éxtasis del sufrimiento que ello conlleva o en la sensualidad de una confidencia, en soliloquio o en conversación,

> *"...como una desdicha vertebrada, seca y longilínea, pelambre*
> *suelta detrás de la caricia que ofrecen mis palabras...."*

Escribir, pensar, hablar, mirarse en ese espejo, funcionar *así,* son pues un *simulacro*, lúcido y honesto título del primer capítulo del libro: una simulación, algo que está boletinado para ser desmantelado y denunciado, sí, pero por ello también, el esfuerzo de un conjuro para que la realidad muestre al fin su cara sin máscara, el revés de esa entelequia acorralada a la que hemos llamado condición humana; una estrategia para recuperar aquello que ahora es usurpado por el incurable, el yo, el oscurantista, el que pretende "adivinar en los almacenes de las palabras dónde se esconde el rayo", pero que "se asusta con sus propios reflejos"; así mismo, una conciencia literaria que avanza a tientas en esa prodigiosa Babel de un solo idioma, ese monólogo narcisista del ego aherrojado entre los muros del laberinto de voces que lo está continuamente asediando, pero que otorga indicios para salir a la superficie (porque el poema entero es una búsqueda de la libertad y una toma de conciencia), pepitas de oro que son arrastradas por la corriente inmensa de un idioma que ha roto sus propios límites y se precipita ante los ojos vigilantes del poeta, ocupado en el desciframiento de los hallazgos y en cuidar los bordes de su texto, escenario de un naufragio (el endiosamiento del "yo", que es desbarrancado en el despeñadero de la realidad) y bitácora de una pesadilla de la que sólo quiere despertar. Por todo ello hay que fundar y descifrar, para seguir avanzando, oh paradoja, la propia casa:

> *"...Supe por ellos que había nacido en un país dolido,*
> *entre gente que*
> *acostumbraba usar las rodillas*
> *para la inicua sal de las laceraciones más fervientes..."*

un arraigo, una madre identidad (no importa si se la piensa "con las piernas abiertas y no precisamente dándolo a luz"), una ciudad ideal que es preciso inventar, edificándola con la maraña de la información y la memoria, con las cucharas ardientes de la imaginación, para luego desentrañar su sentido enmedio del tráfago de la conciencia y de la vida diaria, tal como lo planteó Baudelaire al explicar la gestación de la prosa poética: "...Este ideal obsesionante nace sobre todo de la frecuentación de las ciudades enormes, del entrecruzamiento de sus relaciones innumerables...". En David Huerta ese postulado está presente como un teatro del deseo, un viaje que va de la Avenida San Juan de Letrán ("la viva y venenosa calle de San Juan de Letrán": Efraín Huerta) o de Félix Cuevas esquina con Insurgentes a la cabellera de Berenice con estaciones de paso en Egipto, Jerusalén, Córdoba, Amsterdam, Atenas,

> *"...la ciudad sobremuriente que dentro de mi cuerpo abre su ojo sideral..."*

una necesidad de anclaje en un pasado que deberá ser luego abandonado en una convalecencia anhelada, una memoria que descubrió "los cóncavos fundamentos de su ascendencia... cónclaves paralíticos de abuelos desmoronados...": descomunal despliegue de energía vital llevada al plano del poema en prosa, "voluntad de forma", vocación y hambre de escritura que intenta fundar la ciudad del Sí Mismo para el hombre que hoy recorre como un fantasma la Ciudad de los Muertos Vivientes y camina la Aldea Speranza con las manos vacías y "con sus propias metrópolis en la cabeza como granos de droga...": en la inconciencia pura de un sueño sobresaltado y ominoso.

- II -

Interrogatorio

¿Qué es "Incurable" más allá de su dilatado cuerpo de pieza literaria? ¿El registro desesperado de un conceptualizar las percepciones, dar rienda suelta al intelecto discursivo? ¿A la inspiración poética? Allí hay unos árboles, estoy enamorado, me duele la cabeza, debo pagar una deuda, el follaje equivale a los signos de ortografía... La mesa de disección, el grillete de la razón, la memoria, el desarreglo de los sentidos, del deseo:

> *"...el amor... te dejó pensando como un loco en la adorable cabellera..."*

¿Pensando mientras me envuelve el perfume de la adorable cabellera o mientras la recuerdo? ¿Pensando que la adorable cabellera es sólo una puerta transparente que debo franquear para salir... hacia dónde? Querer saltar al otro lado, atravesar las apariencias, escapar, agotar el pasado... Hasta aquí el diagnóstico ha sido impecable, pero ¿se está ocultando –por parte de quién– la posibilidad de una terapia? Si el yo es una quimera, ¿quién es el incurable? ¿Quién percibe? ¿Estamos condenados a seguir saliéndonos por la tangente? Autocomplacientes en el simulacro construido con materia verbal, "en el interior terso y abierto de la literatura" que se ubica entre "ladrillos parietales [que] ahondan la travesía", ¿qué dolor, qué destino en la médula de los huesos me mantiene inventando, elaborando, recordando, mientras algo crucial y vivo pasa a mi lado sin apenas darme cuenta?

> *"...Contra mí la memoria, contra lo que seré: la memoria, este río..."*

Río interminable de pensamiento, serpiente que se muerde la cola no para aniquilarse sino para rodar, desplazarse indefinidamente sin otro objetivo que el puro movimiento, la invención pura. Eso es "Incurable". Desplazamiento también hacia otras artes: la pintura (cubista): "*El círculo de los árboles... su rama izquierda corresponde al ojo izquierdo de la cabeza derecha / y su rama derecha se inclina sobre la imagen que se fragua en la pupila cóncava del ojo derecho / de mi cabeza izquierda, lugares donde duermo mi siesta de ciudadano y donde colecciono / mi museo inesperado, en la boscosa percepción de la vida*"; o retratos en los que no todo es razones sino también proporciones que parecen exorcizadas de la respiración misma de Kafka: "*Verás llegar al oscurantista con una contraseña / el tajo pálido de su boca y el reflejo de su barba color ala-de-cuervo / en una composición barroca, sobre todo porque los ojos / hundidos hasta la simiente de su quién vive acechante / son un lustroso fulgor que combina opacidad y miedo*". Una composición barroca: sus páginas, sentidos, frases, perspectivas, asociaciones, laberintos, desdoblamientos y cariátides pueden reemplazar con holgura y eficacia las nervaduras, follajes, irregularidades, cloroscuros, pliegues, propuestas, columnas y oraciones que van de la tierra al cielo de ese otro arte también invadido por la furia de "Incurable" y que se encuentra ya en vías de extinción: los altares barrocos mexicanos; o autorretratos y retablos elaborados al estilo de Frida K.: "Lázaro entrando por las ventanas de tu mano derecha para salir sangrando por el domicilio imaginado / de tu mano izquierda". Reconstrucción de una identidad:

> *"Gemí... fui levantado en el barro de los nombres.*
> *La playa humana me recogió, me sembró*
> *Con palabras enormes*
> *Y me dio una respiración, una sombra, un pan..."*

y un modo de caminar, de anudarse la corbata y usar "camisas conmovedoras", un modo de hablar que descubre "los otros modos de hablar". Una manera de escribir. Y leer. Un dejarse adormecer, hacerse uno con ese discurso interminable que en realidad ni siquiera "yo" pronuncia (que se dice solo en la mente; que lo piensa el poema). Encerrado en sí mismo con el rostro hacia adentro, el yo deambula: es el destino de toda persona. Por eso el lector puede ver su imagen en el espejo de este libro. Alguien recorre como un eco los pasillos claustrofóbicos que desembocan en una puerta de vidrio, la cual "dicen los que dicen que saben que está al final del corredor". Un espectro se levanta de la tumba: es Lázaro, "portero de vidrio". Una ausencia. Alguien pues carente de un yo, pero existente de otro modo que desconozco. Quizá, "nosotros mismos", nuestro doble. El misterio rodea este libro como una sombra y me involucra. ¿De quién está hablando? Del fantasma generador. ¿Es necesario verse en el personaje de ese espejo llamado I. (de "Incurable") para poder observar objetivamente una situación desesperada, o se sale de ella atravesando una puerta de vidrio, espontáneamente, con un poco de paciencia y desmemoria? ¿Quién intenta escribir o leer la reseña imposible de una vida reflejada en unas páginas que son un espejo imposible?

- III -

“Páginas y páginas y espuma”

Teatro de numerosos escenarios que son habitados fugazmente o fatigados en exceso por múltiples personajes que llevan todos la máscara del “yo” –o a la inversa: un solo personaje que usa muchas máscaras–, “Incurable” puede ser visto como atravesado por un hilo conductor susceptible de ser aislado de las otras hebras de este tapiz de dimensiones asombrosas e interpretado como la historia infatigable del proceso circular del pensamiento en su insensata carrera para comprender por la vía del pensamiento mismo lo que de incomprensible o inabarcable hay en su propio “yo”. El hilo conductor reanima con energía verbal los variados arquetipos –y esta es la hipótesis– que subyacen en el fondo del deseo humano de una trascendencia: alguien que busca y delira, otro –o el mismo– que narra sus ingentes problemas con la caza pero falla en traernos la presa, uno más que encuentra algo que sin embargo no es “eso” que se busca pero que al hacerlo logra romper el encantamiento que lo tenía sujeto, lo que le permite ponerse de pie para recomenzar la persecusión o la lucha...: “tendré que decir lo que tenga que decir –o callarme”: la escritura de la poesía y el lenguaje del silencio; las vías que yacen más allá de la razón discursiva y conducen al reino de la visión unitaria: al final de “Incurable” se esboza esa fusión en dos frases: “los labios quemados del amor sobreviven” y “mi sustancia de salmo”: el cuerpo amado (el mío; y el tuyo) como una escritura viva, y la escritura como carne palpitante. Rayas, renglones escritos sobre el cuerpo de la realidad en el intento de arrancarle sus secretos.

Pero mientras “eso” llega y siempre fiel a su búsqueda, I. persiste y extiende su viaje por el tembloroso e infatuado territorio del yo llevando su puerta de vidrio a todas partes con él... hasta que llega a un golfo de luz, una bahía inesperada que hace que todo empiece a volverse respirable. El libro adquiere entonces una tonalidad distinta, más aérea que pluvial, de colores más vivos y sintaxis anímica más legible y transparente. El aire corre por primera vez con alegría por los corredores de los renglones y las palomas comienzan a frecuentar barandales y cornisas. Estamos ahora más arriba en la conciencia del poeta-lector, cercanos a la edificación de las cúpulas, lo que afianza el estilo barroco. "Incurable" se ha tornado de pronto más un poema lírico que un diario emotivo, lectura poética de todos modos, al margen de la vestimenta que porte o del brebaje reconfortante o amargo que se filtre por sus páginas. Para llegar a este punto I. ha debido ceder espacio a los otros, pero antes debió caer más profundamente aún en el "yo y yo", esto es, en más "páginas y páginas y espuma". Libro que va ejerciendo la autocrítica sobre su propio transcurrir al tiempo que extiende su cola de pavorreal fabuloso, "texto infinito clavado en el espejo que está frente a otro espejo", la alegría llega por fin un día al descubrir –cualquier tarde o noche de noviembre o de junio– que los goznes de la puerta que separa permiten abrirla indistintamente hacia fuera o hacia dentro ("Enterrado en la puerta, el hombre no sabe si salir o entrar") para dirigirse hacia allá, al otro lado de la endemoniada cabellera o de cualquier otro objeto que "yo" haya tomado por su cuenta para ejercer sobre él las diferentes autopsias y mutilaciones que se sabe y que adora, puerta de vidrio detrás de la cual se halla un rostro rescatado de la multitud:

> *"...Tu cuerpo, mi cuerpo abren una puerta de vidrio..."*

hacia allá, donde se encuentra "la sociedad, como dicen", otros "yo" que están a su vez en los umbrales de las infinitas ventanas o puertas de vidrio de la Gran Ciudad, escenario de ese "fluído accidente que llamamos *la relación humana*":

"...Por primera vez en el vértigo de la tarde, respiraste
tu vida
reconciliada y supiste que estabas
contigo mismo, como suele decirse..."

I. ha encontrado pues una salida que conduce a otro cuerpo, acontecimiento que favorece el surgimiento del silencio interior –no importa que se esté en la intimidad o en el fragor y los golpes de la "lucha social"–, con lo que el cuerpo de "yo" puede "sentirse en la eternidad y vivir sin ficciones", aunque sólo sea por un momento dorado.

La experiencia inolvidable del Callar

En el ejercicio óptico-existencial de ese entrar y salir por la puerta de vidrio, I. descubre otra pista: hay que acallar al yo para poder alcanzar la quietud armoniosa aunque todo conspire en la Gran Ciudad de su ser, esa "Ciudad oscurecida por el sol del yo" para impedirle callar; y hay que matar al Profesor, esa proyección de él mismo traído a la conciencia tras el descubrimiento de la pista, que pretende impedirle escribir –empresa imposible, impensable: "criaturas literarias que somos y hemos creído ser; incurables"– ofreciéndole la salida de una crítica engañosa que es sólo una treta para mantenerlo atado a sus fantasmas ("¿y por qué no decirlo más claro, más abierto, más inteligible, como recomendara el profesor?"). Comprensión de que los mecanismos de la enajenación y la salud son infinitamente más complejos que esos misteriosos milímetros de lucidez que la conciencia muestra sólo para ocultar el acceso a otra profundidad que no es la del intelecto ni la de las palabras a las que éste se encuentra asociado y que desbordan "los almacenes de las afueras", la corteza cerebral de la ciudad, repleta también de multitudes vociferantes:

> *"...Levanté los brazos para solicitar que alguien se callara y yo pudiera empezar a callarme..."*

El diminuto vislumbre de conciencia engendra sin embargo una emanación salida de una fractura en las profundidades –"el Aparecido surgido en las apariciones de la mañana"– gracias a lo cual puede I. comenzar su "tremendo Callar". En ese descenso aparece inesperadamente en el libro "el puro paraíso de los antiguos mexicanos", Tamoanchán, que dará paso luego a "las 6 y media de la tarde mexicana", en la que surge el Serio; y a la Muralla China, y a Manhattan, y a las Siete Ciudades, una entrada al inconsciente en el que todos los seres nos descubrimos iguales, afuera ya del "chisporroteo de las diferencias", y puedo ver con claridad que mi inconsciente no es otra cosa que "tu propio inconsciente". Y de esa experiencia ver brotar un vislumbre de fe y el deseo de liberarse de lastres innecesarios:

> *"...llegará el día en que las paredes del corredor se derrumben..."*

para que disfrutemos "el fluído canto de los pájaros", líquenes, dioses, alas, y se pueda escribir ya de otras cosas, una vez terminada la función y apagadas las luces del teatro, con lo cual puede comenzar la investigación verdadera acerca de quién es ese "yo", ese muerto en vida que ya sólo anhela "tomar la cintura rutilante de la bailarina... para bailar con ella la mazurka de la resurrección"; y para comenzar de nuevo a partir de la experiencia inolvidable del Callar, llevando ese sabor a cuestas como un tesoro invaluable y un fardo, como la herencia de un desengaño y el reconocimiento de un profundo fracaso: habrá que comenzar por el principio de la página en blanco como si nada hubiera sido dicho o escrito, "y entonces a mí me corresponderá investigar quién soy...". Sin intermediarios. Para emerger así del sueño de mi propia enajenación como el Despertado que sale a la mañana como quien entra "al útero, la matriz" de una existencia más ligera y legible para el propio escribiente, aunque el texto que corresponde a esa comprensión no pueda propiamente empezar, ya que, en el fondo, se trata más bien de escribir y vivir algo destextualizado, una desconstrucción, un volver a considerarlo todo, un decidirse a tomar el otro camino, ese que nos aleja del piadoso espejo y sus manchas innumerables:

> *"...Me fui despojando de tramos inverosímiles de mí mismo...*
> *y supe que no se trataba de un texto romántico..."*

Entender que no es un texto romántico porque no se trata ahora de sumergirse en el sueño sino de salir de él, despertar al fin, lo que no significa renunciar a soñar con el despertar, "si es que entiendes lo que quiero decir"; reconocer que, si bien el tiempo que nos ha tocado en suerte a estas generaciones de incurables no carece del todo de cierto tono elegiaco, hemos terminado convirtiéndolo en algo más bien patético que trágico; que de lo que se trata ahora es de entender que hemos estado confundidos con los pronombres y las perspectivas; que al pensar y al hablar contigo he estado dirigiéndome a mí mismo, "creyéndome la segunda persona"; que el desconcierto que vive el que escribe es en cierta medida también del que lee, "si es que entiendes lo que quiero decir"; que he desviado el texto de toda posible legibilidad con mis señales equivocadas, con una percepción apócrifa de mi propia identidad, la que ahora empiezo a reconocer como un extravío o una ausencia, una incisión ("la incisión era mi identidad") una matadura en todo caso sobre mi propio historial, "abismo y representación", texto "impregnado de todo nuestro vivir", texto que he estado soñando –"el sueño y su palpable limitación"– y que sin embargo "nos abre los ojos de la misma increíble manera con que una mano relampagueante cierra los ojos de los muertos".

- IV -

Ulises contemporáneo

Pero este nuevo "yo" que con el nombre de "Aparecido" ha saltado ahora de las páginas de "Incurable", también se pone a razonar desplazando esta vez la atención al pronombre "nosotros". De las opiniones acerca del sujeto, "Incurable" pasa entonces a las reflexiones sobre el objeto: entelequias, consideraciones de un mundo de clasificaciones e inventarios, "meras cosas sin adentro ni afuera", incluidos el yo y el nosotros, que se ven así reducidos a meras abstracciones nacidas de las opiniones y las creencias, un "nosotros" hecho de pasiones y de "palabras-ídolos para la búsqueda". I. se da cuenta de todo ello: sabe que ha estado falsificando, viviendo la locura de la enajenación, llevándolo todo "a las simulaciones de la literatura" ¿Podría haber sido de otro modo? Simulaciones que son, sin embargo, invenciones y creaciones que dan paso a lo que es quizá la visión más poderosa y genuina que la literatura mexicana ha producido acerca de la ciudad de México (en su esplendor de cieno, en la dureza de su miseria; "ciudad de ceniza y tezontle... de acero, sangre y apagado sudor": Efraín Huerta). Una visión apocalíptica que lleva al ámbito de la más alta poesía las imágenes conceptuales generadas de pronto ya no por un intelecto discursivo que no puede (y no quiere) parar su obsesivo e incurable funcionar, sino por una sensibilidad poética en un nuevo desplazamiento del yo que luego lleva el nombre de "Despojado", que desciende a sus propios infiernos para reconocer la ciudad que ha inventado y atravesarla en los excesos y avatares de su vida cotidiana, una nueva versión de Ulises contemporáneo que se levanta del insomnio visionario y feroz sazonado en el sudor y excrecencias de su propia angustia para lavarse antes de salir a trabajar "como todos los hábiles días de mi vida civilizada".

Este Despojado que ha logrado abrir una incisión en la estructura de su personalidad de incurable empedernido, que se regodea en la enfermedad, a la que acaricia como su secreto más preciado (el yo sintiendo simpatía, aversión y fascinación por sí mismo), bebe hasta la última gota el sabor de su horrible (y magnífica) ciudad-mundo-existencia interior, para de esa prueba salir purificado, con una aceptación aunque sea parcial de su propia realidad, lo que significa una descarga de lastre y la experiencia de una consecuente ligereza. Así, tras el exorcismo que ha sido la travesía, la narcotización, la enfermedad, el mesmerismo y el alcohol del delirio, el yo empieza a sospechar por dónde puede darse la tregua:

> *"...al ir a tirar la basura, asgo el hirviente muro...*
> *me pregunto si no es Yo lo que voy a tirar..."*

Tirar la execrable basura del ego implica una considerable toma de conciencia acerca de las motivaciones que hay detrás del acto de la escritura (y del "acto" de vivir), *acontecimiento* que le abre también las puertas a la conciencia del amor –no importa si es la ausencia del amor, o su presencia, o el ambiguo reverso de un ubícuo egoísmo- y al reconocimiento pleno de lo que puede quedar situado por fin afuera de I., en páginas líricas que justifican ellas solas ese marco de aguas en fastuoso movimiento que es "Incurable":

> *"...por tu lengua de ciervo en mi vientre sensible.*
> *Por eso escribo, amor..."*

El viaje de Ulises (y de Telémaco) implica un regreso, un descanso, un instalarse, el término de un desplazamiento circular. En el lenguaje de I., es:

> *"...La destrucción del viaje..."*

Llegada a casa

Alguien en uno tiene que morir para que yo viva: ese Alguien es el yo enajenado que colorea el caudaloso fluir de una conciencia imaginativa, automatizada e imparable; morir para que viva ese otro yo que puedo presentir y soñar reconciliado y apaciguado en la anuencia de un devenir que está siendo en mí en este instante, sin mi intervención ansiosa y egotista, una entrada en el hogar original "que el Resplandor habita" y que me ha estado esperando limpia y fragante desde el principio. Ese Alguien que puede llegar a mi casa soy, finalmente, yo. Estar a solas con un "conmigo" más libre: reconocimiento de una condición dada, aceptación de una característica del estar vivo: la soledad (una soledad "que ya no tiene remedio") y, en el caso de I., magníficamente, la vocación de una vida ligada a su escritura: un himno a los fantasmas de su alma y a la gloria de expresarse poéticamente, con un lenguaje "lleno de estrellas y de pesadumbre":

> "*...Escribo con una descomunal esperanza, para que nadie, ni*
> *los espectros, lleguen, o si alguien llegara, que cante...*"

Quienes han escrito prosa poética o poemas en prosa en México abonaron el suelo para que a finales del siglo XX pudiera fecundar y enraizar en nuestra poesía la vasta vegetación zumbante e intrincada (aunque autocontenida dentro de los límites fastuosos de su propia forma), que es "Incurable". Y no sólo ellos; también ejercieron su influencia sobre este poema aquellos otros escritores explícitamente invocados por David Huerta: Lezama Lima, Vallejo, Manrique, Calderón, Kerouac, Borges, Pound y otros, así como las atmósferas o climas que él no menciona pero que se han quedado en los lectores como una convivencia o una segunda naturaleza y que desde su sitial metafísico son una presencia en

"Incurable": girones de "Piedra de Sol", de Paz; reverberaciones del lenguaje y la poesía "callejera" de Efraín Huerta; escombros y murmullos de "The Waste Land"; vagabundeos de Julio Cortázar, ocupado también en el desciframiento espiritual de su crucigrama personal, atravesando las ciudades y los puertos de su propio "yo", irremediable, incurablemente literario también: forma narrativa en su caso, forma poética en David Huerta.

Lo que podría reprochársele al "yo" principal de "Incurable" –una vez más, dicho de otro modo–, es su aferramiento a su inveterada costumbre de cultivar hasta el extremo el reflejo condicionado de conceptualizar sus percepciones, sus sentimientos y hasta el pensamiento mismo –y habría que añadir: también su lenguaje, tocado aquí y allá por la gracia del agua y el rayo de la poesía y magnetizado de principio a fin por la energía de la escritura–, lo cual constituye la fuente de todos sus tormentos. Aunque el libro no es, después de todo, ningún tratado sobre la infelicidad humana ni sobre el amargo y cansado humor contemporáneo, sino el poema en prosa de un poeta de su época que explora a fondo todos los resquicios de su condición existencial presente, condición personal que es idéntica a todas las otras realidades personales de su tiempo, un tiempo vivido con un exceso de lógica (a expensas del arsenal intuitivo que le es connatural a la conciencia humana), tal como lo exige para la sobrevivencia esta sociedad sobre-intelectualizada que le ha vuelto la espalda a esa parte esencial de ella misma que es su herencia espiritual, a la que con todo sentido utilitario –el único sentido al que concede validez la "sensibilidad" contemporánea– menosprecia y ha desterrado del horizonte de la vida. Lo que se le agradece y admira a ese mismo "yo" es la imagen que ha proyectado en el espejo que todos poseemos y podemos consultar, y la salida de ese espejismo que ha logrado concebir; la conciencia que alcanza acerca de su defectuoso funcionamiento y el esfuerzo que despliega para liberarse de esa condición; su búsqueda intensa de una comprensión de las cosas y el grado de lucidez al que llega mediante la práctica de la escritura, a pesar del omnipresente caos en que se debate su vida espiritual, "en la confusión de la ciudad anochecida":

> *"Esto entregarás... un zapato de hipnosis...*
> *un calificativo para el cual no tienes autoridad moral*
> *y una raya política que te cruza relampagueando*
> *el aura del alma que te apuestas... y una comodidad erizada*
> *en la participada curva de tus curvos deseos..."*

Desaprender la vida

La vida íntegra de todos los "yo" que se agitan al interior de "Incurable" –el fragmento más radical de la poesía mexicana– se presiente comprometida en el esfuerzo por quitar los escombros, recoger los fragmentos y "desaprender la vida", consecuencia de la Gran Inundación de lenguaje y de la evidencia de algún monumental "fracaso" que, como una sensación ardorosa o una inquietante presencia, se ha hecho una segunda naturaleza en el ánimo de su lectura. *¿Shall I at least set my lands in order?*, se pregunta como epílogo de su aparición en el escenario del siglo el "alter ego" de T.S. Eliot en "La Tierra Baldía". Hay en la poesía mexicana un guiño de entendimiento con esa interrogante cuando I. se levanta de su pesadilla de enfermo, recoge, limpia todo y se dispone a "poner orden en la inmensidad de mi pequeño territorio": un guiño que cierra el arco que va de Marco Antonio Montes de Oca, iniciador de la "nueva poesía" en la década de los años cincuenta, a "Incurable", con lo que se completa el ciclo que estuvo inspirado e impulsado por la visión y energía de nuestra vanguardia poética: el Estridentismo, List, Tablada, Novo y sus "XX poemas", etc.

Todos los "yo": el Despojado, el Aparecido, el Oscurantista, el Despertado, el Ebrio, el Serio, Lázaro, Héctor, Víctor, Ramón

Llull, el Erudito... (sugerido este último aunque innombrado en cada página del caudaloso libro), se debaten entre el "querer-ser" y "el deseo de no-ser": un deseo de no-ser *así* y un querer-ser *de otro modo*. Seguramente Ezra Pound ("...en la casa del Té, en Mantua, donde Pound...") dejaría sin ejercer su célebre capacidad devastadora de podador de poemas –y de cirujano al estilo minucioso del doctor Farabeuf– y habría respetado hasta la última coma de "Incurable", ya que sólo en esa apabullante y precisa abundancia puede ser recreado el hipnotizante y persistente diálogo con uno mismo que el brujo Don Juan de la obra del antropólogo Carlos Castaneda nos pide parar ("...Abraza esta conversación contigo mismo"..., le murmura al oído a I. alguno de sus "yo": seguramente el Profesor) para poder acceder a la verdadera realidad de nosotros mismos.

"Obviamente esto no es poesía...", dice con su regla de cálculo en la mano El que Duda de Todo, el "Ciervo de Testículos Endurecidos" al final del poema, apoyando un pie en un "tris cartesiano" y otro en esa milimétrica "fracción de segundo" capaz de voltearlo todo de cabeza para dejar sin efecto su descomunal esfuerzo poético y su concepción de la escritura como un cuerpo tachonado de galaxias y cruzado por meteoros, algo salido salido de las manos que se vuelve un tiesto de flores y de carne de la que surgen a su vez renglones que atraviesan en todos los sentidos el cielo y la tierra del poema, esa

> *"...constelación de rayas a través de los cuerpos*
> *en la ascendente y enorme luz del tiempo..."*

"Todos los que son yo se regocijan" cuando se sientan "frente a la máquina de escribir" (a pesar de sentirse enfermos de soledad, de la droga de sí mismos y de asco), en busca de una identidad que los desafilie de ese otro que se ahoga en las profundidades pero que, como en el caso del problema de la supuesta falta de identidad de los mexicanos, "su problema con la identidad es que tienen demasiada", según Octavio Paz.

El "Incurable" de David Huerta es en realidad un convaleciente que enfermó sobre todo por los excesos de la embriaguez de la poesía, lo que hace recordar aquel consejo proferido hacia la posteridad por Baudelaire en "El spleen de París", ese ancestro de "Incurable": "¡Es la hora de embriagarse! ¿De qué? De vino, de poesía o de virtud. ¡Pero embriagarse!".

Luego del exorcismo protagonizado por "Incurable", la poesía mexicana ha quedado libre de fantasmas y de ruinas y podemos contemplar ahora el campo abierto y ancho en el que sus poetas continuarán escribiendo sin las trampas ni las tribulaciones innecesarias del "yo", esas que I. apuró a nombre de todos y para mostrar un camino, de un solo y caudaloso trago en el fondo de sí mismo.

José Vicente Anaya y su poesía

"...el único
infinito verdadero es el presente"

J.V.A. *Híkuri*

Relato de un sueño

CONOCÍ PERSONALMENTE AL POETA José Vicente Anaya en 1981, luego de una charla que acababa yo de dar en el Museo Carrillo Gil con el tema de la revista de poesía "El corno emplumado", desaparecida ya en ese momento. Una vez terminada la conferencia, aquel joven se me acercó para saludarme y decirme que luego de la desaparición del Corno había soñado que tendría que haber una continuación de la revista, y que él la haría.

"Alforja, revista de poesía", publicación que él fundó y codirigió, primero con Jorge González de León y después con José Ángel Leyva, de 1997 a 2008, fue la realización de aquel sueño, me dice en una plática que sostenemos a principios de 2014, en que lo entrevisto con el propósito de escribir unas líneas acerca de su persona y su trabajo poético.

José Vicente nació en Villa Coronado, Chihuahua, en 1947. A los veinte años llegó a la ciudad de México –procedente de Tijuana, a donde se había mudado con su familia siendo todavía un infante, con el propósito de estudiar sociología en la UNAM. Había leído ya a Herbert Marcuse y a Norman O. Brown, que analizaban y documentaban los cambios que se estaban dando en la sociedad del mundo y en el individuo. Más tarde, ya en los años 70, estudió la carrera de letras hispánicas también en la UNAM. De 1975 a 1978 formó parte del movimiento "infrarrealista", del cual es uno de sus miembros fundadores y autor de uno de los manifiestos del grupo. Los tres manifiestos se escribieron simultáneamente. De su manifiesto, Anaya le dijo a Roberto Ponce de la revista "Proceso" en mayo de 2014: "El espíritu principal de mi manifiesto es una actitud anarquista, libertaria, contestataria, rebelde ante cualquier opresión y censura. Así sigo pensando." Como estudiante universitario, le tocó en suerte participar en el movimiento estudiantil de 1968: un trauma que cimbró a todo el país; una herida en el rostro de México que ha tardado ya demasiado tiempo en cerrar.

Tlatelolco

"Salí por piernas de la plaza de Tlatelolco y por un milagro me salvé. Me tocó saber que los balazos eran reales. Sentí los impactos de las balas en la gente y en las paredes. Yo estaba con un grupo de unas sesenta personas, en uno de los lados de la plaza. Al principio creímos que era una provocación, unos cohetes. Luego caímos en cuenta de que eran balazos. Acordamos no separarnos y nos movimos juntos hacia la parte trasera de un edificio. Intentamos entrar, pero las puertas estaban cerradas. Una señora, madre de uno de los que estábamos allí, enfrentó a los soldados y les gritó ¡*Asesinos*! Otro soldado nos hizo señas con los ojos de que saliéramos por un lado. Así lo hicimos. Fue un milagro.

"Después de aquello viví dos años de exaltación, de miedo continuo. Me despertaba llorando por las noches. Los manifestantes de aquel acto público éramos jóvenes desarmados que idílicamente sentíamos que era posible lograr un cambio. Algunos de aquellos jóvenes de Tlatelolco desesperados y desilusionados se organizaron después en los años setenta en grupos armados. Yo retomé en cuanto pude la literatura, escribir poesía y prosa, traducir y estudiar –y empecé a peregrinar por el país."

"...Perdurará una ceguera
recurrente,
pero habrá signos de batalla en una muchedumbre
que se encuentre en sus miembros. Por mi parte
yo acepto la condena de poeta en la vida
buscando compañeros, tanto como al amor..." (Morgue, 1975-76)

Morgue

Refiere JVA que en su libro "Morgue" habla del 68. Lo leo y veo que es también el itinerario de un deambular por las calles de sí mismo, un autoreconocimiento; la búsqueda del yo, que se diluye en la búsqueda del amor. O viceversa. Un amor que se llama Doris: "...tú danzas, y yo, / alguna vez sin ti me moriré contigo..."; o Mireya: "Quedé atrapado... / entre el amor que no me das y / te declaro"; o Isabel :

"Ah, muchacha, qué gatos aquellos los que fuimos
en celo:
acariciándonos al encontrar, más que horizontes,
noches de luna llena en cada lunar de nuestro cuerpo.
Con qué sabor
en tus caderas empezaba el mar
a deleitarme. Y
nos hacíamos río

para un verano nuestro
tan sólo con tocarnos…"

"Morgue" es de igual modo el exorcismo de sus demonios personales, la expresión más íntima de su vida interior, el paralelo o espejo de su vida azarosa por la geografía agreste de México, los desiertos y las sierras que ha recorrido. En el poema "Visiones" de este libro se lee: "Mi madre furibunda / empuña un machete / para cortarme la cabeza" […] "El hijo se defiende / levantando la mano / y el machete corta dedos…" Escenas de impecable escritura y fuerte sabor sicoanalítico que se resuelven páginas adelante de la misma composición, en una salida que el humor disuelve literariamente con malicia: "Me saqué los ojos, como Edipo, / y los hijos de la chingada / esperan que sea cierto…" Anaya es un poeta que no ha evadido la aventura de sentarse a trabajar por años en su escritorio, o de tomar en otras épocas también durante años los empinados caminos de la sierra como parte de su búsqueda. Al hablar de esto evoca la figura de Juan Martínez (1932-2010 –otro poeta que pasó su vida en un peregrinaje constante) y cita un fragmento del poema "Prendas de la palabra inaudita" de ese poeta: "…Altiva madre muerte / tú que entre los espacios sin voluntad del hombre esperas, ten piedad de su búsqueda / No permitas que su desolado corazón torne a su esencia de gaviota sin rumbo / sin haber escuchado los salmos que esperan por su llanto y su cadena de suspiros / dentro de la brillante catedral del viento…"

Un poeta lavador de coches

José Vicente conoció al poeta Juan Martínez en Tijuana en 1965. El poeta autor de los versos arriba citados estaba lavando un coche, labor que hacía de manera gratuita, sin esperar a que lo recompensaran. Si le daban algún dinero, estaba bien. Si no, también. Él no cobraba. Se hicieron amigos. Juan había hecho voto de humildad. Rezaba mucho en la iglesia. Un día le dijo a Vicente de memoria su largo poema "Prendas..." Anaya quedó fascinado. (Es legendaria la memoria que tenía Juan Martínez. Los poetas Luis Cortés Bargalló y Alberto Blanco, editores y cuidadores de la edición del libro de Martínez "Ángel de fuego", han contado que dicho largo poema lo dijo directamente a una grabadora sin ningún texto a la vista. Incluso no se sabe si lo improvisó en ese momento o si estaba recordándolo –esto es parte de la leyenda de la ya mítica figura de Juan Martínez). La amistad de Martínez marcó a Anaya "para siempre", dice. "Juan ha sido una de las influencias decisivas en mi vida y mi poesía." Aquel poeta elogió sus poemas; en particular *Híkuri*. "Son buenos mensajes", le dijo; así llamaba Martínez a sus propios poemas: "mensajes".

Las conversaciones que sostenían entre ellos eran casi todo el tiempo comentarios sobre los contenidos de la vida espiritual. "Pero nuestra comunicación era hacernos compañía mutua y era casi siempre sin palabras, una especia de telepatía –y eso me ocurre también con mi hija; todo eso está en mi poesía; subrepticiamente lo sigo propiciando", dice Anaya. "El mundo de la *otredad* es posible. Juan Martínez me lo mostró y reconoció en mí el contacto con ese mundo", agrega. Pasó el tiempo y Anaya volvió a ver a Juan con los amigos de ambos que formaban parte del grupo musical de rock "Las plumas atómicas" (1982-84) en el que tocaban Alberto Blanco (piano y canto) y Luis Cortés Bargalló (bajo eléctrico). El que le haya gustado a Juan su poema *Híkuri* fue decisivo para Anaya.

Híkuri

El solo largo poema que constituye este libro –del cual se han impreso ya 20 mil ejemplares– contiene numerosos versos escritos en rarámuri, la lengua hablada por los tarahumaras que habitan en el estado de Chihuahua. Híkuri es el nombre que le dan estos mexicanos al peyote, la planta donadora de visiones considerada sagrada también por otros grupos étnicos de México como los coras del estado de Nayarit. Anaya se sometió a la experiencia de comer el híkuri y de aquella vivencia, de los recuerdos de aquellas visiones es resultado este largo poema que, en varios sentidos, remite a otras páginas visionarias teñidas de misticismo de poetas como Allen Ginsberg y Antonin Artaud. "Donde todo se acaba / el Todo está naciendo", dice Anaya en una de las páginas del libro, en el que a veces navegan a solas las palabras como desprendidas de algún contexto y remarcando así un hecho de la vida humana, la soledad, y otras en apretados racimos de sentido como los pétalos antes de ser desprendidos de una flor. Sólo de una visión genuina y penetrante pueden generarse versos como los siguientes, heptasílabos emparentados con las poéticas de Vallejo, Holderlin y Rimbaud, poetas que son invocados en *Híkuri* en el contexto de esta afirmación: "desperté hablando: Todos los poetas son el mismo..." Y sí, todos anhelan tocar, alcanzar, descifrar el acertijo de la existencia, dejar testimonio de su paso por el mundo, y cada uno a su manera comunicando su asombro ante la multiplicidad y conexiones infinitas de la vida. Dice T.S. Eliot en *La tierra baldía*: "¿Pondré por lo menos orden en mis tierras? / El puente de Londres está cayendo, cayendo, cayendo..." y Anaya, en sentido inverso y recalcando la objetividad de las cosas y los seres: "... el gato negro, tendido / sueña con la humedad de San Francisco [...] rodeado de neblina / el puente *Golden Gate* está flotando / flotando..." ¿Influencias? ¿Coincidencias de la imaginación y las palabras? Más bien contemplación, meditación que iguala en todas las personas las percepciones de los sentidos.

Pero por sobre muchas otras interpretaciones y consideraciones, *Híkuri* es un registro de las realidades de la vida humana, de sus grandezas y sus miserias; y es también un poema de amor, de aprecio y gratitud por la vida y las revelaciones; esas visiones que Platón avaló, aunque previniéndonos contra ellas por el poder subversivo que poseen: "Las realidades se miran con el ojo del alma". Unas realidades que Anaya registra y que enriquecen con la sencillez y grandeza de su cotidianidad nuestra poesía:

> "Jalando una fábrica pasa mi padre con
> una lentitud que enreda nudos en las piernas
> y rengueando, cayendo en hoyos cada rato,
> un periódico despintado de sudor entre las manos o
> una cajita negra de muerto para llevar sus alimentos [...]
> Mi madre es quien se levanta a despertar al mundo /
> con sus ruidos de trastos toca la batería para Charlie Parker
> [...]
> mete unos panes en la cajita que se llevará su esposo /
> mañana le quitaré esa comida tosca, y en su lugar
> le pondré unas margaritas
> que me puedo robar del cementerio / "

Piratas / poetas

Este es el título de uno de los varios espléndidos libros de Anaya, en el que selecciona, comenta y traduce a seis poetas de su predilección: Antonin Artaud, César Vallejo, Allen Ginsberg, Arthur Rimbaud, William Carlos Williams y Marge Piercy (y, en colaboración con Ingrid Audirac, un fragmento de "El condenado a muerte" de Jean Genet); además de media docena de otros ensayos entre los que destaca uno dedicado a 'Cuba socialista', en el que hace un análisis personal y comprometido de la revolución que se ha llevado a cabo en aquel país.

El libro está centrado en "los extraños", esos poetas que, como apunta Anaya en el prólogo, experimentan y propician de muchas maneras un exilio dentro de su propia sociedad, sintiendo atracción por todos los proyectos de cambio, por todas las destrucciones de la vida pragmática, "viviendo en el universo de la Otredad y diferenciándose todos entre sí". La anotación que hace José Vicente: "...navegan en el barco que es cualquier forma de la Otredad en que viven, nada material los detiene para partir, todo el tiempo se están yendo...", hace recordar la respuesta dada por Franz Kafka a una pregunta que le fue formulada en cierta ocasión: ¿Cuál es tu meta en la vida? "Partir siempre", dijo este aventurero que vio transcurrir su existencia sentado frente al escritorio en el que se ganó siempre el sustento de cada día.

En este contexto, un caso notable de lo anterior es el poeta William Carlos Williams, médico de profesión, gurú de los poetas de la generación *beat*, prologuista y patrocinador entusiasta del poema "Howl" de Allen Ginsberg, y autor de una obra, escribe Anaya, "que demuestra lo trascendente de lo sencillo que está en la vida misma, la visión iluminada dentro del diario acontecer...". Williams habla de su propio trabajo poético de este modo: "Siempre he querido hacer que la poesía encaje en nuestra vida circundante, porque yo amo la poesía. No soy de los poetas que nada más miran las cosas raras. Quiero utilizar las palabras que hablamos y redescubrir lo que vemos hasta donde sea posible... La poesía tiene que dejar de ser recóndita, hay que llevarla al mundo en que vivimos..." Eso está muy bien, y Williams lo cumple a cabalidad (véase al respecto el que es quizá su poema más conocido y traducido, "la carretilla roja", pieza emblemática del 'objetivismo') aunque hay algo en su trabajo que escapa a ésta su propia definición y es su poema en prosa "*Kora en el infierno*" (1920). Como el mismo Anaya hace notar, "se trata en este caso de una obra insólita, un libro de alucinaciones, una obra oscura que se diferencia mucho de toda su otra poesía cotidiana..." He aquí un fragmento de dicho poema:

"…Los tontos tienen grandes úteros. ¿Para los demás? –aquí está el poleo por si alguien sabe usarlo. Pero el tiempo no es más que otro embustero más. Lárgate por la orilla del muro y un poco más allá: si las zarzamoras demuestran amargura ahí crecerán los hongos, los hongos que son anillos encantados, sobre el pasto, lo más dulce de todo champiñón…"

Las traducciones que aparecen en "Piratas – poetas" son todas de José Vicente, notable traductor del idioma inglés. Al respecto, dice Moisés Elías Fuentes en su agudo ensayo "Traslación y permanencia": "En sus mejores ejemplos –que son muchos– las traducciones de Anaya descubren a un autor que se desborda pero que no se desparrama, que echa mano y oído de todos sus recursos, pero que no los desperdicia… aporta una relectura generosa e ingeniosa de la poesía *beat* o del relato breve chino…" Anaya ha traducido y comentado a todos aquellos poetas a los que admira, los que han inspirado y alimentado su propia poesía y sus visiones y sus aspiraciones".

Peregrino

"Piratas/ poetas" es el libro de ensayos emblemático de este traductor y comentarista de sus poetas favoritos, de los que han inspirado su trabajo poético y de los que le han indicado una senda en su propia vida. De Marge Piercy se expresa así: "No es ella la primera mujer que re-inventa al mundo… pero está entre nosotros, entre los signos de este tiempo en que vivimos, señalando una dimensión humana que nos incluye… Su genio y su vitalidad de poeta nos llevan a una dimensión no acostumbrada. En su poesía, y sobre todo con su vida, destruye un mundo constreñido y anquilosado al tiempo que construye otro pletórico de intensidades…" Un entusiasmo y respeto semejante muestra Anaya por los otros poetas a los que homenajea en este libro, uno de los 30 libros de poesía, ensayos y traducciones que tiene publicados. Anaya ha trabajado sin tregua en su literatura al mismo tiempo que ha sabido ganarse el pan y sostener a su familia.

Editor, viajero, traductor, ha podido combinar en su vida el viaje hacia adentro y también el otro, hacia afuera; el trabajo arduo, persistente, disciplinado en la soledad de la mesa de trabajo y así mismo la contemplación en el recorrido del mundo, atravesando ciudades y acumulando vivencias en comunión con la naturaleza en selvas, sierras y desiertos. Participante en su momento de la cena literaria, aunque situado geométricamente en el lado de enfrente del *stablishment*, al que el infrarrealismo desafiaba, a ese movimiento lo animó e inspiró, afirma, la música de Bob Dylan, los Doors, los Rolling Stones y, desde luego, la poesía *beat,* que ha sido y es su mentora y modelo. "Y lo lúdico, lo de disfrutar la vida, el amor libre..." Anaya ha corregido la percepción equivocada que se ha tenido durante mucho tiempo de que en ese movimiento contestatario y desafiante de cierto anquilosamiento que se dio en nuestra literatura después del shock y la dispersión que sucedió a la matanza de Tlatelolco, sólo lo animaron y participaron en él dos o tres nombres que se han vuelto emblemáticos; pero, le dice a Iván Cruz Osorio en entrevista publicada en la revista *Viento en Vela*, "yo siempre he insistido en que el grupo original somos un promedio de veinte poetas, entre otros Víctor Monjaraz, Lorena de la Rocha, Mara y Vera Larrosa, Juan Esteban Harrington, Lisa Johnson, Bruno Montané y el peruano José Rosas Ribeyro."

Lo que es quizá la poética personal de José Vicente puede ser leída en su *manifiesto*: "...ser infrarrealista significa estar en la vida misma, que se comporta y expresa como esas galaxias donde lo extraordinario sucede cotidianamente, lo imposible es posible y los actos inciden en maravillas inesperadas..." Maravillas que ocurren en lo recóndito del ser y en la multiplicidad del mundo y de las que da cuenta en su libro de poemas "Peregrino", de 2002:

"viaja EL PLANETA TIERRA viaja
                LA GALAXIA
rondan LAS ESTRELLAS rondan
mientras Dios le sopla al polvo
que parece llenar la luz del sol
EN UNA RENDIJA [...]
en mi pueblo, Villa Coronado, habla el polvo
con aliento de fuego
que trae desde el desierto
qué quiere decirme el polvo
con esa seca voz...)"

Una realidad nirvanizada para quien así sabe verla; un tapiz animado en el que el poeta se mueve por un acto de voluntad, ganado a pulso. Visiones, confesiones, el compartir la experiencia de los viajes, el desplazamiento físico por la variada geografía de México y el sur de Estados Unidos, y el viaje espiritual por las regiones del ser, siempre en busca de...¿sí mismo?

"–una oquedad
llena de dudas
como el todo"

un viaje en el tiempo y fuera del tiempo, hecho de instantes, de versos o visiones entrecortadas como una respiración en vilo; como abrir y cerrar los ojos y ver cada vez una perspectiva de belleza milagrosa, una realidad que incesantemente se transforma. Todo eso es "Peregrino" y más. Todo eso es la poesía, la búsqueda y el encuentro de Anaya con su nahual, esto es, con lo que constituye el contenido de su poesía, lo que su amigo Juan Martínez denominó "la palabra inaudita" por ser audible sólo a la intuición del poeta que luego la transforma en poema para entregarlo al mundo.

Haikús y cuentos cortos chinos

"Breve destello intenso (el haikú clásico del Japón)" es otro libro de Anaya que contiene sus traducciones al español de estos breves poemas de 17 sílabas, que van aquí precedidos de un prólogo iluminador, interesante recuento histórico de la evolución que ha experimentado esta forma de poesía japonesa –sólo en sus contenidos, no en su forma– desde sus orígenes hasta el día de hoy, incluso en México, a donde fue trasplantada por José Juan Tablada luego de su viaje al Japón a principios del siglo XX y en donde su práctica es ahora cada día más extendida. La poesía japonesa, como es sabido, sólo conoció el cultivo de los versos de cinco y siete sílabas desde sus inicios en el siglo VI de nuestra era hasta los primeros días del siglo XX, en que se vio transformada por el influjo de la poesía occidental –en particular por el movimiento romántico europeo. Nuestra poesía ha dado frutos tan notables de esta diminuta forma poética, que algunos de ellos pueden ser colocados al mismo nivel de sus modelos orientales. Véase este conocido poema de Tablada: "Tierno saúz / casi oro, casi ámbar / casi luz"; que no desmerece en calidad y profundidad al lado de este otro, también muy conocido, de Matsúo Basho, y que forma parte de "Breve destello intenso…": "El sol se eleva / sobre un dulce ciruelo. / ¡Mira, un sendero!"

"Largueza del cuento corto chino" es otro de los libros de Anaya y en él aparecen comentarios del poeta Marco Antonio Campos y del escritor chino Wu Yuanshan, que elogian el esfuerzo desplegado por el antologador y prologuista del mismo, que escribe: "Cuantificar a la literatura china como muy abundante es poco… asombra más la calidad de esa literatura: esa imaginación que en pocas palabras a veces se desborda incontenible o nos deja un destello en la mente…"

Destellos que son indicios de un sendero que conduce hacia la libertad; fulgores que son señales, dedos que apuntan hacia la luna en un gesto que encarna la pregunta fundamental de la existencia y que como en el cuento zen, debe ser ineludiblemente respondida. Todo lo anterior y más es la poesía, la prosa y en general el trabajo literario de José Vicente Anaya, su labor como hombre de letras, polígrafo, traductor, editor, viajero, cincelador de una obra que es indicio de su búsqueda personal de una verdad –la suya– pero cuya lectura puede ayudar a otros en su propia indagación existencial o vital.

Luego de codirigir "Alforja" –"que fue el alter ego del Corno", dijo en aquella conversación de principios de 2014; de impartir clases de literatura durante tres años en el "Seminario Nellie Campobello en Durango; de dirigir talleres de escritura en varias ciudades del país –entre otros el taller "Juan Martínez" de poesía, en Tijuana, durante un año–, Anaya se ha recluido en los últimos tiempos, alejado de la ruidosa cena literaria: "Quería entrar a un periodo de soledad; encerrarme en mí mismo y en mi departamento." Ha considerado, dijo, "irme a vivir como monje a un monasterio trapense en Estados Unidos." Y añadió, culminando esta conversación: "Hoy vivo entre dos aguas: soy budista y católico a la vez." Tres aguas, pensé yo; la del poeta también, actividad que en cierto modo Vicente vive como una liturgia, una práctica religiosa. Una religión que parece rozar el ateísmo como prueba suprema de su fe:

> "¿Quién como mi amada? NADIE.
> Nadie… ¡Y ahora ni ella!"
>
> "El único poder trascendente
> lo tienen los gusanos
> devorando cadáveres
> a través de los siglos
> y los siglos. Amén."

UNA LECTURA DE LA POESÍA DE CORAL BRACHO

oigo tu voz; la siento entreverarse, [...]
de tal modo que siempre crece; crece y se extiende
como una hiedra, como una selva,
como una arena
luminosa

Ese espacio, ese jardín -C.B.

- I -

Innumerables significados

OBRA ABIERTA POR EXCELENCIA, la poesía de Coral Bracho genera, como pocas en la poesía mexicana, un vasto número de significados (incluidos la no-significación y la destrucción o la búsqueda de significación), los cuales van a permitir una multiplicidad de lecturas generadoras a su vez de otras lecturas de otras obras de las que se vuelven así mismo receptoras y reflejo, proceso incluyente que puede verse reproducido en la fresca realidad o imagen de un árbol en el que estos poemas serían, por su novedad y profundidad, su más reciente fronda, a partir de la cual se haría posible e indispensable para acceder a una comprensión integral de nuestra poesía, descender hasta las raíces (hasta su antiguo y sabroso corazón, desde donde habla la poeta) en un recorrido en sentido inverso por la historia de la poesía de nuestra lengua: develación entonces de un pasado vivo que se ilumina con el presente y de un presente que se nutre de él y se hace legible merced a ese pasado que queda así dotado de una nueva significación:

> *En las últimas palabras*
> *están contenidas las primeras* ***(Ese espacio, ese jardín)***

Poemas los de esta obra que seleccionan y generan palabras, imágenes y frases como recién nacidas, como tocadas por primera vez por la vitalidad y frescura del lenguaje gracias a la original construcción de los textos, a la elusividad de su sentido y al contexto, digamos, existencial, en que se encuentran comprometidas en virtud de la forma en que se ven relacionadas entre sí y el modo en que se pulen y modifican unas a otras (en que se construyen y deconstruyen, se dibujan y desdibujan *dejando en su discurso fisuras* a través de las cuales puede introducirse aquel que lee para trazar a su vez su propio poema y no sólo eso: intentar también el rediseño de su habla y aventurar su propia versión del mundo, restaurándolo con los fragmentos que Bracho abundantemente pone a la vista); y generación también de ideas, sentimientos y sentidos (autosuficientes e interdependientes al mismo tiempo, cual seres vivos) que se reproducen y eslabonan (tejiendo una red que aspira a abarcar una totalidad) como consecuencia de parentescos y afinidades con causas y tensiones lingüísticas remotas o próximas, en un juego que pareciera tener como objeto facilitar la proliferación y deslizamiento de su lenguaje, su depuración y controlada respiración, su liberación de los hábitos tradicionales de la lectura, la prosodia y la sintaxis, así como la exposición de su temperamento inestable, ora meditativo e insondable, ora reflexivo y murmurante, y su capacidad de configurar y estimular la vida mental de los lectores y hablantes.

Obra, sobre todo, de un lenguaje armonioso cuya riqueza y ductilidad invita e induce (seduce) hacia los estratos ocultos de su propio ser, donde maduran los mecanismos de su fecundante poder de significación. Y de allí hacia los paisajes y recintos de la biología, poblados de frutos y animales, a los jardines del tiempo, la memoria, la infancia y la contemplación, a las ciudades y sus moradas, a los misterios y configuraciones de la tierra y el agua, a los reinos de los cuerpos, a sus meandros de vinagre y de mosto, a sus reservas y desbordamientos de placer, a sus ermitas de meditación, a sus interacciones y combinaciones, a las exploraciones adentro y afuera de todos los vocablos que abandonados al trabajo y al gozo de su propio fluir atraviesan esta poesía que se halla magnetizada por las pulsiones de la vida y la muerte, atenaceada por la insistencia de los recuerdos (su recreación, su potenciación, su activación a partir de formas y sensaciones -a la manera explorada por Marcel Proust), escritura fértil y animada por los juegos del espacio y el tiempo y por la forma en que guiñan y muestran sus entrañas los objetos y las palabras en esas dimensiones intangibles que transcurren en la entelequia (o palabra o imagen) que la poeta llama *eternidad*, nuestra morada de todos los días.

Poética de los objetos

En un poema de su libro *La voluntad del ámbar* la poeta ofrece una llave para abrir la puerta a la participación de su percepción de la naturaleza de las cosas (pero esta invitación es sólo un norte, un beso de despedida; porque viajamos solos y nuestro ángulo de percepción es siempre único en tanto que el lugar que ocupamos en el tapiz de lo humano también lo es): la luz es tocada, penetrada, rasgada por la eternidad (una cesura poética: una revelación) para que brote así la conciencia iluminadora de *los diez mil objetos* en la sombra de lo cotidiano, de lo temporal. De ese juego dualista (luz y sombra); de ese acto de amor; de la contemplación y puesta en marcha de esa imaginaria; de ese deseo brota el mundo transfigurado de la visión poética y la escritura y queda revelado un universo espiritual autosuficiente, con su propio tiempo y espacio y sus propias leyes fluídas y unificadoras de la creación entera:

Desde esta luz en que incide, con delicada
flama,
la eternidad. Desde este jardín atento,
desde esta sombra.
Abre su umbral al tiempo,
y en él se imantan
los objetos.
Se ahondan en él,
y él los sostiene y los ofrece así:
claros, rotundos,
generosos. Frescos y llenos de su alegre volumen,
de su esplendor festivo,
de su hondura estelar.
Sólidos y distintos
alían su espacio
y su momento, su huerto exacto
para ser sentidos...

Una obra de las sensaciones (o dicho con otra palabra: de las impresiones) lanzada como el planteamiento de un problema al imaginario colectivo para dotar a éste del necesario azoro (operación paradójicamente indispensable para la aprehensión de hechos inalcanzables por otra vía), como la consecuencia a que es sometida su materia en esa zona de nadie; mejor dicho, en esa fuente común de la que todos los seres participamos, incluido el lenguaje como cosa y los otros objetos considerados en su *hondura estelar*, vertiente en la que *esto que ves aquí no es* y *lo que es / ya no es* porque su naturaleza es el puro fluir, un *sostenido / caudal*. En esta versión la eternidad revelada por la luz se abre al tiempo y en él los objetos *se imantan*; en otra, en el mismo libro, es el tiempo el que se abre, y *despierta* entonces la creación entera: ... *abre su umbral el tiempo, y en él despiertan / los objetos...* En el movimiento de esta maquinaria hay además un testigo: la conciencia de sí, y de lo otro:

En el espejo del tiempo
centellea la conciencia.

Fina serpiente de cristal, rodea las cosas.
Las envuelve, las crea, las fija.

–Se ve mirarse en el reflejo.
Ve su imagen mirar.–

Del mismo modo quedan reveladas entonces "la firme tibieza de sus manos", una puerta, una mosca, una silla, el mar, la brisa, el aspersor del jardín, la "entrañable tibieza" de la noche densa, "el ruido solar del agua que suelta el cántaro", la presencia de la persona amada (o su ausencia), las sílabas, los versos, la conciencia cotidiana de la muerte "...que canta suavemente" y es "...el hilo de oro que enredamos entre los muebles, / entre las plantas límpidas del jardín". Todo lo cual es así mismo:

... el amor hurgando
en la eternidad. Y la eternidad es el gozo
y extensiones palpables
con acuciosos sembradíos. Rosas, orquídeas,

árboles encendidos. Es el brillo
fugaz
y discontinuo, y un insondable, antiguo,
sostenido
caudal.

Imantación de la poesía

Poética de la imantación de los objetos, la de Bracho despliega el espectáculo suntuoso del lenguaje galvanizado (flexible, maleable) y sus *diez mil* palabras misteriosas traídas de la oscuridad e indiferenciación del inconciente a la luz de la creación para mostrar con ello la interdependencia de todos los fenómenos, incluidos el pasado (la memoria –o la palabra que ya fue escrita) y el futuro (las consecuencias generadas por el presente); y de allí el artesonado, el cincelamiento de esta obra, las múltiples combinaciones armoniosas, las concatenaciones insólitas, el fluir incesante de los temas, los cambios de espacio y de tiempo, los reflejos, las correspondencias, las interpenetraciones, las fluyentes imágenes, la dislocación de la gramática, la incidencia de las miradas de la imaginación hacia lo infinitamente pequeño en la vastedad de la creación:

Esto es un corte de rizoma visto al microscopio; la perdiz es una célula de papa. Lo demás aparece o forma parte del paisaje: búsquese en él lo alusivo a la libido de los caballos. ***(El ser que va a morir)***

Una de las pocas obras en la poesía mexicana que maneja con naturalidad y destreza el concepto *eternidad.* La eternidad como experiencia directa de lo intemporal, *sentida* como partículas de gozo (a la manera de algunas escuelas filosóficas de la India); las sensaciones entendidas y asumidas como corriente de temporalidad, de impermanencia; la visión poética (trágica) dada en "la noche obscura" de la condición humana, lugar donde se cruzan la vida y la muerte y, en las esquinas de éstas, privilegiadamente, el amor, esa *entornada sustancia del tiempo* que es también *el camino de vuelta de los muertos* que regresan a encarnar en nosotros que somos el ser que va a morir, igual que el mundo y sus objetos; nosotros que somos el vivo retrato y el archivo de carne de los que han pasado pero que vuelven (en realidad, nunca se han ido: el mundo intangible está vivo dentro de nosotros, según enseña a través de la práctica del "recuerdo de los antepasados" el budismo japonés) para resplandecer *como zafiros bajo la arena* y para decirnos al oído cosas *...del viento / de la calma del agua. Y del sol / que toca, / con dedos ígneos y delicados / la frescura vital...* [...]

> *...de hondos follajes*
> *inexpugnables, a los que sólo así, de noche,*
> *nos es dado ver*
> *y encender.*

El *nos es dado ver / y encender* es pronunciado desde un "yo" (que se amplía generosamente a un "nosotros") en diálogo con el mundo, con todo él como *objeto único* (el "tú" que recorre esta poesía, que es al mismo tiempo *quien se extiende saturado, / recorrido / de esperma*); o es quizá el monólogo del sujeto frente al espectáculo imantado e innumerable de los objetos, el poeta ante la realidad íntegra del lenguaje, que reproduce al mundo con fidelidad y tiene un nombre para cada cosa.

Creo que es el despliegue fastuoso de la *visión* de esta realidad de lenguaje (y sus objetos) magnetizada, animada e interdependiente; y la transcripción de este diálogo o monólogo, el espíritu que sostiene y mueve la poesía de Bracho: representación de la identidad del habla con su hablante: semejanza entonces con todos nosotros, usufructuarios y generadores del lenguaje. Por eso, si no podemos afirmar que esta poesía es reproducción de nuestro lenguaje personal actual (o, *en acto*), sí que alude al potencial humano liberado y que reanima la entrañable utopía de Rimbaud: la poesía será hecha por todos. En tanto, ese lenguaje habla por nosotros; es "la voz de la tribu".

Evidentemente, el "yo" de ese diálogo o monólogo no es el ego o mente de alguien particular que sabe esto o aquello y que se piensa poseedor de una existencia especial y depositario de un destino exclusivo y como tal vive y escribe para contar lo suyo (empresa literaria enteramente legítima, si lo fuera), sino el "nosotros" impersonal que alienta en el fondo de todos, que ha comprendido su naturaleza idéntica a los otros y aun a los objetos, considerado el conjunto como la creación imparcial y única de la naturaleza; y que deja a la lengua ser ella la que hable y construya, la que actúe los verbos y diluya o confunda los pronombres, lo que no excluye que en su discurrir se nutra con la energía –que alimenta igualmente al lector– generada por la experiencia, las visiones, el "instinto" artístico y los recuerdos y anhelos personales del poeta, que sabe sin embargo mantener su distancia sin equivocarse. Desde esta perspectiva, el desasimiento que se observa en una parte importante de los poemas de Bracho es la antípoda de otras obras en la poesía mexicana en que la "muchedumbre del yo", las "hordas de mí" han entrado a saco en la escritura con ánimo de exorcismo y, manifiestamente, para "desaprender la vida" –como en esa lección moral y artística impecable que es el caso paradigmático de "Incurable", la caudalosa obra de David Huerta con la cual los poemas de Bracho gravitan como estrellas binarias que se sostienen mutuamente en el espacio *abierto* de la significación. Paradójicamente, ambas tentativas comparten una misma materia prima en su meditación escritural, que toma sin embargo atajos diferentes para llegar a la conciencia de sí (y del lector): uno que conduce al sofocante laberinto interior signado por el ego que todos los seres humanos recorren para encontrar allí el diagnóstico, siempre provisional, de su propia condición; otro que alcanza el olvido del adentro y afuera, el borrarse de sus propios límites, para toparse entonces con el mundo colmado de "lo otro", quizá inaprensible e inexpresable. Tumulto magnífico de una obra (que brama en sus remolinos pero que puede asomarse en ocasiones a los remansos de la contemplación); tersura de otra que sin embargo no desconoce la exaltación de las pasiones ni los arpegios de la violencia del lenguaje y del hacer humano, al que denuncia; pero que sabe discurrir y proyectarse desde *...el gozo ascendente / y la quietud profunda* ***(La voluntad del ámbar)***. Los dos intentos, que en ocasiones se cruzan y entrelazan para luego alejarse, son versiones del mismo hecho del espíritu y muestran las dos direcciones, excluyentes y complementarias, que definen una cierta tensión de la conciencia poética contemporánea.

- II -

Fuerza enlazadora del lenguaje. Recuento

Es en el engranaje estelar de la creación poética donde el lenguaje, privilegiado objeto de atención de la poesía moderna (Paul Valéry: el lenguaje mismo, visto como la obra maestra de las obras maestras literarias), hace una cesura, *incide* en la conciencia del poeta con sus resonancias más antiguas y *despierta* e *imanta* cada una de sus palabras, sílabas, letras y combinaciones, como sucede en la poesía de Bracho; idea y hecho escritural que lleva de la mano a la obra de Marco Antonio Montes de Oca, heredero y protagonista mayor entre nosotros de la *tradición de la ruptura,* pionero de la "nueva poesía" desde principios de la segunda mitad del siglo pasado (publicó su primer libro "Ruina de la infame Babilonia" en 1953), y quien explicó así la operación que con *dedos de niebla* y *bisturí de pájaros* realiza sobre el cuerpo de la poesía: "a riesgo de diluir el motivo concreto de mis poemas, opté siempre por servir a la fuerza enlazadora que no estaba presente en el tema".[1] *Fuerza enlazadora* que Coral Bracho ha llamado "fuerza de cohesión",[2] de la que se ha derivado una poética de la imantación de los objetos y de la palabra correspondiente a cada uno de ellos.

Octavio Paz habló de la situación de la poesía moderna en "Poesía en movimiento" –año 1965– (en particular, la que se escribía en México en ese momento), y allí propone ver al poema como un "campo de experimentación" y como "obra abierta" a la intervención del lector y a otros accidentes (el azar –o la fuerza enlazadora). Esta concepción de la obra artística ha permeado la creación poética y definido la dirección de la poesía mexicana e hispanoamericana desde entonces hasta nuestros días en un movimiento que era y es internacional: el espíritu de la época encarnado, que se manifestaba en todos los países del continente y tocaba también a otras artes y a la poesía de otras lenguas. En la nuestra –Paz se encarga de recordárnoslo– el iniciador del movimiento fue Vicente Huidobro.

La poética de los objetos como significado autorreferencial (*... claros, rotundos, / generosos...*), la fuerza que les da unidad y la noción de "obra abierta" conduce igualmente a la poesía norteamericana, al "objetismo" de Charles Olson (algo completamente diferente del "objetivismo" defendido por Pound, que fue en su momento confrontado con los excesos del "subjetivismo"). En un ensayo publicado en 1950, "Projective verse", Olson asienta lo siguiente: "*Objectism* es el acto de liberarse de la interferencia lírica del individuo, del sujeto y su alma en tanto ego, esa curiosa presunción por medio de la cual el hombre occidental se ha colocado a sí mismo entre lo que él es en tanto una de las criaturas

[1] Marco Antonio Montes de Oca. *Delante de la luz cantan los pájaros. Poesía 1953-2000* FCE, 2000, p 9.

[2] Revista *Letras Libres.* Núm. 64, abril 2004, p. 94.

de la naturaleza (con un cierto programa que debe realizar) y aquellas otras creaciones de la naturaleza que podemos llamar, sin descalificación, objetos. Porque el hombre es, él mismo, un objeto, cualesquiera que sean los privilegios que él entiende que tiene, el más grande de los cuales es el poder reconocerse como tal. Y conforme avanza en ese proceso más aumentan sus ventajas, particularmente en el momento en que alcanza la humildad suficiente para volverse utilizable".

Charles Olson presentó así su ensayo "Projective Verse" –o verso "abierto"– que es el punto de partida de su teoría poética y heraldo de lo que estaba ocurriendo y vendría después:

PROJECTIVE   VERSE
(projectile   (percussive   (prospective
vs.
The NON-projective
(or what a French critic calls "closed" verse...

Paréntesis dejados abiertos por Olson para que continuemos la aventura por nuestra cuenta; estrategia de puntuación que igualmente emplea Coral Bracho en algunos de sus poemas.

De la lectura de su obra puede inferirse que para esta poeta el poema es también un objeto más al cual puede acercarse, un ser como los otros y a la vez una parte integradora del campo magnetizado del lenguaje. Dicha poética animó una parte importante de la poesía norteamericana de la era post-Eliot y Pound, y tocó a poetas como William Carlos Williams, Robert Duncan y Robert Creeley (influyó también en los poetas de la generación *beat*, aunque en una forma distinta, que acercó a algunos de ellos al surrealismo y a la escritura automática), entre muchos otros que fueron creadores y continuadores de la estética surgida de la escuela "Black Mountain College" (institución que albergó a creadores de otras disciplinas artísticas como John Cage, Merce Cunningham y Franz Kline, todos ellos beneficiarios del manejo que hicieron del azar en su trabajo). Olson y sus seguidores concebían el poema como un objeto verbal "en el que el contenido y la forma se realizan simultáneamente, en el que todo se apoya en la acción, en el verbo, y en el que una cosa lleva a otra, que se ve así activada".

Basado en la idea de Olson de que el poema es *energía* transferida del poeta al lector por vía del poema mismo (Bracho la ha llamado también "fuerza conducible, de movimiento" *op.cit.*), Robert Creeley[3] visualiza el poema como *cosa*, *objeto*, una estructura en posesión de su propia organización, derivada ésta de las circunstancias en que es escrito; "...lo cual podría, por supuesto, dar por resultado un soneto –y bajo ciertas circunstancias bien podría ser así, suponiendo que la persona que escribe descubre esa posibilidad en el momento mismo de estar escribiendo... pero lo que uno está diciendo tiene una íntima relación con la manera en que lo dice... y es el contenido, en este sentido, lo que posibilita la forma... ni el contenido ni la forma pueden precederse mutuamente como posibilidad..." Lo que se oponía a estos poetas a mediados del siglo anterior era la concepción de la poesía como un sistema cerrado, el poema prefigurado sobre modelos exteriores, tradicionalmente aceptados (como las formas regulares). La crítica oficial de aquel momento en lengua inglesa, el "New criticism", rechazaba la posibilidad de practicar y considerar al poema como "campo abierto".

La ruptura, inagotable

Esta concepción del quehacer poético confrontaba[4] también en México a los "nuevos poetas" –Paz, Efraín Huerta, Sabines, Montes

[3] Charles Olson. *Selected Writings*. Edición y prólogo de Robert Creeley. N.Y.: New Directions, 1966.

[4] Tal vez el verbo "confrontar" no sea la palabra adecuada para caracterizar la división que se dio en la poesía mexicana en aquel momento, ya que la dicotomía ocurrió de manera

de Oca, Aridjis, Becerra, Zaid y otros– con el flanco conservador de la estética de los "Contemporáneos" que, en palabras de Paz, "fue una generación dividida por la disyuntiva entre tradición y ruptura, obra cerrada y abierta" (*op.cit.*); batalla que ya había conocido un primer momento en los años veinte durante la época más beligerante del movimiento "estridentista" –con Salvador Novo incluido dentro de la estética de este último grupo, cuyo programa poético era: verso libre, tonos de la conversación, ritmo acentual, irregularidad silábica, estrófica y tipográfica, puntuación *libre* (en el caso de Bracho, hoy, puntuación absolutamente personal, llevada al extremo de sus posibilidades de significación y utilización)[5] entre otras características del poema; y batalla (que más parece un gesto de negación, algo heredado) que algunos libran todavía hoy en lo que es una derivación de aquel suceso: hace poco el poeta Josué Ramírez afirmó en una revista literaria[6] que… "con la generación de Alberto Blanco, David Huerta, José Luis Rivas, Coral Bracho, Elsa Cross y Fabio Morábito…se agota la tradición de la ruptura"; sin tomar en cuenta que tal tradición es inagotable porque su energía es producto de la dinámica del lenguaje y característica

---

natural, sin ninguna polémica de por medio. Quizá la única anotación al respecto haya sido la hecha por Octavio Paz en el prólogo a "Poesía en movimiento", la que, me parece, no ha sido tomada en cuenta por la crítica hasta hoy. Y el tema de las formas cerradas y abiertas apenas si fue abordado por Estridentistas y Contemporáneos. El crítico Guillermo Sheridan comenta esto en su libro "Los Contemporáneos ayer" -FCE, 1985, pp. 133-134-: "…las paralelas de su trabajo sólo se cruzaron en el plano del resentimiento…".

[5] En relación con el uso que Coral Bracho hace de la puntuación, es pertinente leer el siguiente párrafo del profesor Manuel Jofré en el capítulo que dedica al feminismo en su libro "Teoría literaria y semiótica": *Las teorías de la escritura femenina perciben el sentido de proceso o apertura como una característica propia, en oposición a la cerrazón o encerramiento que caracterizaría el estilo masculino de escribir. Según Dorothy Richardson, la prosa femenina debería protegerse incluso de la puntuación represiva. Debería ser "no puntuada, moviéndose de un punto a otro sin obstrucciones formales". Algunas teóricas han ampliado esta noción y tratan las formas de escritura de vanguardia, especialmente la poesía, como si fueran femeninas.*

[6] Revista *Letras Libres*, Núm. 93, septiembre 2006, p. 84.

connatural a la poesía ("energía palpable", ha escrito también Coral Bracho); y que en su inevitable movilidad construye y destruye perennemente las formas y el lenguaje. Por eso los poemas contemporáneos, que han asumido la irregularidad como prosodia espiritual, son irrepetibles. Cada uno crea su propia organización formal, su propia ruptura. Eso es la tradición de la ruptura. No la sola invención moderna de un concepto para explicar la superación de un pasado inmediato, sino una permanente actualización y el reconocimiento de un hecho tan antiguo como la lengua misma. Por eso es una tradición. Nuestras lenguas modernas nacen como una ruptura con el latín medieval y crean de inmediato las nuevas formas acentuales y silábicas de versificación, que dejan atrás la forma de versificación cuantitativa (o a la inversa: las formas acentuales y silábicas creadas experimentalmente por los poetas latinos que versificaban en un latín agotado, que se descomponía, ayudan a crear las lenguas modernas). La historia de nuestra poesía es a partir de allí la de un constante nacimiento, es la historia de nuestras invenciones y rupturas, el recuento del diálogo entre la construcción y la destrucción de las múltiples formas, los variados lenguajes, las diversas estrategias de comunicación. Y del continuo volver los ojos a la ruptura del origen, en busca siempre de un ideal de perfección expresiva.

- III -

Recomienzo

En Coral Bracho saludamos la renovación, la práctica de una simetría de otro tipo, una nueva eufonía. Su trabajo es una lección estética y moral, prosódica y formal, y representa una de las formas más refinadas de irregularidad y experimentación en la poesía mexicana, y aún más allá de este ámbito incierto. Nada semejante ha conocido la poesía de nuestra lengua desde los poemas de las vanguardias latinoamericanas de principios del siglo XX, desde los poemas ideográficos de Tablada y, más atrás, desde el caligrama manuscrito *El Monte* de versos irregulares y verticales de San Juan de la Cruz (o versos escritos "de abajo hacia arriba", como dice Homero Aridjis[7] en el poema que le dedica a este poeta); nada igual desde los experimentos de Garcilaso de la Vega con versos de irregularidad silábica que Pedro Henríquez Ureña no quiso o no pudo apreciar positivamente y a los que calificó de "desaciertos"; o desde los intentos de Boscán con la versificación de ritmos asimétricos que Marcelino Menéndez y Pelayo llamó "versos mal acentuados", pero que eran logros de una modernidad precoz alcanzados en el Siglo de Oro en pleno mediodía del verso endecasílabo, el cual estos dos poetas, entre otros, se encargaron de llevar a la cumbre: labor simultánea de creación y destrucción de una estética, actividad persistente dada al interior de la poesía de nuestra lengua que puede verse como el respaldo teórico, el esfuerzo histórico incansable que desde el principio ha precedido a la poesía de Coral Bracho, en cuyo trabajo –que es una síntesis y un nuevo esbozo, no una repetición– está latente como un eco aquella lejana crítica a las fuertemente codificadas formas literarias de los primeros tiempos de nuestro idioma –la "cuaderna vía" y el verso alejandrino– y a la represiva moral sexual imperante al interior de la iglesia católica que padeció y desafió en el siglo XIV Juan Ruiz, Arcipreste de Hita, creador (como la autora de *El ser que va a morir*) de formas poéticas nuevas y continuador a su vez de la actitud renovadora que tuvo el primer poeta de nuestra lengua de nombre conocido, Gonzalo de Berceo, el cual desdeñó también las reglas de la ortodoxia y el buen gusto literario del siglo XIII, escribiendo en español y negándose a hacerlo en el latín culto que dominaba a

[7] Véase en este libro el ensayo *Homero Aridjis*: *Ver para crear*.

la perfección, pero que era una lengua (con una retórica agotada) que la gente ya no entendía. En todos esos poetas hay ruptura, impulso hacia adelante.

Traspasar el umbral

La poesía de Coral Bracho recibe y enriquece ese impulso, el legado de esa vocación experimental que destruye al mismo tiempo que construye una estética nueva. Con ella culmina, por así decirlo, un largo proceso, y comienza otro: el de traspasar el umbral que su poesía ha revelado (algo que ya había sido anunciado en el poema "El cántaro roto", de Paz); el de explorar la visión de una realidad verbal y objetual interdependiente, magnetizada, *viva*, que nos incluye; el de la disolución de los pronombres y el paso del "yo" al "nosotros" –o, quizá, al todavía desconocido "ello". Una actualización del axioma de Germán List Arzubide proferido en el centro de la revuelta estridentista: "el yo no tiene la suficiente grandeza para entregárselo al mundo". Y si la ausencia total del yo en la vida y la escritura es algo que pareciera imposible, no lo es el pensamiento de un sujeto que fluye con todos los demás, integrado a la totalidad y desde ella actuando: escribiendo, leyendo, haciendo suyas algunas de las mejores causas del presente: ecologismo, feminismo, búsqueda de la verdadera democracia, congruencia entre el arte y la vida. Una actitud semejante es la que le permite a Bracho escribir poemas como el titulado "La voz indígena":

Es un dolor
de voz que se apaga. De voz eterna
y profunda
que así se apaga. Que así se apaga
para nosotros.

La ruptura de la forma conlleva un cambio de perspectiva, una higiene del espíritu. Otra manera de encarar al mundo en el ejercicio de la libertad. Pocas obras tan ejemplarmente libres de forma y fondo como ésta, en la que encontramos una de las expresiones más radicales y gozosas de la sexualidad, la libidinización del lenguaje y la forma poética, la contemplación y la cavilación, el pensamiento abstracto, la ironía, la aproximación al universo de las cosas y la aprehensión de la realidad objetiva.

Tocar con los ojos, trastocar y disponer el poeta a su arbitrio de todos los elementos de la naturaleza y el deseo, para ordenarlos de nuevo bajo el influjo de la poderosa voluntad del lenguaje de la poesía:

...Hay una grieta aquí, en este lapso. En la cueva las raíces se adhieren con fanática astucia, las ramas se desdoblan con gracia. [...]
...Y retroceden, porque asomarse es la atracción sin muelles. Donde apoyar la calma de mirar desde lejos sin arriesgar el tacto. [...]
Es hermoso palpar entonces las aguas. El cielo se reconcentra en azules profundos. Los verdes crecen hasta tocarlas...
(Peces de piel fugaz)

En el reino imantado de la vida de todos los días se revela... *lo que de pronto nos hace ver...*se hace visible el trazo profundo que nos vulnera; en ese paisaje nuevo que respira y que... *Viene, quizás, desde muy lejos, desde otro tiempo, / pero se inicia ahí. Lo abordamos con gozo, con calidez;*

Vemos su cauce como algo nuestro. Algo
que crece dentro.

Vemos su tibia almendra,
su veta límpida

Es, finalmente, el reino encantado de la poesía de Coral Bracho con su mansión de hojas y vitrales de círculos y rombos, y jardines de senderos y triángulos de agua donde el espacio se multiplica *bajo los breves arcos de la cordura* y entre arabescos de escritura de tinta hecha de niebla y tiempo, que sus lectores podemos arriesgarnos a penetrar para dar comienzo a nuestro propio intento.

Adolfo Castañón, polígrafo, lector, y bibliotecario-archivero

Varia invención

"Estudioso de las letras y gastrónomo autodidacta". Así presenta (y así se describe él a sí mismo con humor y modestia) la enciclopedia Wikipedia al poeta Adolfo Castañón (México, D.F., 1952). De lo primero ("estudioso de las letras") no cabe albergar ninguna duda. Soy un degustador frecuente y deleitado de las numerosas viandas que fluyen de sus "estudios de las letras" y de su pluma erudita, prolífica y alegre (una vivacidad, sobre todo, del lenguaje que emplea). Una escritura también meditadora y reflexiva, vistosamente informada, lírica, sensible, variada, y que en su poesía no teme sino se regocija aventurándose en los meandros de la experimentación, la irregularidad, el juego y la metamorfosis, valiéndose para ello del octosílabo, el verso libre, la prosa poética y el poema en prosa. El vuelo de la imaginación, la destreza en el manejo del idioma. La 'varia invención' en forma y fondo de la literatura. Castañón trabajó durante 30 años como editor en el

Fondo de Cultura Económica. Poeta malabarista de las letras, de los géneros y su entrecruzamiento, sus méritos lo llevaron a ser aceptado como miembro de la Academia Mexicana de la Lengua en el año 2005, donde ocupa la silla que antes perteneció a Francisco Monterde y a Héctor Azar.

*

"Perfiles del camino" (nombre de uno de sus múltiples libros, publicado en 'Ediciones sin nombre'/'Luz del sur ediciones', 2013), es básicamente un itinerario, el relato de un viaje interior (es también una guía para dirigirse ¿hacia dónde?), el diálogo del poeta consigo mismo; bitácora, moderno canto espiritual, soliloquio, en fin, un poema en prosa. Es también una reflexión en torno al camino que se recorre en busca de uno mismo y que, dice el autor, "empieza precisamente cuando se deja el mundo afanoso y su halago". Pero se trata aquí de un "dejar" que es un desprenderse interiormente (porque es difícil hoy en día convertirse en vagabundo o en monje), para lo cual 'fuerza es retirarse a cada momento': el cultivo de una higiene mental inteligente y sobre todo constante, sin tregua, una vigilancia para no dejar pasar de largo las perennes oportunidades de avanzar. (¿Hacia dónde?). Así lo dice este poeta de la poligrafía en 'El inicio del camino', texto con que abre su "Perfiles del camino": *...aprender las lecciones de cada instante, la lección última de cada instante*. Y más adelante: *Un camino es una medida de tiempo: una jornada, el tiempo en que se puede andar desde que sale el sol hasta que se pone: una jornada: cada día es un camino.* La poesía está aquí en su forma de filosofar… poéticamente.

*

Otros poemas en prosa –que se desarrollan esta vez afuera, en la naturaleza–, concurren a configurar el *corpus* de la vasta obra de

Adolfo Castañón (una veintena de libros publicados, colaboraciones constantes desde hace años en las más prestigiadas publicaciones literarias). A diferencia de "Perfiles..." –cuyo argumento transcurre en el marco de la naturaleza interior–, el poema "A la orilla del mar de las iguanas" (del libro "La tercera mitad del corazón", 'Conaculta'/'Práctica mortal', 2012), es una percepción maravillada del mundo exterior, del prado de afuera, donde el manzano da sus frutos y los animales celebran y el corazón humano se regocija en la contemplación de todo lo creado. Aquí las iguanas cantan como lo hacen las cigarras en el libro "Gethsemani Ky" de Ernesto Cardenal– ambas composiciones revelando escenas costumbristas de una misma zoología poética. Aunque en Cardenal sólo los machos cantan, luego de 17 años de silencio y de sueño, y "cantan la Resurrección", acá las iguanas se dedican furiosamente a la reproducción durante la primera mitad de su vida para luego "...en ciertas fechas del año [...] reunirse para entonar una especie de canto colectivo que suena a lo lejos como el ruido de una tempestad marina."

Una belleza del mismo género zoológico-escritural recorre los renglones de las "Alas" de la mariposa "que en su delgada superficie contienen el bosque" (poema de su libro "La campana y el tiempo", Hueso Húmero Ediciones, Lima, Perú, 2003) y una tesitura semejante concurre a la composición denominada "Luna de Octubre", donde la compañera de lecho es el astro luminoso cuyas manos tibias, ligeramente frías, acarician la espalda del narrador, "arañando –cuenta– suavemente mi columna vertebral como rascando las cuerdas de un arpa que estaba en mí y yo ignoraba." Verso y prosa de Castañón atravesados por una misma dulzura brotada de su capacidad poligráfica y creadora.

*

De regreso a "Perfiles del camino", que es en su conjunto de 31 capítulos un diálogo interno y un atisbo de la vida mental del poeta que se mira y se habla a sí mismo y reflexiona y escribe lo que trae de vuelta de esa confrontación con la imagen que tiene de su propia persona, encontramos en ese libro claves para la travesía del viajero que son también estaciones de reposo para la asimilación de lo contemplado y aprendido: "...una vez que tomas el camino, has de saber que ya no rige el orden habitual de tu casa o de tu país; que tus costumbres quedan entre paréntesis..." Lo anterior habla de autodesarrollo, del esfuerzo y la concentración en la correcta y eficaz expansión de la conciencia. En este sentido los juicios expresados en el libro sobre la política y la economía, la cultura y las artes, el Becerro de Oro y las Treinta Monedas 'contantes y sonantes' son distracciones que apartan del camino de la lectura pero que aportan sin embargo el complemento que contribuye a plasmar una imagen clara de la condición humana no iluminada. O sea, la situación en que nos encontramos quienes formamos la mayoría en este mundo. En este sentido "Perfiles..." es un libro aleccionador. Interesante porque habla del tema de temas, esto es, del ser de uno, el lector, y porque está salpicado aquí y allá de pasajes como éste, que lo rediman de la sequedad de la cavilación filosófica (y que nos recuerdan que quien las escribe es un poeta):

> "Tu mirada sigue tus pasos. En la tierra, las hojas caídas y húmedas de un ser invisible que te indica el camino [...] Imagina que alguien seguirá las huellas de las hojas bajo el cielo nublado como si fueran un camino. Sabes que debes seguir caminando bajo la mirada del cielo nublado que sigue los pasos furtivos de tu ser de niebla."

*

El fallecimiento de Octavio Paz dio pie e inspiró a Castañón para escribir unas semanas después de su desaparición un sentido poema de saludo a su obra y despedida al poeta ("Tránsito de Octavio Paz". Mosaic Press, Ontario, Canada, ed. bilingüe, trad. Beatriz

Zeller, 2000), texto que es la expresión de su gratitud por todo lo que el autor de "El cántaro roto" (que es quizá el poema más hondo y vibrante de Octavio Paz) significó para él:

"...Aprendimos a leer en sus libros..."

"Tránsito..." es un recorrido emocional y una evocación –concentrada, reducida a sus esencias– del poeta muerto y de su obra engendrada "...en cristales y en espejos, / en ecos y paseos, / en los márgenes de las páginas que cultivaba como jardinero..." Páginas, jardines para el paseo y la contemplación, milagros de la revelación, el contacto con el mundo intangible, lugares en donde además del aroma del agua y de los frutos se pueden apreciar y agradecer también los cardos punzantes de su pensamiento crítico y las vistas vertiginosas de sus imágenes y de sus percepciones.

"La lengua se puso de luto" cuando falleció Octavio Paz. Con este verso dolido y apagado da inicio y termina el poema de Castañón. Tiene razón. El poeta había sido –y sigue siendo– un ejemplo de congruencia y fidelidad a sus convicciones y a su vocación poética. Había sido un maestro, un renovador del lenguaje, una de las conciencias más lúcidas de nuestra sociedad; un escudriñador eficiente y preciso de nuestro ser, de nuestras limitaciones y logros, y nos había dado confianza en nosotros mismos "porque el alba está cargada de frutos" (*El cántaro...*), algo que sólo la poesía puede otorgar para orientarnos –y no sólo a los mexicanos- en el rescate de lo que es la verdadera identidad, esa que va más allá del lugar en que se ha nacido. Eso que ha hecho de Paz un poeta universal. "Se han sumado al duelo varios idiomas. / Nadie sabe cómo decir a sus poemas que el Poeta ha muerto." ¡Vaya modo de expresar que sus poemas son perdurables, que no se marchitan, que sobreviven a quien los escribió y sobrevivirán a todos aquellos que los lean!

*

"No sabíamos por qué tenía que desaparecer su cuerpo..." Es la voz adolorida del discípulo por el fallecimiento del maestro que le había enseñado tantas cosas. Entre muchas otras, a intentar una escritura precisa, leal al lenguaje, a sí misma y a los demás; que ayude al desentrañamiento de quiénes somos como personas individuales y como colectividad, y a saber hacia dónde podemos dirigirnos. Y también a amar la tierra en que hemos nacido. "Su dolor más intenso / era –otra carga oscura– México..." expresa Castañón, que critica también el desamor o negación que muchas veces expresamos de palabra y obra hacia este país. Lo dice así:

> *"...Que fuéramos indignos de las nubes del Valle de México*
> *reavivaba en él una quemadura lacerante."*

En su libro *"La campana..."*, en el que también se incluye el poema "Tránsito..." Castañón escribe: "Unas horas después de su muerte / un breve sismo sacudió la tierra", y aclara que el sismo de que habla realmente tuvo efecto: "ocurrió al tiempo que el cadáver del poeta era incinerado." Un estremecimiento recorrió también la poesía de nuestra lengua. Se apagaba la voz de uno de sus más fieles emisarios; aunque a su muerte sus poemas le sobrevivirían en un sitio de privilegio entre los poetas insignes de nuestra lengua, para que pudiéramos nosotros y nuestros descendientes seguir deleitándonos con su lectura y aprendiendo de ellos.

Influencia y herencia

"¿Quiénes somos y en dónde estamos? se pregunta Adolfo Castañón (hablando de los poetas y de la poesía mexicana contemporánea) al final de su ensayo titulado "Octavio Paz: las voces del despertar" (en el libro "Breve arbitrario de la literatura mexicana", colección Biblioteca del ISSSTE, 1999), en el que enlista a los poetas mexicanos que marcaron la vida y la obra del autor de "El cántaro roto": Sor Juana Inés de la Cruz, José Juan Tablada, Alfonso Reyes, Ramón López Velarde, Xavier Villaurrutia...

Responder a esa interrogante exige extenderla más allá de los autores mencionados y unirla con esta otra: ¿de dónde venimos?; y en el caso presente, ¿de dónde viene la poesía de Adolfo Castañón? Él y los otros que escriben y hablan la lengua española, en su variante hispanoamericana, así como la poesía mexicana en su totalidad, tienen sus raíces en aquellos inicios ya milenarios que fueron los creadores y moduladores de nuestra lengua; en la poesía y las visiones lingüísticas e imaginativas de los primeros poetas que escriben hacia el siglo décimo de nuestra era a partir de Gonzalo de Berceo, y cuyos frutos e influjos benéficos e inspiradores llegan hasta nosotros como una savia vivificante. La poesía de Adolfo Castañón forma parte de esa historia y tradición, es una de sus protagonistas contemporáneas, uno de sus frutos; siendo por cierto este poeta uno de los más audaces e imaginativos en la forma y fondo de lo que escriben. Oriental y heracliteano, meditador y filósofo a veces, Castañón muestra también aquí y allá y quizá sin darse cuenta sus prendas e inclinaciones didácticas. Dice en el poema "Metafísica" de su libro 'Había una voz' (Universidad Veracruzana, 2000):

"Nadie recuerda el presente
cuando está presente
Del ahora no hay memoria
en el ahora
Agua que va en el agua;
del arroyo en el arroyo
siempre agua distinta".

Un poema que es antecedente o resultado –esto último, algo que carece de importancia en el ámbito intemporal de la poesía– de "Perfiles del camino". Llegada y punto de partida. ¿De dónde, hacia dónde? Centro del ser, ámbito de soledad y comunión con la totalidad. Paradoja de paradojas, fuente del conocimiento intuitivo, arco de la contemplación. Lugar abundante en dones, de los más altos que se pueda concebir. Imagen del agua que corre eternamente por el sueño del poeta. Octavio Paz dijo lo mismo pero de otra manera en su poema "Viento entero", repitiéndolo como una letanía: *El presente es perpetuo*.

Como el presente es perpetuo y el agua es siempre la misma y distinta, toda la poesía es una y la misma antes y después y ahora. Es constantemente el fragmento de un solo poema interminable, que fluye perennemente inconcluso, que corre a la par de la vida y que adopta como el agua múltiples formas; un caleidoscopio de vistas hechas de la misma sustancia y que está enfocado hacia lo desconocido, a lo que está por escribirse pero ya ha sido creado como realidades trascendentes; imágenes desprendidas de ellas y que son reveladas por los poemas; síntesis de todos los lenguajes, palabra que clama en la página desierta, carente de sentido y orientación, abierta a la totalidad desconocida: a "la palabra nunca pronunciada" del poema "Prendas de la palabra inaudita" de Juan Martínez (1933-2008). Una tarea siempre a la intemperie. O como lo dice de otro modo el poeta japonés Junzaburo Nishiwaki 1894-1974 (en "Poesía japonesa moderna, Un rebaño bajo el sol", Universidad Autónoma Metropolitana, 1988): "Lo que define a la literatura no es el contenido del pensamiento sino el método de producir un pensamiento… la elaboración del aparato de aberturas por medio de las cuales se ve al otro lado del poema lo que llamamos *eternidad*; aparato que resulta más eficaz si no tiene sentido".

Cuenta Adolfo Castañón lo que mira y los acontecimientos que ocurren, en su poema 'La caverna':

"ya se acerca la
yace cerca la
palabra
ya sé hacer cal la
jazzea ser cada"

Como los antepasados mexicanos que rompían periódica y ritualmente imágenes y objetos para reiniciar un ciclo, este autor rompe la tradición moderna de la poesía para renovarla y renovarse, hacer cal la palabra, transmutarla, reducirla, someterla a sus gustos, caprichos e inclinaciones, pero antes y para alcanzar sus designios acecharla, espiarla y convocarla hasta hacerla reaparecer transfigurada para a continuación bailotear con ella y cantar y tocar el ritmo de la modernidad, labor del poeta y del poema contemporáneos en que "los lectores son igualmente autores" (Paz). Ya antes Xavier Villaurrutia había ensayado estos diapasones; recuérdense sus memorables versos combinatorios y las series de juegos de palabras que les siguen, colocados aquí y allá en su libro "Nostalgia de la muerte": "...y mi voz que madura..."; "...cuando la vi, cuando la vid, cuando la vida..."; "...alzar la voz y preguntar 'quién vive'..." Este último verso, una vivencia que resonará más tarde en la desolación del poblado que aparece como ánima en pena en "El cántaro roto" de Octavio Paz: "...y el aire se habría roto en mil pedazos si alguien hubiera gritado ¿quién vive?..." (Está antes en nuestra poesía el "Quién vive? ¿Quién muere? ¡Quién sabe!", eco de "la boca brutal del cuartel" de José Juan Tablada: la poesía como crisol, como reelaboración del habla y las imágenes que suscita). En el poema arriba citado de Castañón, algún lector, como coautor del poema, podría escribir: *Ya sé acerca* ***de*** *la palabra...* El modo en que el poeta y el lector se acercan, cercan a la palabra, se tornan aliados, ponen en juego sus mecanismos de fraternidad, imaginación, capacidad de creación y recreación.

"El escriba se yergue como una cobra hipnótica dentro de mí mismo..." dice con apasionada franqueza Castañón (en "La batalla perdurable. A veces prosa", CNCA / Ed. El equilibrista, 1996). Aquí se trata, según parece, del instinto del escritor, de su viveza y fijeza, de la estocada que inflige sobre el cuerpo de la realidad; y hasta de una posesión, como si se hablara y escribiera "en lenguas"; de la penetración de su mirada intuitiva, de su mano creadora; y es una confidencia al lector, el testimonio de su visitación al "otro" de Rimbaud: el diluirse para que aparezca lo que se es verdaderamente. Esta versión (o visión, o intuición) de sí mismo es quizá la clave de su escritura, la confirmación de un destino, el de alguien señalado para ejercer ineludiblemente la escritura. Esa especie de seres que parecen haber nacido para ejercerla y hacerla suya como una respiración o segunda naturaleza, en un tipo de antesala terrestre de esa otra estirpe intuida por Castañón en su contemplación nocturna de los cielos, "ojos de los hombres perfectos, la legión invulnerable, innumerable y anónima de los justos que sostienen al mundo con sus escrituras y plegarias..." Las estrellas, seres incontables, son así mismo aquí la metáfora de su prolija escritura, de la vastedad de su obra, una de las más prolíficas entre las nuestras, abrumadora en su abundancia en el sentido en que lo es lo copioso de un buen aguacero a media tarde cuando hay mucha luz propicia a la aparición del arcoíris.

La hora y la neblina. El dibujo y su envés: Alberto Blanco

- I -

El título del libro "La hora y la neblina" parece retratar de cuerpo entero la actitud vital de Alberto Blanco ante el mundo y la escritura, y definir con precisión la naturaleza de su quehacer poético. Dice el poema que lleva el mismo nombre del libro, y que es una clave de acceso a la obra de este poeta:

Amo la paradoja
de todo lo que vive:
Si la hora me borra
La neblina me escribe.

Esta hermosa cuarteta deja entrever una clara conciencia de nuestra finitud, una conciencia de la muerte que atraviesa toda la poesía de Blanco del mismo modo que un generoso y bienvenido rayo de sol atraviesa hasta el suelo la espesura de un bosque umbroso, y es un testimonio de la labor del tiempo que nos borra y nos devora, hora tras hora; y de la evanescente realidad que deletrea o escribe el destino humano, que es pasar como la niebla en esta zaga de la omnipresente impermanencia. Los dísticos heptasílabos citados, que pueden ser leídos también como alejandrinos de rima interna, entregan al mismo tiempo una visión del mundo: todo lo que vive –vegetales, minerales, nubes, corazones y sueños– alienta rozado por la paradoja, esa ironía, y tiene una existencia múltiple o, por lo menos, dual: el dibujo y su envés, lo que es así, y no es así. E implica una aspiración a la unidad, principio y fin de todas las cosas, amalgamadas por el amor, que reconcilia los contrarios y da vida a la obra de arte. Dice Blanco al hablar de esa aspiración, en el poema en prosa "Cuando la tierra sueña", pieza que es también un reportaje, una poética, una semblanza y una crítica de artes plásticas, en una espléndida muestra de fusión de géneros:

> *...se trata de un anhelo, de una aspiración sin ambición. De una verdadera inspiración... Como si pudiéramos escuchar el otro lado de la noche. O mejor aún: como si lográramos ver el revés del dibujo... / ...tal vez sólo los amantes pueden ver el envés de la forma... el amor al envés de la forma es el humor de la vida cotidiana: la sonrisa que late en el centro de la semilla de la visión.*

O sea, que estamos ante una visión beatífica, la cual colorea y satura el mundo de esta obra poética –que en su aspecto cromático algo recuerda al colorista Carlos Pellicer–. Una conciencia de la muerte pero sin la pesadumbre ni la dimensión de lo trágico, porque es sobre todo un gesto de solidaridad con el cosmos natural en el que hombres, plantas, animales y hasta piedras y astros, nacemos y tenemos que morir, lo que nos hermana como compañeros de viaje con la creación entera y nos hace sentir menos solos en el reconocimiento emocionado y agradecido de nuestra transitoriedad. Dice el poeta en el poema "Lago lleno de lirios", en el que se esbozan trazos de una asimetría de inspiración cubista:

Mi muerte está sentada
en la última fila de un teatro vacío.
Me hace un guiño
y desde lejos me dice al oído:
"escucha, hijo mío, al sapo..."

O lo que es lo mismo, conciencia también de la vida plena en el "tiempo navegable", por lo que este poeta no duda un instante en jugarse el resto de su tiempo en la partida del arte y en su reflejo, la vida: el frente y la vuelta del dibujo engarzados en la respiración y el cuaderno de un poeta, al que va a dar, naturalmente, la cotidianidad y lo que hace extraordinarios a los seres y las cosas de este mundo y del otro, el del envés del tapiz, algo muy importante en la configuración de la obra de Alberto Blanco. En síntesis, unos cuantos elementos a la vista, amalgamados y lanzados como coordenadas, puntos de fuga o convergencia hacia el blanco de la mente en blanco del lector, claves en posesión de las cuales se torna legible y transparente esta prolija obra poética, apretada como una selva verbal en su enorme diversidad de registros, temas, sentidos, perspectivas, contrastes, campos de color, dibujos de formas regulares e irregulares, de estilo ora clásico –en sus décimas podemos escuchar muy claramente las resonancias de los versos de Sor Juana Inés de la Cruz–, ora diestramente moderno, siempre a la vanguardia del sentimiento contemporáneo en sus contenidos humanistas que testimonian nuestra condición de privilegio en la pantomima vital o "circo" existencial que nos corresponde animar: *...¡somos hilos de luz en la neblina!... / cada quien su asiento / cada quien su escena / cada quien su sueño / cada quien su estrella...*; formas que aventuran un esbozo de los rasgos, cualidades y valores que podrán, acaso, llevarnos a la conciencia y aceptación de una realidad radiante que yace en nosotros, un estado de gracia que ha sido siempre nuestro y al que podríamos acceder para recuperarlo plenamente. Una obra, en fin, que se resuelve con sencillez en una fina actitud de agradecimiento a la vida concreta que se vive, según lo vemos expresado en el poema "La lengua y sus soles":

Escucha los pájaros:
Mira la fruta en el árbol.
Escucha los grillos:
Mira a lo lejos el lago.
Prueba la pera verde,
Siente el sol en tu cara.
Prueba el vino amargo y rojo,
Dale vueltas en tu cabeza.
¿A qué?
A la sensación
De que estás vivo
Y que lo único que resta
Es dar gracias,
Dar gracias,
Por las puertas abiertas.

Unas puertas que han sido abiertas a las diez direcciones, a la multiplicidad de seres y cosas y a los mundos de adentro y de afuera, lo que le permite a Blanco ver y aprehender la poesía en todas partes, trasmutar los estímulos y obligar a las cosas y las experiencias a tornarse palabras, y en esa alquimia a ser ellas mismas y simultáneamente a ser otras, a desdoblar y multiplicar sus significados y sus diversos matices y reflejos como si fueran panes en las manos de un mago; y en un constante proceso de experimentación y despliegue de habilidad artística, tocar los variados arpegios del ascetismo, la reflexión, el humor, la meditación, la fiesta, el banquete y la contemplación del mundo y sus criaturas;

y tenderse sobre las épocas y sus respectivos poemas: *...esas montañas en las estribaciones de los Alpes italianos... yo ya las conocía: las vi en un poema de Wang Wei*; o dejarse fascinar por la infinitud de hechos que pueblan la vida de todos los días, aun los más minúsculos: *...bastante misterio hay para mí en una mosca que se posa en la barandilla recién pintada de azul o en el vuelo rasante de un zanate...*; y escribir poemas en los que puede soñar, mirar, volar, tocar, adorar, escuchar *el canto rojo de los árboles*, o amar a una mujer y a *...dos petirrojos / que sólo por placer / se dejan adorar / por mi mirada*; así mismo, añorar por adelantado el mundo sensible del paisaje terrestre que tan hondamente lo conmueve: *...quisiera volver a vivir / sólo por ver otra vez / el follaje parpadeante de un árbol frente al cielo*; buscar, en fin, la flor de lis –la flor azul, emblema de la poesía romántica alemana– *...en la luz de las miradas* y en la muchacha *...moderna flor de lis / con el pelo a la cintura / ¡belleza de París!*.

- II -

Si el temperamento artístico de Blanco le permite realizar su trabajo convirtiendo sus vivencias y acciones en poemas y otras obras de arte –incursiona frecuentemente en la escultura, el *collage*, la música, la traducción, la crítica de artes visuales– su afición por las maravillas de la ciencia le ha llevado a cultivar los hábitos de la observación y la clasificación –es químico de profesión y realizó estudios orientales en el área de China– lo que explica en parte las notables enumeraciones y elaboraciones de conjuntos que hace con los elementos de la naturaleza, minerales, pájaros, colores, objetos, piedras preciosas, géneros literarios, tiempos y espacios, geografías, así como nombres y obras de poetas, músicos y pintores de todas las épocas y estéticas con los que encuentra afinidad y paralelismos y a los que nombra en sus poemas y de los cuales se hace eco y toma partes de sus obras para emplearlas como epígrafes o mezclarlas con sus propias sustancias poéticas; un ánimo clasificatorio que genera estructuras verbales, visuales y significantes que estructuran a su vez el microcosmos de su obra y hace pensar en la minuciosa curiosidad y paciencia organizadora con que contempló, registró y clasificó las maravillas de nuestros territorios el explorador, científico y naturalista Alexander von Humboldt para dar forma a su obra "Cosmos", trabajo que tiene más de un punto de contacto con la actitud artesanal de Blanco frente a los materiales con los que edifica su obra. Descripción física del mundo que se resuelve en ciencia para Humboldt y en presencia poética para Blanco. Uno cuyo trabajo funda las ciencias de la tierra y la ecología; otro que pule la humanidad y destino de nuestros sentidos; el amor a la forma y el amor a su envés: a eso que hace al dibujo convertirse en poesía. O como dice su poema "Declaración de amor a la orilla del mundo":

...Recuerdo que me detuve a recoger una piedra
y la levanté con gran cuidado –amorosamente–
como si hubiera sido un pajarillo
que acabara de caerse de su nido.

Análogamente, si hay una exhuberancia de sus temas y de sus contenidos (aunque todos apunten a un solo lugar: *...la tristeza no es lo que nos interesa / sino ese centro divino / hacia el cual todo camino / nos conduce con certeza...*), el modo y abundancia con que Alberto Blanco maneja y combina las formas poéticas regulares y las irregulares, algunas de las cuales él mismo crea –una cualidad, esta última, que es uno de los atributos poco reconocidos de la poesía moderna–, tiene un lejano paralelismo y origen en la revolucionaria forma en que el poeta Juan Ruiz rompió desde finales del siglo XIII el reinado absolutista y la monocorde inercia que ejercían en su tiempo el verso alejandrino y la cuaderna vía. En efecto, el

Arcipreste de Hita abre la poesía de su tiempo y liquida con ello el recinto cerrado del mester de clerecía, creando y combinando formas y versos nuevos, yuxtaponiendo estilos y dislocando rimas en estrofas de variadas extensiones, hasta entonces desconocidas, poemas en cuyo interior combaten y se apoyan versos de diferentes medidas, una labor que agitó las aguas literarias de su tiempo y anunció la modernidad. Similarmente, Alberto Blanco, como ninguno entre nosotros, haciendo uso de una libertad ejemplar, combina y yuxtapone a lo largo de su obra numerosas formas, ejerciendo y mezclando con soltura los versos de cinco, seis, siete u ocho sílabas y más, y aun los de una, dos o tres, desplazándolos a voluntad por el espacio abierto de su obra, con lo que borra los límites de ésta, y con ellos elabora por igual romances, décimas, octavas, sonetos y también notablemente poemas en versos libres de la más acendrada modernidad, poemas en prosa de impecable ánimo surrealista y piezas hechas al mismo tiempo de prosa y poesía, o poemas "concretos" en los que el significado es dado no por la lógica discursiva sino por la sintaxis visual o por la combinación de ambas; y con esa misma eficacia se zambulle en la estética oriental, en la paradójica y puntual vaguedad significante propia de las lenguas china y japonesa y escribe haikú, tanka y renga: una dimensión con la que tiene una visible afinidad (al respecto, es pertinente hacer notar que su manejo de estas formas poéticas lo coloca más cerca de los poetas chinos y de las traducciones de poesía japonesa de José Juan Tablada, que de Shiki o Basho y los poetas japoneses en general; como aquéllos, Blanco emplea con frecuencia la rima cuando escribe versos de cinco y siete sílabas en las formas tanka y haikú, algo que nunca sucede en la poesía japonesa, que ignora el uso de la rima). El manejo diestro de esta asombrosa variedad de formas literarias, reflejo de la multiplicidad de la creación, es sin duda uno de los rasgos más notables de la poesía de Alberto Blanco. Uno de sus poemas, "Brisas pasajeras", habla de la diversidad que se halla en la tierra y el cielo, la generosidad purificadora que ella implica, y también las dificultades de la peregrinación de un objeto a otro, o lo que es lo mismo, de un poema a otro:

...¡Qué difícil es andar así,
trasvasando de una forma a otra... y otra... y otra!

La metafísica tradicional de oriente es uno de los afluentes que surte de agua nutricia la estética y la prosodia espiritual de Blanco: el Tao, la enseñanza de Buda, los principios de la interdependencia e insustancialidad de todos los fenómenos, incluida la insustancialidad del yo, el animismo, el cultivo de los sentimientos filiales, el amor a la naturaleza, la pintura *sumi-e* y los versos de cinco y siete sílabas –de remoto origen en la lengua china y pulidos y llevados hasta la perfección como principio rítmico en la poesía japonesa–, son instrumentos utilizados y presencias claramente perceptibles en esta obra, en la que abundan el paisaje asoleado y la humedad y la neblina, la reflexión en torno al momento y a la existencia que pasan, así como el cuestionamiento del yo; contemplación de la que se halla totalmente ausente el nihilismo o la desesperación, y en la que campea sobre todas las circunstancias un sentimiento de aceptación de la verdad de los hechos y la obediencia a la naturaleza de las cosas.

El ánimo escritural que determina la reflexión sobre este 'yo' puede expresarse como una afirmación por vía negativa, según lo hace con frecuencia la literatura mística castellana y como puede verse en estos versos del poema de Blanco, "Día del padre": *"... Una pura Nada. / Eso que somos tú y yo / más allá del nombre y de la forma..."*; o puede brotar alegremente como un manantial inesperado: *"...Soy feliz / simplemente / sin que esta frase sea feliz / pues no soy yo el que es feliz ... / Sólo sé que se* es *feliz / y que la felicidad* es */ y que pasa..."*

Hay en una parte importante de esta obra, sobre todo en aquella vertiente que está construida en verso y forma libres, una voluntad manifiesta de monologar, de hablarse a sí mismo, de discurrir acerca de las cosas dirigiendo y soltando el pensamiento e imprimiéndole un ritmo que se acerca al de la conversación casual o al del divagar filosófico, en un estilo que establece un paralelismo con dos géneros literarios del lejano oriente muy populares en la literatura japonesa desde el período Heian, (ss. VIII al XII), hasta el día de hoy: *nikki*, especie de diario, y *zuijitsu*, que es una combinación de prosa y poesía, ensayo o simples reflexiones, sin que se defina claramente en el texto ninguno de esos géneros, en los cuales fueron escritas dos obras maestras de la literatura japonesa, "Genji monogatari" *La historia de Genji,* y "Makura no soshi", *El libro de la almohada*. De allí quizá una cierta sensación de vacuidad, desasimiento de los contenidos o soltura de las referencias que encontramos a veces en la obra de Blanco, circunstancia que justifica y orilla a que muchos de estos poemas sean concebidos como partes constitutivas de ciclos escriturales o ramos que se desprenden de un entramado mayor que los alimenta y contiene; lo cual invita a leerlos como partes de un todo y a buscar sus correspondencias en otras partes de la obra, independientemente de que puedan ser abordados como piezas individuales.

La obra poética de Blanco –que es también, en su conjunto, la propuesta de unos valores y cualidades que le señalan un norte al lector– está contenida en dos volúmenes: "La hora y la neblina" y "El corazón del instante", que fue publicado en 1998. Cada uno de ellos contiene doce libros, escritos a lo largo de treinta y dos años, y en ellos los poemas han sido dispuestos no en el orden cronológico en que fueron escritos sino como ciclos de escritura, ermitas de reposo y meditación o puntos de referencia en un paraje que el lector puede trasladar a su propio espacio espiritual. Un lugar habitado y oxigenado por dos árboles de doce ramas cada uno, estremecidos por el viento y comunicados entre sí por imágenes y poemas que, como pájaros que vuelan de uno a otro festejando sus frondas, dibujan una escritura de vuelo que con frecuencia tiene sus bases en uno de los libros y sus terminaciones en el otro. Una obra que ocupa un sitio destacado en la poesía mexicana contemporánea y que desde el trasfondo de su diversidad sugiere los valores de la meditación, la contemplación y el cultivo en nosotros mismos de la armonía, la belleza, la amistad con todo lo que vive y la aceptación del orden con que la neblina y el tiempo borran y despejan el destino humano.

Marco Antonio Campos
y la fecundidad poética

porque el amor pasa como las naves,
porque el amor pasa como las aves,
y no vuelve.
M.A.C. "*Elegía de Filadelfia*"

Un vergel poético

Sorprende la cantidad y calidad del trabajo literario que ha producido a lo largo de su vida el poeta Marco Antonio Campos (ciudad de México, 1949), uno de los escritores más prolíficos de la literatura mexicana, autor de medio centenar de libros de poesía, prosa, traducciones, algunos de ellos premiados, incluido uno de los más recientes, "Viernes en Jerusalén", que obtuvo en España el "V Premio Casa de América de Poesía Americana". También le fue otorgado en 1992 el "Premio Xavier Villaurrutia" de escritores para escritores, y en 2010 el "Premio Iberoamericano de Poesía Ramón López Velarde" por el conjunto de su obra poética, entre otros varios reconocimientos nacionales e internacionales a los que se ha hecho acreedor.

Viernes en Jerusalén

"Viernes en Jerusalén" es un vergel poético, conjunto de poemas que son autobiografía, desglose de vivencias y recuerdos de desamor y de amor que se desdoblan luego en descripción de lugares transfigurados por la experiencia poética, en miradas sobre sí mismo y sobre el mundo, en relatos de un pasado que se extingue sólo para dar lugar a una nueva experiencia, a brotes que son a su vez meditación, creación y recreación, en suma, del tiempo y el mundo que nos rodea y habitamos, siempre el mismo y siempre distinto a cada instante. "… *Abuela desesperaba por la limpieza al límite, el orden maniático y con abuelo luchaba para no querernos. Cuando a su muerte padre quiso darme fotografías de ambos, volví la cabeza y miré por la ventana…*" Gestos valerosos de la infancia, figuras borrosas pero perdurables que son el limo en que germina la poesía y se consuma y transcurre la humanidad del destino personal. A los ocho años de edad, en otro de los tres poemas en prosa que hay en este libro, Campos describe en "Avenida de los Pinos 8" lo que veía de niño, los sonidos, el paso del ferrocarril a Cuernavaca, la panadería de la esquina, la lechería, olores y sabores que hacen a su vez recordar a López Velarde, distintos diapasón y escenario pero una misma cuerda del alma, pasado que se extingue y fructifica siempre. "…*La casa de Pinos 8 se quemó íntegra en el año del Jubileo. Cuando llegamos a esa casa –sería el '57 – padre dejaba para siempre esposa e hijos, y sin saberlo él, menos el que habla, daba al niño que yo fui un siglo de libertad y sueño. Padre no entró de nuevo a casa (salvo visitas médicas… y me esfuerzo por recordar si mis hermanos o yo sufrimos por eso."*

El amor

El amor o el enamoramiento en los primeros años de la vida, casi en la niñez, como uno de los sentimientos más fuertes y muchas veces perdurables e inspiradores y siempre a la mano para una conciencia que escribe, aparece en este libro en el poema "Adiós a la infancia", escrito varias décadas después de esa experiencia, ya en plena madurez, como recreación de aquella vivencia. Campos evoca: "*Se llamaba Graciela y era en el colegio el patio abierto y la mañana azul. Era su cuerpo un durazno en sazón y en las noches una rama de estrellas. Yo tenía doce años [...] Graciela, racha de pájaros en su levísima falda.*"

El libro tiene evidentemente una intención autobiográfica. Allí está el poema que es a la vez el poeta como protagonista de una historia –de una literatura– que se desarrolla afuera, en la realidad objetiva, al mismo tiempo que en el interior de unos sentidos que registran los hechos y los trasmutan en versos, en ritmos, en voluntad de escritura, en discursos en los que hablan los árboles y las cosas, las calles y los tranvías de la niñez, en la ciudad de México y luego más tarde en las otras ciudades del mundo en las que ha viajado y soñado y mirado transcurrir la vida y los seres y pasar por sus mares los barcos que transcurren lentos en la lejanía mientras en la obra del poeta el fulgor y el fragor de la vida y el amor y el desamor y la soledad y el silencio de los naranjos y los atardeceres imprimen su huella que es el poema entregado luego como relato de los recuerdos, premonición de una vida que estará consagrada a la poesía: "*...y en el asiento trasero del tren eléctrico / despierta el niño, se despereza, y mete / el dinero en el bolsillo roto del pantalón.*"

Y después en la adolescencia el deseo sensual ya manifiesto, que "acabó por dolerme en todo el cuerpo" por esa muchacha que era "La estudiante de 1966", en aquella juventud desamparada "sin guía y sin objetivo" y que al evocarla, dice Campos, "duele como una pérdida, como un cuento de noche árabe..." Vivencias amadas y furiosas por algo que no cristalizó en el mundo de lo que se toca y se posee porque pronto se pierde y parte pero deja impresa su huella inmarcesible:

"...Y sangro y me doblo y me arqueo
y la reina permanece y parte
igual al tren de antaño que verifica el recorrido
pero no sabemos en dónde ni hacia dónde."

Vida interior

Adolescencia en la que el poeta presiente y descifra un destino, fija imágenes que van a morar en su memoria, imborrables, repetitivas, aleccionadoras, para dar lugar al poema, a la edificación de un mundo, a una obra literaria que será cincelada despacio, en el pasar lento de los años; época de primeras lecturas que van a germinar en una imaginación creativa ávida de autoconocimiento y de información, feraz y feroz en su desnudez y sinceridad, en la creación de un destino que se va revelando al interior de la ciudadela de la intuición poética, lo que es decir, la contemplación del mundo para el desentrañamiento de una vocación que exige una entrega total, sin regateos ni menoscabo. La literatura. Un mundo interior maravilloso poblado de frescura y sembradíos, girones de visiones y anhelos, preguntas que son semillas y frutos acoplados bajo el esplendor del sol:

"...vislumbraba en la adolescencia como nube y nube,
imágenes y metáforas y símiles
de poemas de Lorca y Neruda, o el saludo y
la sonrisa y el perfecto nueve de Beatrice di Folco Portinari, o
las caminatas impetuosas de Rimbaud por el África terrible..."
[...]
Yo era un muchacho delgado, alto y fuerte pero
también muy tímido, y tenía como el aire melancólico."

Adolescencia, primera juventud que es altivez, arrojo, refriega, dudas, valentía; o, también, como lo dice Campos en su poema *Perdonen la tristeza*, "Juventud es inconciencia, dolor y soledad..." Época de descubrirse señalado para buscarse a sí mismo, para descifrar deletreando el propio nombre o rostro interior, el indicio que pueda conducir a la autorrealización ¿por propia decisión, por conjunción de circunstancias que inclinan pero no obligan, dejando librada a la voluntad y fuerza del poeta el pronunciar la última palabra, la aceptación de la labor para alcanzar el desciframiento de un destino? En el mismo poema se lee: "... este mundo, no importa quién lo hizo, lo dejó / tan mal hecho que parece contrahecho [...] oigo sonar de la torre la campana y creo oír / que mi destino no es ni cielo ni infierno." Un romanticismo de la nueva era en que a diferencia de aquellos padres fundadores de la poesía moderna (Baudelare, Rimbaud y otros) cuya obra y vida personal sacudían la conciencia de su época al desafiar los valores ¿espurios? en que ésta se apoyaba, y poniendo una nota de duda acerca de su supuesta legitimidad, pide ahora que la vida y la obra del poeta sean entre líneas un llamado a la búsqueda de la calma, a una meditación que sea contemplación agradecida ante la magnificencia de la creación, a la sencillez, a una cierta cordura ante el vértigo contemporáneo y la ausencia de valores y caminos que el viento ha dispersado o borrado.

Poesía que es evocación, conjuro de imágenes, desfile de escenas idas, la calle de Insurgentes a las cinco de la tarde, bares semivacíos de San Ángel 'que nosotros colmábamos', caminatas bajo los fresnos y el rostro persistente de aquella muchacha en un invierno ya ido para siempre; lugares, lugares, soledad, amor fallido, añoranza, desamor y desencanto:

"Y palomas picotean el grano que les echo."

Una obra en contra del olvido

Una parte de la poesía de Campos, si no es que toda, es un examen de conciencia, un repaso de lo que ha sido su vida, un conjuro o exorcismo en contra del desidioso olvido. Y también un mapamundi –hacia adentro y hacia afuera– de sus viajes, en los cuales siguen ardiendo en los cambiantes escenarios las mismas pasiones y sueños que pueblan su gabinete tan lleno de papeles, vivencias, lápices y notas. Escribe en su libro "Dime dónde, en qué país", (poemas en prosa, Premio Internacional de Poesía Ciudad de Melilla, Visor Libros, Madrid, 2010): "*Quizá sólo he escrito de hechos y personas que no he acabado de entender. Perdí los años de juventud llegando tarde a los hechos importantes. Tarde me di cuenta que las cosas de valor no lo eran tanto y que las preguntas sencillas guardan a veces más secretos que las grandes respuestas.*"

En este poeta la obra literaria es no sólo examen de conciencia, confesión, profesión de sinceridad y recreación de escenas y estados de ánimo sino también construcciones acompañadas siempre de los fulgores y los sabores del entramado de la imagen, recreación de la belleza entrevista, invención de arpegios y escalas para acceder al mundo que oscila entre la desolación y la esperanza: "*Cuánto sufrimiento me cavó el alma como un pozo obscuro* [...] *Cuánta soledad, como terrón con sed, se vive y se padece por unas horas de felicidad que brillan igual que el agua con la luz del sol en la fuente de Las Tarascas...*" ('Palomas para las plazas', *ibid*).

Reflejos en el agua de lo transitorio y efímero. Lo que se va, lo que perennemente pasa. Lo que permanece en la obra del poeta. Campos recuerda, evoca imágenes, recorre escenas del pasado que lo marcaron y le señalaron un camino, evocaciones que ahora le permiten su transmutación en algo más, en visiones transfiguradas por la magia de las palabras, el don de poder mirar en el adentro infinito de las cosas. "¿Para qué la poesía?" le pregunta una vez su padre. "El oficio es inútil, le dije, pero es lo que más privilegia con música variada y palabras en cadencia la asimétrica belleza del secreto mundo." Asimetría en la que se vive inmerso en la realidad objetiva y que el poema nos permite captar en toda su luminosa profundidad: "No le pasan más cosas al artista que al prójimo lejano, pero siente y repara más en ellas, hasta que las cosas ya no son más cosas." Y luego de esto, de la instantánea iluminación de la imagen que es, ella misma, asimetría pura, imperfección, provisionalidad, humana condición, sombra platónica de una realidad que se asienta más allá de toda forma poética, la vida que sigue y todos los que seguimos en ella: "...pago, salgo a la calle, cruzo la plaza..."

Y la desolación invade aquí y allá las páginas de estos libros que son confesión o confidencia pura, escritos desde una impecable sinceridad y que son por eso mismo una invitación a un acto similar de sinceridad en el lector, a arrostrar la propia vida sin los prismas de la autocomplacencia o la desidia. "Por la calle de los anticuarios paro en el café Helder... me tomo amargo el lado amargo del café ajeno, de un trago trago la cerveza que me escupo, y salgo a la calle, recalo en una tienda de anticuarios y toco a la puerta para que me abran de nuevo..." Los anticuarios: las evocaciones, lo ido ya pero siempre presente en las galerías de la imagen para ser visto como antiguallas o como puentes para cruzarlos, puertas que dan al ninguna parte del ser, a aquello que es todavía desconocido en nosotros.

Dime dónde, en qué país, en qué lugar de mi ánimo, en qué momento de mi vida hice esto y aquello, cuándo fue que decidí, que dudé, que dejé de hacer lo que todos querían que hiciera y tomé el otro camino, el que me hizo amar los libros y los emblemas de Borges, Arreola, Bioy, Sabines, Reyes, platicar con Rulfo de cronistas del siglo XVI y de cosas de su pueblo en el café El Ágora, "...dime dónde están esas sombras que pasan como sombras y se alargan en las praderas violetas del país de no hay regreso [...] dime en qué estación de qué ciudad de qué país me subiré al penúltimo tren para empezar de nuevo el punto de la fuga." Meditación, deseo, vigilia. Poesía.

Dónde, cuándo

Qué ciudad de qué país. Entre muchos otros lugares por los que ha pasado este poeta viajero, Salzburgo. Tierra natal de Georg Trakl, *donde una música verbal armoniza poesía y sitio hasta que ambos se quedan en una sola nota,* escribe Campos en el epílogo de su libro de traducciones de los poemas de Trakl, "En camino" (El Tucán de Virginia, CNCA, Ediciones Universo Literario, 2010); y luego, en su propio poema 'Zum Weissen Engel' que aparece en "Ningún sitio que sea mío" (Ed. Calamus / Conaculta / INBA, 2006) le dice a este poeta (además de nombrarlo "hermano, pero hermano triste y destruido"):

> *"Es del otoño un día soleado. Pero no hubo sol*
> *para ti. Estoy ante la farmacia donde empezaron*
> *a serte habituales el cloroformo y las*
> *imágenes claras y puras del infierno.*
> *Empezaron los primeros metros del precipicio*
> *y ya no habría piedra o árbol que detuvieran*
> *la precipitación del ángel."*

Frente a esa farmacia del ángel el poeta Campos escuchó el rasguido atroz (pero iluminado por la vivencia poética) de la pluma de Trakl, y ese sonido metafísico, como todos los de su tipo, inspiró y marcó con huellas indelebles, atroces, inolvidables (y tal vez irrepetibles) al traductor de este libro, uno de los más hermosos de su vasta bibliografía (ha publicado 25 libros de traducciones de poemas procedentes de las lenguas alemana, italiana, francesa y portuguesa). Y no importa nada si la experiencia auditiva mencionada en el poema de Campos fue anterior o posterior o simultánea a la elaboración del trabajo de sus transcripciones de una lengua a otra, porque las vivencias de la poesía son siempre intemporales, no históricas sino simbólicas, otorgadas en lo profundo del espíritu, desarrolladas en los escenarios majestuosos de la interioridad y la intuición poética. Así, frente a esa farmacia…

"El ángel negro todavía despacha
las medicinas atroces y pregunta '¿Algo más?'
Los muros guardan la humedad del siglo
y se escucha el rasguido de tu pluma
sobre las espantosas hojas donde escribías
tus primeros poemas y las visiones que sólo
puede crear en la noche el bosque..."

El bosque aquí evocado es así mismo el bosque metafísico de la poesía, el jardín maravilloso y terrible de los poetas visionarios, esté o no inserto en la naturaleza, dése o no el prodigio en medio de los prados, y es simultáneamente el entramado verbal de la creación literaria, el bosque de la lengua, la era fragante de las palabras encantadas, el campo de las afinidades secretas entre los poetas y el universo natural. El entramado verbal es el escenario en el que se desenvuelve| con soltura el poeta Campos, trátese del verso o de la prosa de sus libros de ensayos o ficciones. Un mundo en donde se multiplican y entremezclan los sentidos del cuerpo de lo escrito para dar lugar a la visión, a la concepción del poema. Un mundo de palabras que es un mundo de imágenes, de ideas, un mundo literario.

Campos parece sentirse a gusto y manejar con igual soltura cualesquiera de los géneros y estilos. Y todas sus incursiones en las distintas estancias de la literatura son igualmente afortunadas, ya sea en la novela, el periodismo o la crítica, en el terreno de la cultura en su sentido más amplio, en la reseña de su propia vida, que es la médula de su poesía. Y como trasfondo de todo ello el anhelo que siempre puede leerse entre líneas, de alcanzar algo más, haciendo un repaso de las vivencias que lo han marcado, porque –parece decirse y decirnos a los lectores– en cada percepción o experiencia subyace latente una lección viviente, una moral, un atisbo de lo que es trascendente en nosotros. Escribe en su poema "En el barrio de Ein Karem", en el que pueden verse y oírse ecos y reflejos y ondas de "El cántaro roto" de Octavio Paz: "Los pájaros y los árboles… repetían musicalmente…

> *"Que más allá de las aguas bautismales,*
> *Más, más allá, aún más allá,*
> *Podríamos rehacernos en cuerpo y alma*
> *Sin errores que manchan ni culpas que debilitan."*

Rehacernos en cuerpo y alma. Nacer de nuevo. La escritura de un poeta que le tiene fe a sus palabras y a sus visiones, a las palabras y visiones de los otros –desde muy joven ha dirigido revistas y talleres literarios, impartido clases en universidades de México y del extranjero y ha apoyado publicando a innumerables poetas desde su puesto de la Dirección de Publicaciones de la UNAM–. Campos es una figura insoslayable de nuestra cultura, un poeta imprescindible, creador de una obra entrañable; alguien que puede decir de sí mismo y de su propia obra (en su poema "¿Quién leerá mis versos?":

> *"...Qué importan las novelas, los cuentos,*
> *las crónicas o ensayos ¿pero mis versos? [...]*
> *los escribí con la llama del sol en la hoguera del mediodía*
> *sobre los girasoles, con los matices múltiples*
> *del púrpura y del violeta en la disminución del crepúsculo*
> *[...]*

con gotas de sangre del pecho de las golondrinas
que no lograron completar el vuelo."

Pero a los lectores atentos sin duda sí importan "las novelas, los cuentos, las crónicas o ensayos" que ha profusamente escrito, textos de los cuales podría decirse algo parecido a lo que él afirma acerca de sus versos. Son memorables muchos de sus ensayos, particularmente aquellos en los que se ocupa de otros poetas como Manuel Acuña, Ramón López Velarde, Georg Trakl, para mencionar algunos. Su prosa, a la que con frecuencia precede una rigurosa investigación, está aquí y allá saturada de poesía, escritura que sin duda ha sido elaborada también "con la llama del sol en la hoguera del mediodía", con pasión por la palabra, la sintaxis, el ritmo, la precisión y el anhelo de comunicarse con el lector, de servirlo, de alcanzar a decir por escrito algo que se acerque así sea de lejos a aquello que es de suyo indecible. Una voluntad y un esfuerzo –un don– verdaderamente admirables.

JAVIER SICILIA. EL POETA Y LO INASIBLE

La presencia en el hueco

LA OBRA POÉTICA DE JAVIER SICILIA está saturada de Dios toda ella, está signada mayormente por la fe, por el sentimiento religioso. Una vivencia ciertamente muy cercana al sentimiento estético, a la contemplación de la obra de arte, al arrobo en la naturaleza, al asombro ante la magnificencia de la creación; al anhelo genuino y hondo de mejorar la propia manera de ser, el carácter de uno mismo, el salir de la prisión del ego ávido y demandante, esto último algo innato a la naturaleza humana común. ¿Son los de este poeta poemas religiosos, místicos, espirituales? ¿Son estas palabas equivalentes, apuntan a una misma cosa? La revelación de lo sagrado o de lo que yace "más allá" de lo que es cotidiano a la experiencia humana "normal", se trasluce en la poesía de Sicilia a través de lo que ha denominado *Reflejo de lo oscuro* (título de una de sus novelas: FCE, 1997), algo de algún modo emparentado con *la noche oscura* de San Juan de la Cruz, una presencia explícita en su ausencia, o, como lo dice en su poema 'Gozo', "el sabor de su amor en su hueco excavado", o "Dios mismo en su hueco, en su abismo", por tanto una omnipresencia, algo que la intuición del poeta puede captar "en los muchos rostros y voces donde se dice Él en su decir sin fin, incapturable / como el silbo del barco entre la niebla / o el restallar del mar bajo la noche".

En su libro de poesía "Tríptico del desierto" (Ediciones Era, 2011), con el que se hizo acreedor al Premio Nacional de Poesía Aguascalientes 2009, nos dice que Dios, hecho carne, habita los seres humanos, ha hecho de ellos su morada, siendo así el cuerpo un puente entre el allá y el acá, entre el mundo humano y el mundo intangible, lo que desemboca en una conciencia de la sacralidad del cuerpo; conciencia que es precursora de una acción:

> *"Heme de nuevo aquí [...]*
> *habitando mi carne como se habita el templo,*
> *heme aquí*
> *recuperando lo que estaba velado,*
> *lo que las cosas guardan sin saberlo*
> *y que el hombre extravió..."*

Pero no sólo el propio cuerpo, sino también el cuerpo del otro, sus rasgos amados, gracias al milagro del amor, que hace posible descubrir más allá de uno mismo la inasible presencia de Dios; su poema 'El otro' lo afirma:

> *"...y un día descubrimos,*
> *en la exacta mirada de unos ojos que nos miran de lejos*
> *su inasible presencia [...]*
> *cómo lo poseemos y escapa a nuestra entrega,*
> *cuando en la intimidad,*
> *consumidos de asombro,*

entramos en su abismo:
los labios entreabiertos,
la mirada extraviada en un follaje de signos
donde estalla el gemido inhabitable
y gozamos de un qué que nos elude."

(un verso este último muy parecido al del poema 'Cántico espiritual' del poeta español, *un no sé qué que quedan balbuciendo*, pero trasmutado en este caso a *un qué que nos elude*). Y aun más allá de los cuerpos, la inasible presencia manifiesta también en la infinita multiplicidad de las cosas y los seres, en el recinto del Vacío universal:

"¿Hacia dónde volverse que no se revele el hueco,
el vacío insondable de la ausencia?"

Transformar las facultades sensoriales

Javier Sicilia es un poeta místico laico poseedor de un sistema místico intensamente personal, sin ánimo proselitista o mesiánico, un camino en el que busca la Palabra exacta y justa en la que quiere ser redimido (la palabra de la poesía, la del poeta); a diferencia del camino místico que recorrió y concibió para beneficio de los demás, con espíritu didáctico, el monje carmelita descalzo San Juan de la Cruz, que narra en sus escritos en prosa y en su famoso dibujo pedagógico denominado "Subida al Monte Carmelo", el camino a lo sagrado, el método para lograr la cima de la perfección que les es posible alcanzar a los seres humanos: una imagen de lo que es la tarea en la que hay que esforzarse y un intento del santo para animar a los otros a buscar ellos también por sí mismos la experiencia de lo sagrado, de Sicilia puede decirse que su sistema místico se despliega en el entramado inquietante de sus versos y en la escritura de sus novelas, y que su concepción de la manera en que puede ayudar a los otros se da no en el ámbito de la creación poética o la religiosidad, sino en el campo del fragor social, a través de su labor como analista político, como crítico del sistema capitalista y de la enajenación consumista, de la sumisión y adoración contemporáneas por la técnica y el mercado, todo esto realizado en la prosa del periodismo y en su activismo en la sociedad. Su poesía, que es un modo distinto de incidir en la gente a otro nivel, quizá imperceptible, se alimenta de su visión trascendental de las cosas del espíritu, de su absoluta certeza de la presencia de lo eterno inmarcesible en la majestad del silencio y el hueco, y de la justicia de ese estado de cosas:

> *"...porque si el dios viniera,*
> *si acaso él viniera detrás de las estrellas,*
> *si diera un solo paso fuera de su palabra,*
> *su solo aliento ocuparía todo hasta matarnos,*
> *pues sentirlo es tocarlo en los sentidos..."*

Unos sentidos, en este caso, sobre los que se afana el poeta, que busca transformarlos para que recobren su función original, o sea, darnos el acceso a la felicidad merced al milagro de la fe en la Palabra de la poesía; unas facultades sensoriales libres de culpa y de automatismos negativos que hagan posible la visión, la percepción trascendente; una limpieza del pensamiento basada en la reeducación de los hábitos mentales, en el fondo un regalo de la naturaleza que es consecuencia del trabajo sobre el propio ser interior del poeta (y de su labor y sus búsquedas con el lenguaje). O quizá se trate solamente de una gracia recibida sin saberse por qué, cómo viene y a dónde va. Porque como ha dicho Sicilia de sí mismo en el prólogo a su libro *La presencia desierta* (Consejo Estatal para la Cultura y las Artes de Querétaro, 1996), "Toda poesía narra un largo viaje hacia la luz. En mi caso ese viaje es, como el título de mi primer libro, una *Permanencia en los puertos* (UNAM, 1982); porque en realidad, nunca partí. Desde que decidí viajar para encontrar a Dios, Él ya estaba en mí y me aguardaba. Mis poemas, en su pequeñez, son sólo un atisbo a las confidencias de su misterio."

> *"Todo está aquí, sí, todo [...]*
> *y, sin embargo, estuve en este instante en que al pasar*
> *siento la hierba,*
> *la caída del árbol,*
> *el mudo despuntar de la hoja en invierno [...]*
> *la música callada oculta entre las cosas,*
> *el Verbo que se dice sin oírse*
> *y que al hacer el tiempo refulge en cada cosa, en cada historia."*

"Tríptico del Desierto" es muchas cosas, entre ellas es también una extensión, un homenaje y una respuesta al gran poema de los tiempos modernos, "The waste land", de T.S. Eliot; abordaje crítico estrictamente poético que también han llevado a cabo con éxito otros poetas mexicanos contemporáneos -como Juan Martínez, por ejemplo, a través de su poema 'Lo que dijo el poeta a la turba' de su libro 'En el valle sagrado' (UAM, 1986)– poetas que han sido profundamente influidos, directa o indirectamente, por T.S. Eliot.

Para Sicilia, este tiempo y esta tierra que habitamos es, más que baldía, una 'Tierra herida'; él homenajea a ese poema parafraseándolo profusamente y yendo más allá de él, dando certidumbre allí donde en Eliot todo es duda y desencanto, apuntando siempre a la certeza de su confianza y su fe sin ambages en la justicia perfecta (metafísica) que preside a la creación entera. Allí donde la 'Tierra baldía', "...sintetiza toda la desilusión y disgusto de la generación de la postguerra, toda la esterilidad de una civilización mecanizada", y donde su autor siente "con dolorosa clarividencia la división dramática y la soledad del hombre moderno, porque su conciencia del caos es aguda", según hace notar Agustí Bartra en su 'Antología de la poesía norteamericana' (Libro-Mex. Editores, 1957), Sicilia afirma, vislumbrando un camino y una salida de ese caos, que "...el Amor nos salva de la angustiosa fuga hacia adelante". El Amor, aquí, es naturalmente Dios.

El grito del Hombre a las 3

Los poemas del libro "Vigilias" (Ixtus, 1994) de Javier Sicilia son, como casi toda su obra, oraciones fervorosas y sentidas, letanías de alabanza y gratitud por el don de la vida, clamores en el desierto, testimonios de su fe, de su caminar por esta existencia como por el exilio o el jardín del Edén, lugares aptos para la reflexión, para el aprendizaje duro y real, para el anhelo y la gloria de la contemplación. *Vigilias*: vigilar; estar despierto o en vela: ante *el Evangelio*, ante *los santos*, ante *la vida*, las tres secciones en que divide Sicilia este libro, las cuales remiten a su lector a una tríada, una atención dirigida a tres objetos de una meditación que es constante en él: la *escritura* o Palabra; los modelos a alcanzar (el ideal humano, *el hombre sin mácula* de impecable y excelente conducta); y el lugar de la práctica, el *vivir* nuestra realidad objetiva, ese lapso que nos es otorgado para despejar y pulir nuestro propio destino.

En 'Vigilias ante el Evangelio' Sicilia confirma sus convicciones y su fe, deja constancia de la seguridad de sus sentimientos respecto a la doctrina cristiana plasmada en la historia sagrada según la narra el catolicismo, aquella secuencia de hechos que va de la Anunciación hasta el Grito del Hombre a las 3, el misterio de la crucifixión, la muerte de Cristo y su resurrección, ese parteaguas civilizatorio y las secuelas que han dejado su impronta en el corazón de este poeta, que describe así su experiencia contemplativa en 'Juan, el amado' (título de uno de los poemas de estas Vigilias):

"Lo vi, y me llevó a donde mora,
al interior profundo de las cosas [...]
Ya nada soy. Sus ojos me han prendado,
sus labios y su ser me han arrobado.
Ya no me inquieta más el cruel Imperio
de Roma, ni el murmullo del salterio,
ni me importa del Reino su provecho.
Me basta con estar aquí en su pecho."

'Vigilias ante los santos' es un recorrido por las figuras de los héroes místicos que admira Sicilia (o antihéroes, como Jaques Fesh, el protagonista de su novela "El reflejo de lo obscuro", guillotinado en 1957 por la justicia francesa y hoy en la antesala de su posible beatificación): entre otros, Francisco de Asís, Master Eckhart, Teresa de Lisieux, Concha Armida, Agustín Pro, Maximiliano Kolbe, Lanza del Vasto (para cuya novela "Judas" escribió un prólogo lúcido y profundo), Charles de Foucault y Juan de Yepes –este último evidentemente su modelo literario y su ideal místico– de quien puede decir, bellamente:

"...el arduo sendero misterioso
que reformó la orden y le dio
el suplicio, la cárcel y el exilio.
Ahí, bajo el dolor que lo marcaba,
la noche oscura, elemental lo halló
desnudo y compartiendo el dulce idilio
de Jesús que en su amor lo reclinaba."

'Vigilias ante la vida' es poesía pura enquistada en una reflexión, un discurso ante el cuerpo, el suyo y el otro, que se funden y confunden en la palabra del lenguaje poético, en el anhelo de la unión, en el deseo de la contemplación. Siguiendo la tradición de la poesía mística de nuestra lengua (San Juan de la Cruz, el Cantar de los Cantares, etc.) el poeta da voz femenina a sus palabras en algunos poemas, personificando al alma, que le dice al Espíritu, que es aquí el otro nombre del Amor:

"Me sedujiste, Amor, y me he dejado
seducir, me forzaste y me pudiste [...]
tendida, cual la tierra contra el día,
tus oscuras caricias me domaron
hasta volverme yermo y luz baldía;
y ahí donde tus labios se gozaron
y sólo queda un hueco, un claro abismo,
de tan simple y desnuda soy Tú mismo.

me sedujiste, estoy tendida, soy luz baldía, me volviste yermo y soy Tú mismo: en este punto del lenguaje que aflora desde las profundidades del ser, todas las criaturas hombres y mujeres son hijas de la naturaleza, hembras a la intemperie ante la omnipresencia de Dios, que es asimismo *la* Presencia, *el* hueco, *el* Verbo encarnado. Misterios del habla del poeta, del místico, de la lengua de la persona que busca su Realización intemporal.

Corazón de león

Su libro "Trinidad" (Ixtus, 1992) es una prodigiosa sucesión de versos heptasílabos y endecasílabos, liras eslabonadas unas con otras de principio a fin del libro, una proeza de versificación en la que formalmente deja sentir su admiración por Octavio Paz y en particular por su poema 'Piedra de Sol'. Por medio de la Gracia, escribe Sicilia en el poema 'Oh glorioso pecado', las miserias del mundo y... *"el terrible plagiario / las púas y los pinchos, la alambrada / la historia con sus tránsfugas / sus banqueros y honestos celadores..."*, todos,

"se derrumban en él
y miramos en un eterno instante
nuestra unidad, oh, Fiel,
nuestro ser que fluctuante
perdimos y encontramos rutilante.
Y el pan vuelve a saber,
el agua redescubre su pureza..."

Un guiño de un poeta a otro (y de un poema a otro, y al lector) y un juego de complicidades entre pares. El uno celebrando el amor humano y el otro respondiendo en sus propios términos y lanzando los versos (con una vuelta de tuerca para ir más allá), al ámbito de lo sagrado. También se ve en "Trinidad" el reflejo del Antiguo Testamento y se oye el eco del Nuevo, en pasajes que Sicilia recorre con ánimo de juglar, cantando y contando cadenciosamente las historias, visiones que se convierten en versiones lingüísticas y que van a desembocar en un canto de gratitud por el misterio de la Redención. Casi toda la obra de Javier Sicilia es una combinación exitosa de metro e irregularidad (verso libre, obra abierta), a lo largo de la cual este poeta nos deja atisbar su vía mística, el testimonio de su experiencia en la búsqueda de Dios, de la Realidad Última, de lo cual deriva la mayor parte de su poesía.

Siguiendo la vía de los místicos y fiel a sus propios hallazgos en ese camino de la desolación y el júbilo, donde soledad y unión no son mundos contrarios sino fusión que se da más allá de lo que puede ser expresado, el poeta dialoga con el alma en líneas que recuerdan la oración de las "nadas" de San Juan de la Cruz:

"Empobrécete toda, Hija del Hombre,
Y no guardes del dios idea alguna,
porque una idea sería demasiado;
empobrécete toda, hasta ser nada
porque sólo en la nada el hueco del amor se hace visible..."

Ha sido notable el activismo político y social de este poeta, su labor editorial y periodística, y desde luego la prosa –brillante y convincente, siempre del lado de las mejores causas de la sociedad– que en estos géneros despliega. Como es de todos sabido, un aciago día de marzo de 2011, un hijo de este gran poeta, Juan Francisco, fue secuestrado y asesinado en la ciudad de Cuernavaca, al igual que otros seis muchachos compañeros suyos con los que se hallaba reunido. Estos horribles homicidios –gratuitos, alevosos, ejecutados sin piedad y completamente injustificados, ya que quedó totalmente aclarado que las víctimas no tenían ninguna relación con las mafias del poder, de la política y del narcotráfico que los ejecutaron– se dieron en el contexto de la extrema violencia que vive México como resultado de décadas de una vida social degradada por una enorme desigualdad social, por la corrupción e impunidad ejercidas sobre todo en las altas esferas gubernamentales y económicas y, según opinión generalizada, por lo erróneo y cruel de la llamada 'guerra al narcotráfico', que ha cobrado ya decenas de miles de muertos.

Como resultado de ello, e impulsado por el dolor, la rabia y la indignación, Javier Sicilia inició una cruzada nacional de protesta para exigir justicia para las innumerables víctimas y sus familias, por el cambio de dirección de la política contra el narcotráfico, a la que considera equivocada e inmoral, aglutinando en ella a las familias enlutadas y agraviadas, y visibilizando a los asesinados en esa guerra, recuperando para ellos una identidad, ya que hasta ese momento eran considerados sólo un número, 'bajas colaterales' sin nombre y apellido. El movimiento creado por el poeta lo llevó a él y a miles de sus seguidores, muchos de ellos representantes de otros movimientos sociales, defensores de los derechos humanos y miembros de organizaciones no gubernamentales de este país y de otros, y a amplios sectores de la sociedad mexicana, a extenuantes marchas en distintas ciudades del país, a mesas de discusión y a entrevistas con políticos, gente del poder y del dinero –de las cuales surgieron pocos resultados positivos, promesas oficiales incumplidas y mucha frustración para Sicilia y el movimiento– y hasta a una gira por los Estados Unidos para dar a conocer la realidad de la violencia en México y su conexión con el consumo de drogas en ese país y el flujo de armas de allá hacia México.

Pero el verdadero daño colateral (para la poesía de nuestra lengua) fue la decisión del poeta de abandonar la escritura de poemas, al considerar que la Palabra había sido herida de muerte con el asesinato de su hijo y las promesas incumplidas. Quizá esta sea una decisión difícil de cumplir. Javier Sicilia rezuma poesía por todos los poros en todo lo que hace. Ya sea escribiendo artículos en la revista 'Proceso' o en 'La Jornada semanal', editando sus revistas 'Ixtus' o 'Conspiratio', o en su propia cruzada, que es en sí misma un poema público didáctico con el que nos instruye y dignifica la vida pública mexicana. Sicilia no puede dejar de hablar en poesía. Véase si no: el grito de batalla con el que inició su movimiento, "¡estamos hasta la madre!", es un verso octosílabo perfecto, y lo mismo sucede con el nombre mismo de su cruzada:

"Movimiento por la paz
con justicia y dignidad".

Posdata:

Un poeta de los pocos que hay

Eres un poeta de los pocos que hay,
Javier Sicilia.

Los ramalazos
de la vida y la muerte
no te enredan
ni te doblegan:
te tienden puentes
te arrojan lianas
para cruzar a otro lado.
Tampoco menguan tu fe.
Hoy escribes un poema público didáctico
en beneficio nuestro
del que aprendemos todos
del que aprendemos todo.
Gracias, poeta Sicilia,
por tu obra poética hermosa
por tu obra política impecable.
En el poema de Maiakowsky
toma la palabra el camarada 'máuser';
en el tuyo
tiene la palabra la compañera 'movilización'.
Eres un poeta de los pocos que hay
Javier Sicilia.
Tu hijo sacrificado sigue su camino hacia Dios
(hacia el nirvana, dicen otros)
un lugar recóndito en el corazón
de todos los que aman a su prójimo;
esa es tu causa
la de todos nosotros.
Te dieron el bastón de mando y la rama florida,
Javier Sicilia,
en Topilejo
y el premio "Corazón de León"
en nombre de todo el pueblo mexicano: nada
más justo y más preciso.

Un dolor extremo, Sicilia,
puede purificar el corazón
como es tu caso.
Perdona estas palabras torpes, Javier hermano.
Tu dolor es nuestro, el nuestro es tuyo.
Gracias, poeta Sicilia
por el polvo del camino
por el sudor y las lágrimas
por tanto esfuerzo
por tanta fe.

La poeta Dana Gelinas y el purgatorio de todos

Todo esto es real, estallé.
¿Cómo demonios me piden
que escriba sobre cosas que no existen?
D.G.

La poeta Dana Gelinas (Monclova, Coahuila, 1962) nació y vivió junto a los resplandores y calores abrasadores de la fundidora de acero de su ciudad natal ("Altos Hornos"[1] es el título de uno de sus libros). Cobijada "Bajo un cielo de cal",[2] nombre de otro de sus libros, creció rodeada del quemante y seco paisaje del desierto del norte de México. En su universo verbal, la imagen del cielo de cal puede ser vista por el lector como referencia al cielo contaminado que cubre a este mundo destructor del medio ambiente en que vivimos; y al de la ciudad de México también, donde reside actualmente. No se diga al de su tierra, donde se acentúan la esterilidad y la desigualdad social, un lugar "que no era lo que se dice un vergel". Aunque

[1] "Altos Hornos", Editorial Praxis, 2006.
[2] "Bajo un cielo de cal", Instituto Coahuilense de Cultura / CONACULTA, 1991.

lo que importa aquí es la metáfora, la elaboración de imágenes, la transposición poética de realidades. Porque no estamos ante una escritura sociológica o política; ni se trata de un recetario para salir de la enajenación personal o resolver la crisis moral y social.

Una jacaranda sobrevive y endulza el aire de la acera. No crece una brizna de hierba. Sólo esferas de espinas que el viento rueda sobre el asbesto. Un obrero cae al tanque de metal fundido al rojo blanco. Pero tras los muros del club nada se sabe; allí y en unas cuantas casas sólo se sabe de lilas y alfombras verdes "que se chupan a diario un agua que podrían beber veinte familias". En esta atmósfera y con estas visiones iniciales, que son una radiografía descarnada de este mundo, la poeta ha forjado una obra crítica de un estado de cosas acerca del cual expresa un desacuerdo que involucra y atañe a todos; una obra en pleno desarrollo y en una franca toma de conciencia de sí misma; una obra que se bifurca en ciertos momentos hacia la percepción de la belleza inherente a las cosas y al obrar de la naturaleza, que se abre paso y está allí siempre, a pesar de todo, poderosa y radiante, entre la basura y los males del mundo.

Una obra que oscila del registro de la fealdad y la avidez, a la nobleza de la creación. El epígrafe de su primer libro de poesía, "Bajo un cielo de cal" (que es parte de su poema *Ciudad de cal*), puede situarnos con claridad en las coordenadas explicativas de esta obra y de la poética de su autora que, en el centro de la devastación y de la estupidez, disiente y ve surgir la diminuta flor de la esperanza y la fe:

> "Ahora que en esta rabia recomienzo una cosecha,
> vuelven a mí las sombras prolongadas del desierto
> y en sueños se desgrana un racimo ácido de insomnio
> y un constante por qué, como en sordina."

En este mismo tono, su poema *Jardín de madera* sitúa el inicio del mal no en el jardín del Edén sino en el jardín de madera, el arca construida por Noé, en una vertiente teñida de género con el que da comienzo la servidumbre discriminatoria a que ha sido arrojada la mujer (y que con la alusión a este mito del principio de los tiempos, luego de la destrucción del mundo por el diluvio, da un remoto origen a los feminicidios de la época actual y a la violencia de género): *...Noé cupo apenas en su asombro: / entonces nombró a su mujer, de especie a especie / zorra, puerca, víbora, perra...*; aunque, celándola del becerro, protegiéndola del cerdo, disfrazó los insultos llamándola también: "...Paloma mía, gacela, rocío de presagios, / llovizna, torrente..." (Se escucha aquí un eco insoslayable, tantos siglos después, de la manera de poetizar del ilustre ancestro de la poesía en lengua española Gonzalo de Berceo, acumulando elogios amorosos y píos a la Virgen, a la que llamó: "vid, almendra, oliva, cedro, bálsamo, pértiga en que se hubo la serpiente alzada, uva...") Hay un Edén más en este mundo que el quehacer humano ha levantado: el *Jardín de asbesto* de su libro "Poliéster",[3] en el que:

> "...los llanos parecen recubiertos de nieve.
> Una harina de cal desinfecta cada mancha de clorofila.
> Verano de asbesto, invierno de acero,
> y entre los dos, un aerosol irrespirable."

Un jardín en el que el verdor es postrado durante mil años ante el poliéster, que perdura: *...la naturaleza no importa / la vida es breve.*

Las partículas contaminantes y las perturbaciones causadas al medio ambiente, nacidas éstas del pensamiento del progreso de la técnica, que se basa a su vez en la deshumanización y la lógica del dinero, afectan a todo el mundo y no sólo a quienes laboran en la creación del acero en condiciones de explotación e inseguridad, en

[3] "Poliéster", Universidad Autónoma de Coahuila, 2009.

lugares en que *miles de obreros marcan su tarjeta al amanecer y al ocaso*, y que cuando regresan a sus casas de la periferia, *el rojo sigue en su nariz / en los pómulos / en el pabellón de las orejas / en el sudor ácido de la frente...* Gelinas deja testimonio personal de la victimización a que ella y todos nosotros estamos igualmente sometidos:

> "Las moléculas de azufre se esconden
> en el césped de mi casa,
> en mis libros, en la madera de las puertas,
> en el centro del tallo de mi cerebro.
> Allí permanece el azufre."

(Aunque, por fortuna, lo que el avasallante mundo del progreso no logró destruir todavía, unas esporádicas zonas de verdor, *una cortina de follaje, también pobló el tallo de mi cerebro*).

Y en medio de este paraíso contemporáneo, aparece la figura arquetípica de *Venus*, o *Eva*, terrible y desarmada, resistiendo el embate en la "infinita epidermis" de su naturalidad desafiante que mira a *Adán* (el Adán que somos todos), *siglos después, huidizo, inquieto, miedoso de la soledad, hablando a solas*. Esta mujer contemporánea, tal vez ideal, de la que dice Gelinas:

> "Despojada del velo,
> la mascarilla,
> y el rubor más sutil
> de virgen eterna;
> libre el cuerpo del corsé,
> la faja, [...]
> lejos la modulación
> de la voz
> y ni la sombra más diáfana
> en los párpados..."

Una herencia romántica

La inconformidad surge como nota dominante en una página tras otra de esta obra que se abre paso en una selva de signos ominosos, de realidades maquilladas por una modernidad equívoca y espuria que cubre su malignidad y destructividad proyectando la apariencia de un mundo que progresa en la dirección correcta pero que acentúa la desigualdad e injusticia y las presenta paradigmáticamente en las imágenes ilusorias del bullicio, las luces y las pasarelas de espejos de un centro comercial, *un mall muy acá*, emblemático del mundo del deseo, en el que:

> "Las hechiceras del Departamento de Belleza
> se desdoblan en pregones:
> buscan envolverme
> lámparas en mano.
> Maldicen a mis espaldas [...]
> Sin embargo, soy una feminista convencida."

Y en el club, de vuelta en el gueto del desierto, "envuelta en un mundo blanco de toallas", y en donde surgen las voces de Pavarotti y de Bono entre la lluvia constante de las regaderas, puede oírse la voz de La Dolorosa que clama desde el área de mantenimiento:

> "–Odio estar aquí;
> no dejo a mis hijos por gusto,
> necesito el Seguro Social para el mayor, por las terapias.
> Un ejército de empleadas seca cada mosaico que piso."

Pero como en cada desierto, en esta obra hay un oasis verdadero, una zona de la psique que brinda descanso y frescura, emblematizada por el agua (*la realidad es de agua / escucho agua: un aroma de agua limpia y delgadísima...*); la sombra (*adentro, en la sombra de las tiendas...*); y el quehacer de la naturaleza: el dolor del parto, el sonido prístino del llanto de la recién nacida (*y absolutamente nada ni nadie / logrará empañar la vida portentosa / del llanto de mi recién nacida*).

El desacuerdo con el mundo, ese rostro crítico de la poesía, es una herencia romántica; como lo hace hoy Gelinas, los espíritus más altos de la poesía europea del siglo XIX en las distintas lenguas pusieron en entredicho o negaron con violencia la cultura moderna. Como lo hicieron ellos con respecto a los mitos, sueños y tradiciones ancestrales, en la poesía de Gelinas hay alusiones –así sea para reseñar la infamia– a culturas originarias propias: (en Chiapas... *Los soldados piden que los indígenas / los transporten a caballo; / si no los hay, los obligan / a que los lleven cargando*) y de otras tierras (*...La India es un país muy bello, señora / a los ingleses sólo les gustan los ingleses / sin embargo, a nuestros pies crece el fango / tendremos que trabajar más todavía para conservar el suelo a nuestros pies...*). En los libros de Gelinas encontramos referencias históricas que son testimonios nuevos y frescos de páginas infames:

> "Y entonces la noche de Tlatelolco cayó
> como un edificio fracturado
> sobre sus habitantes,
> y murieron quienes deseaban un país diferente
> y quienes solamente pasaban por allí [...]
> Don Luis Echeverría Álvarez
> solo en su casa, de altísimos muros
> es exculpado por sus pares del Olimpo.
> No por nosotros, habitantes de aquella Tlatelolco."

Encontramos también relatos de realidades atroces como la venta, robo, asesinato y extirpación de órganos de niños:

“Cada hora que pasa desaparece un niño
para siempre
en Latinoamérica [...]
cuando un cirujano de Alaska
trasplanta un estómago
a un niño anoréxico
y el médico es convertido en celebridad [...]
no es difícil adivinar dónde está ese gran hospital
de medicina avanzada.
No es difícil.”

El purgatorio de todos

Bóxers no es, como podría llegar a suponerse al ver el título del libro, una alusión a “la guerra de los bóxers” ocurrida en China en 1900, ni la traducción al inglés de la palabra boxeadores; tampoco se refiere a la raza de perros así nombrada, sino que alude a la prenda masculina llamada más popularmente calzones, que Dana Gelinas encuentra en el departamento de caballeros del centro comercial. En el *mall*, esa pecera democrática que iguala a todos en la enajenación del deseo de poseer y consumir, asistimos a un recorrido por los diferentes departamentos del almacén que hace Dana Gelinas poetizando y delirando, con humor y en serio, y que narra en su libro “Boxers”[4] (Premio Nacional de Poesía Aguascalientes 2006). En ese lugar la que escribe da rienda suelta a las fantasías que le inspira la tienda departamental a través de sus sentidos del olfato y del tacto, a diferencia del mundo de los hombres que está regido básicamente por el sentido de la vista, por lo cual en el ámbito

[4] “Boxers”, Ed. Joaquín Mortiz, 2006.

masculino "son apreciadas sólo las nalgas". Ella no, dice. A ella no le interesa mirar el trasero de los hombres, *ni antebrazos con manos musculosas, ni bíceps*. Aunque, acepta,

> "Las tiendas para caballeros me erizan la piel,
> alimentan mi gusto y mi Monte de Venus;
> mi tacto se tranquiliza con las mangas de las cazadoras
> y con los cintos míticos de algunos semidioses
> que escriben las leyes
> que nos organizan a todos en dos mitades."

Bien organizadas, esas dos mitades: *las mujeres, que son de Venus; y los hombres, quién sabe.* En el Departamento de Lencería "un maduro novelista" se embolsa media docena de prendas femeninas, inconsciente o indiferente quizás al hecho de que está siendo observado mientras lo hace, y que luego, *con la pura mente, se roba el par de hipernalgas / de la mujer que urga en una isla de encaje.*

El centro comercial: un lugar simbólico y paradigmático de la vida moderna, donde muchedumbres hambrientas y sedientas de consumo dan rienda suelta a la insatisfacción de sus seis facultades sensoriales que desean ser entretenidas, miradas, admiradas y envidiadas; donde nuestras pulsiones más hondas nos llevan a ver, oír, oler, tocar, gustar, decir y pensar de modo previamente programado por otros, y nuestras tensiones y nuestras supuestas necesidades se manifiestan para ser acaso y sólo momentánea y falsamente satisfechas; un mercado, en fin, de la ilusión y la enajenación y, en este sentido, al ponerlo a la vista, con su yo por delante, de manera festiva pero no por eso menos penetrante, "Boxers" es también un texto crítico –y autocrítico:

> "...temblamos de emoción
> con el aire acondicionado de los centros comerciales."

La palabra bóxers, después de todo, con sus variados significados, está bien escogida para nombrar al libro, ya que nos permite darnos cuenta y sacar a la superficie, desde nuestro inconciente, imágenes que caracterizan la vida humana de mente no iluminada: unos deseos, una guerra, unos perros de presa y una tunda. Retrato de la psique del hombre feliz contemporáneo.

"Los trajes nuevos del emperador"[5] confirma y refuerza todo lo anterior. En este libro Dana Gelinas primero desnuda a los personajes que pueblan sus páginas y luego les confecciona vestimentas especiales que los exhiben como son. Un trazo literario penetrante y a veces humorístico, hilvanado con la libertad que dan la imaginación y el poema. Allí desfilan prendas morales transparentes que atavían el ridículo y la malignidad de famosos personajes contemporáneos que son modelo para el mundo: la hipocresía de risa musculosa de Arnold Schwarzenegger jurándole amor a su mujer mientras embaraza y no cibernéticamente a su amante; la crueldad de Margaret Tatcher (*bajo su ira, el hielo fue transfigurado en nitrógeno líquido / sobre las Islas Malvinas / cuando disparó contra un buque lancha cargado de niños / reclutados de la escuela de la noche a la mañana*); la complicidad del emperador oriental haciendo el saludo marcial ante la flota pesquera en feroz cacería tras las últimas trescientas ballenas azules; y otras escenas y anécdotas que han manchado de rubor indigno las páginas políticas y sociales nacionales e internacionales: las toallas presidenciales y el encaje muy a lo Mary Poppins de Martita Sahagún; los miles de pares de zapatos de todas las formas y colores que calzó Imelda Marcos al tiempo que entonaba canciones de amor para su pueblo filipino, etc.

¿Pero quién puede tirar la primera piedra en este mundo en el que todos compramos y vendemos y depredamos (parece que irre-

[5] "Los trajes nuevos del emperador", Ediciones Fósforo, 2011.

mediablemente) y nos engañamos unos a otros mientras pagamos para que nos diviertan y nos entretengan y matamos cetáceos y otros animales para comérnoslos y somos por todo ello de alguna manera cómplices? Freud lo dijo de otra contundente manera hace un siglo: *Vivimos en un mundo de enfermos*. Dana lo sabe y por eso recorre en su obra los círculos infernales en que hemos convertido al mundo bajo la guía de los opulentos y los influyentes, y nos muestra los diferentes estratos de la condición humana no iluminada que nos atavían –sin excluirse ella misma– y por los que atravesamos en nuestra vida cotidiana según las ocasiones y los escenarios que nos ofrece la realidad. Por eso mira con ojos compasivos, y escribe desde el "Departamento de crédito y cobranzas" de este mundo dantesco, entre el vocerío que clama en el último círculo de esas metáforas que son el centro comercial –el mercado del mundo– y nuestras prendas personales –los trajes del emperador:

> "ÚLTIMO CÍRCULO
> Oigo millones de voces
> percutiendo en el domo de un tiempo simultáneo
> bajo una mezcla de graves y agudos suspiros
> en diferentes idiomas.
> Aquí a la altura del corazón
> está el purgatorio de todos."

"Aquí a la altura del corazón" hace recordar al brujo yaqui dando enseñanzas a su aprendiz el antropólogo Carlos Castaneda: "Lo único que hay que preguntarse es si un camino tiene corazón. Si lo tiene, el camino es bueno. Si no, de nada sirve". La búsqueda de una salida del centro comercial (metáfora de la condición humana doliente y saqueadora) que se da desde el romanticismo, y en el surrealismo y las vanguardias literarias como el Estridentismo (escuela que dislocó la forma y el fondo del poema e irrumpió a saco en la idea de "obra abierta"); y que se encuentra en la "nueva poesía" de hoy, la cual hereda el impulso de la "ruptura" que se dio en la poesía mexicana al inicio de la segunda mitad del siglo XX y que está emblematizada en la obra de Marco Antonio Montes de Oca –punto de partida de nuestras generaciones poéticas–, son las vertientes en que puede verse situada esta obra que por estar en construcción (¿y qué obra no lo está?) puede causar algunas molestias a los paseantes que la visiten.

A sus páginas puede aplicárseles, por lo menos en parte, lo que el poeta neo-Estridentista y filósofo Salvador Gallardo Cabrera dice de un texto ("La cartilla extraviada") del poeta Salvador Gallardo Dávalos: "La cartilla...es un texto que mi abuelo comenzó a escribir en los años veinte; que olvidó o dejó a un lado luego, y que al fin publicó en los setenta. Se trata de un ejemplar texto Estridentista: irónico, experimental, texto que disloca las narrativas históricas canonizadas e injerta en sus carnes...nuevos sujetadores, relatos y poemas siempre truncos, siempre por rehacerse..."

Transparencia de Gabriel Zaid

Ver

"Claridad de Zaid", escribió Octavio Paz refiriéndose a la poesía de este poeta en su prólogo a la antología "Poesía en movimiento",[1] en 1966. También le dijo a él antes, en una carta que le dirigió en 1957, y que está publicada como prólogo a su libro "Seguimiento", de 1964: "Me asusta un poco, a veces, su maestría"; añadiendo que encuentra en sus poemas "evidencias de un espíritu realmente excepcional". Así que ya desde el principio Zaid era el poeta importante y también el ensayista inteligente, interesante, veraz y penetrante que es ahora. Esto último puede verse en sus escritos tempranos en prosa, de mediados de los años sesenta. Por ejemplo su texto "Poesía de los judíos españoles" de 1966, que

[1] "Poesía en movimiento" [México 1915-1966]. Selecciones y notas de Octavio Paz, Alí Chumacero, José Emilio Pacheco y Homero Aridjis. Siglo XXI editores, México, 1966.

mucho tiene que ver con nuestro lenguaje actual y con el habla de nuestros compatriotas los indígenas mexicanos según se expresan hoy en la sierra mazateca y en los campos de cultivo de California o en las cocinas de los restoranes de Nueva York. Un autor insoslayable. Un crítico atento a los asuntos que tienen que ver con la escritura, la vida pública de México, los hechos de nuestra cultura. Yo he tomado esas palabras de Paz –como he tomado tantas otras de él– como linternas para alumbrarme en el camino de una obra que es a veces tan clara y reveladora que deslumbra, que parece que no puede verse nada, que se pierde el camino porque las posibilidades que abre son múltiples y muchas veces desconocidas y comprometedoras; sucede entonces que, como dice el versículo de San Pablo ante aquel resplandor que lo tomó por sorpresa, *ni el ojo vio ni la oreja oyó*. Pero le cambió la vida. Algo de todo esto dice el verso del poema "Nubes", en que Zaid está hablándole al amor: "enséñale a la noche a ver a oscuras". A todas horas, en todas partes, *ver*. A plena luz, a plena obscuridad, *ver*. Porque todo está allí, enfrente de los ojos. Esa invitación permea su obra. Algo así parecen sugerir estos versos de su poema *Siesta anaranjada*:

"...Todo tan claro
que da miedo."

Intemperie

Claridad de su poesía (lógica de la intuición) y también de su pensamiento discursivo (lógica de la razón). Una imagen bifronte. Dos modos de ver, dos modos de ser. Eficiencia de este poeta en las dos vertientes de la escritura. Y de la vida; porque todo apunta a que hay en él una congruencia entre poesía y vida, entre las palabras y las acciones. Véase lo que se trasluce en este pasaje de su ensayo *Dinero para la cultura*, que es a la vez una definición y una invitación al lector: "Toda vida es creadora de muchas maneras, y lo mejor sería que, sobre la marcha, supiéramos convertir nuestra opresión en libertad, nuestra vida cotidiana en milagro." Conversación (una de las expresiones favoritas de Zaid) entre una obra y un lector; platico con el texto y suplo el "supiéramos convertir" por "aprendiéramos a convertir". Habla de un milagro. Creo que no se alude aquí a la metafísica o lo sobrenatural, sino a la naturalidad y lo milagroso que es estar vivo, al darse cabal cuenta de ello, agradecerlo a profundidad y actuar en consecuencia; al abrir los ojos a la magnificencia y a lo infinitamente variado e incomprensible de la creación; al esforzarse por aprender a vivir con inteligencia y a pensar con honestidad y pulcritud. *Todo tan claro / que da miedo*: que da conciencia, que prefigura e impele a una acción. Miedo que da tomar al toro por los cuernos (consecuencia de ver claro); miedo a que nos tumbe el caballo y perdamos el sentido; el miedo que se siente cuando termina el camino y hay que seguir adelante, aunque parezca cuesta arriba. El sentirse "a la intemperie". Y también el quedarse con la boca abierta ante la claridad de la revelación. Un pequeño satori.

> "Feliz quien tiene hábitos
> con qué vestir y en qué habitar,
> y no anda a la intemperie del Espíritu
> y sabe qué decir y qué pensar."
>
> ("Vuelta al trabajo")

Conversación

Toda obra escrita, toda cultura, son susceptibles de ser una conversación, un intercambio de puntos de vista. La posibilidad de coincidir o disentir. Una invitación a participar en la argumentación, a meterse en el texto. Esta idea satura los poemas y ensayos de Zaid. Su obra está profundamente arraigada en la vida, en el vivir concreto del individuo que lo lee. Es también una invitación a mejorarse uno mismo; a cambiar, a hacer las cosas bien (consecuencia de ver claro). Para eso sirve la literatura, además del gozo que pueda proporcionar. Ese meterse en el texto para reconfigurarlo puede darse de manera casi automática, como cuando uno lee "Pedro Páramo", "Farabeuf", "La muerte de Artemio Cruz" o la obra de Marco Antonio Montes de Oca; o con la ayuda y a propuesta del propio autor. Hace siete siglos el ancestro de nuestra poesía Juan Ruiz, Arcipreste de Hita, invitaba a los lectores de su "Libro de Buen Amor" a que cambiaran su poema, a que lo mejoraran. Lo dijo así, sólo pidiendo que quien quisiera enmendarlo, supiera trovar:

> "...Cualquier omne que lo oya, si bien trovar sopiere,
> mas á y añadir e enmendar, si quisiere:
> ande de mano en mano a quienquier quel' pidiere,
> como pella a las dueñas, tómelo quien podiere..."

En la segunda mitad del siglo pasado Julio Cortázar hace un experimento de participación y comunicación con su lector ofreciendo alternativas para que su novela "Rayuela" (1963) sea leída de diversas maneras, una de las cuales es dejar la lectura del libro a la mitad (y señala el número de la página), "abandonar sin remordimientos lo que sigue", capítulos que considera ya superfluos. Obras abiertas a la intervención del lector. Zaid hace algo parecido a lo que hicieron estos antecesores. En su libro "Cuestionario" (1976) él lo plantea así: "...Me atrevo a suponer que no soy el único lector que ha sentido ganas de meterle mano a unas palabras ajenas (¿y cuáles no lo son?) por simpatía, por gusto, por necesidad de lector, no por simple manoseo posesivo..." Y anima a sus lectores a la participación, a ejercer la crítica, a realizar un juego de creación colectiva; a preparar con él una nueva edición de los poemas sugiriendo exclusiones, inclusiones, reescritura: "...a modificar poemas, ya sea suprimiendo, añadiendo o cambiando palabras, espacios o signos ortográficos, en el texto o en el título..." Y así fue. Varios poemas cambiaron de lugar o fueron modificados o reemplazados por otros en la nueva edición, que se llamó "Reloj de sol". ¿En qué otra obra moderna se ha dado entre nosotros esta apertura, esta confianza en y con el lector?

Obra abierta

La capacidad del lector y su dignidad como persona implican respeto por él, como anota Ramón López Velarde, entre otros lugares, en su artículo "Literatos y mujeres" (revista *Pegaso,* 20/07/1917), y como lo afirma el propio Zaid en "Cuestionario": "Publicar es respetar a un desconocido. Abrir la puerta a no se sabe quién. Puerta –no hay que engañarse– que no conduce a la intimidad del autor, sino a la del lector; que le exige franquear, ejercer, realizar, a través de la lectura, una serie de actos que hacen más habitable su propia estancia en la realidad." La creatividad del lector es puesta a prueba en las obras contemporáneas, y no sólo las literarias. Obras que no nos llevan de la mano, que nos dejan a solas con nosotros mismos, como solos estamos y librados a nuestra capacidad y nuestra suerte al interpretar y despejar nuestro propio destino. Obras de arte abiertas que expresan, dice Umberto Eco, "la desazón de cierta situación humana."[2] Y la felicidad inexplicable, gratuita, de sólo estar allí. Como se expresa en este fragmento del poema de Zaid, "Adoración":

…"-Y viéndolo
bien, ¿somos Dios?
–¿Qué dices?
Bogar por aguas deliciosas.
Ser feliz porque eres."

[2] Umberto Eco, "Obra Abierta". Editorial Ariel, Barcelona, 2ª. ed., 1979.

Aguas soñadas, aguas que corren eternamente por el sueño. En su obra los autos salen del mar chorreando espuma, risas, desnudeces; Elías es arrebatado en un taxi, mas no vuelve para contarlo; hay teofanías, manifestaciones del Altísimo. En pocos lugares se puede leer una forma tan irónica e irreverente, tan abierta y afectuosa de hablar con Dios:

> "...Pues tú, Dios displicente, no estás hecho para el hombre.
> Igual cierras el mundo que dejas ver su hermosura.
> Has enviado el soslayo, calamidad universal
> que nos impide ser ¡y todavía te escondes!
> Vuelas a tu albedrío, no hay quien te tenga en un puño.
> ¿Nos vas llamando, acaso, para mejor estrellarnos?
> Guárdame Dios de ti, que yo de mis quimeras.
> Agua mansa, buen Dios en jaula, ¡mal te conoce quien te compra!"
>
> ("Desfiladero" –fragmento)

En referencia a la primera línea de este fragmento de poema un lector que intervenga puede exclamar: ¿pero para quién o qué sí está hecho Dios? ¿Quién puede decir algo al respecto? ¿Poner la primera piedra para fundar qué? ¿Para dotar a la Creación de sentido? La literatura no puede pretender hacerlo con certeza: esta es una de las hipótesis contemporáneas, lo que dice el arte moderno. La certidumbre o solidez de lo real se nos ha deshecho entre los dedos. Este desdibujarse de la realidad, la crónica de tal estado de cosas comenzó con la pintura impresionista y la continuó la fracturación del muro de lo real llevada a cabo por el cubismo, que cambió la estética del siglo XX. La nómina de los grandes deconstructores es ilustre y extensa e incluye los nombres de Mallarme, Kandinsky, Cage y tantos otros. La poesía puede, acaso, rozar irónicamente el tema, contemplarlo de lejos. El arte de Zaid aspira a reflejar la ininteligibilidad del mundo; de ahí la dificultad para el lector de conciliar el Caos al que asedia este poeta, con la transparencia de las palabras de su poesía, en la que intenta condensar su intuición de la "realidad" de las cosas. A sabiendas de que es imposible e insensato tratar de levantar un bastión de sentido. En su claridad está su dificultad. Todo enfrente de nuestros ojos y no podemos verlo.

"...Estaba tan borracho cuando el ángel llegó
que lo eché a perder todo
porque yo quería ver."

("Temblor" –fragmento)

Véase esto:

"Peregrino que vas
buscando ser sin más
y es el burro en que vas."

("Koan")

Y aún esto otro, todavía más claro:

"Entre vivir y pensar,
la puerta a medio cerrar.
Ver es ser de par en par."

("Claustro")

Ser

Ser de par en par es convertir nuestra vida cotidiana en milagro. Es querer ver y no ver, y entenderlo. Contradicciones aparentes y necesarias para que las resolvamos en nuestro ánimo y que dejan la obra abierta a nuestra libre interpretación, de la cual sólo se pide que sea creativa, espontánea, original, sincera. Del conflicto de ser y no ser, ver y no ver surge la poesía moderna, que lo es por estar situada al margen, en las afueras del pensamiento lógico disciplinario y depredador, en la mente no utilitaria ni usurera, en el sitial de la ironía: la mesa de disección donde se encuentran interactuando una máquina de escribir y un paraguas, imagen ya clásica carente de sentido y repleta de potencia, disparo al aire que levantó parvadas y puso en movimiento la creatividad e imaginación de la modernidad.

"Me veo en el espejo : luego existo.
Reflexiono :
Cógito :
Coito :
Cojo : luego existo."
("Ciencia maravillosa")

Este espléndido y perturbador poema fue inexplicablemente excluido en "Reloj de sol" por influencia de los lectores de "Cuestionario". Yo habría dado la pelea por él. Creo que los doctores W. B. Yeats y Jonathan Swift lo habrían celebrado también, ya que toca un tema relacionado con asuntos que ellos abordaron: la correspondencia entre las funciones genitales, anales e intelectuales; sólo que en lugar de "coger", Swift puso "excretar".[3] Una buena imagen de lo que producen, de manera natural, los seres humanos: pensamientos y excrecencias. Y el poema de Zaid, una buena muestra de poesía concreta: una sintaxis más visual que explicativa: en lo alto, la actividad intelectual, la idea de Dios, el sentimiento amoroso, etc.; en lo bajo, funciones fisiológicas. Yeats en su poema "Crazy Jane talks with the bishop"[4] (1933) dice: "…A woman can be proud and stiff / When on love intent / But Love has

[3] Una amplia exposición del tema puede verse en el libro de Norman O. Brown "Eros y Tanatos, El sentido psicoanalítico de la historia". Ed. Joaquín Mortiz, México, 1967.

[4] "The collected poems of W. B. Yeats". Macmillan, New York, 1959, fifth printing, p.254.

pitched his mansion in / The place of excrement…" Realidades corporales: una radiografía del ser humano. En su poema ideográfico "Deshoje Deshomenaje", que tiene como imagen central la forma de un cohete en posición vertical, Zaid junta las palabras "anal" y "analizar", al lado de "nalga", "luna" y "alunizar", elementos que remiten a "sublimar", y términos así mismo desestabilizadores y desmanteladores de una escenografía clásica, glamorosa y cerrada, de la poesía. Sublimación que permite al poeta poder escuchar a Dios en una flatulencia, así como puede *verlo* en las constelaciones de la Vía Láctea (fray Luis de León) o en cualquier otra cosa, como Master Eckhart en un plato de lata que relumbra, Ernesto Cardenal en una excrecencia humana o James Joyce que lo identifica con un grito en la calle. Dice Zaid:

"En medio de la fiesta, desenvainas
el desenfado de tu cuerpo.
En medio del silencio te desarma
desaforadamente un pedo.
Como si Dios hablara para darte
una extraña hermosura,
otra desnudez."

("Arma blanca")

"Ser de par en par" es ser (aprender a ser) una nueva persona. Un "hombre nuevo". En los terribles y refulgentes años sesenta del siglo pasado se hablaba ya, sobre todo en las revistas literarias independientes –y no sólo en las de nuestra lengua– de una "nueva era", un nuevo lenguaje. Una era de ruptura y reanimación de raíces inertes que habían sido redescubiertas y abonadas durante la era vanguardista y ahora daban fruto: una segunda floración. Gabriel Zaid y José Emilio Pacheco hablan de aquel tiempo con un dejo de nostalgia en la edición que prepararon de la obra póstuma de José

Carlos Becerra:[5] "...1964 fue un año decisivo para Becerra [...] comenzó a escribir *Relación de los hechos* y a publicar en las revistas de aquel breve periodo que hoy parece remoto y brillante..." –y a continuación enlistan una decena de revistas y suplementos literarios que se publicaban en aquellos años en México y que daban cuenta de las rupturas y las novedades. La época fue testigo de un cambio de pensamiento que dio como resultado una estética nueva: en el caso de la poesía un cambio de métrica, tipografía, puntuación, eliminación o inclusión de espacios entre estrofas, redistribución de acentos cuando se trata de versos regulares, etc.; otra simetría, una irregularidad que alejaba al poema de un ritmo repetitivo, de un marco o estado de cosas autoritario; que lo hacía zafarse del impuesto molde y la obligada rima para acceder al ámbito de una palabra que lo acerca al más humano (y más experimental) ritmo y tono de la conversación placentera, desenfadada, imaginativa y libre, en la que se improvisa continuamente, en la que cada paso que se da es enteramente el primero: poesía moderna.

Ruptura, reinicio

Se heredan las lecciones que deja la tradición, pero se da una vuelta de tuerca y se va más allá de ella, árbol arriba. Octavio Paz utilizó hace medio siglo las nociones de "obra abierta" y "obra cerrada" para examinar la "nueva poesía" mexicana compilada en el libro "Poesía en movimiento". De esos términos hizo derivar atinadamente el concepto "tradición de la ruptura". Un método para acercarse a la comprensión de la naturaleza de los poemas, para situarlos en el tiempo y el espacio que ocupan (de dónde vienen y qué dirección pueden hipotéticamente estar indicando hacia adelante, qué tipo de relación guardan con el ambiente general en que son escritos, qué

[5] "El otoño recorre las islas" [Obra poética 1961-1970]. Biblioteca Era, México, 1973.

herencia reciben y qué legado nos dejan, etc.); un instrumento que sigue siendo válido y útil hasta nuestros días para clasificar y analizar la poesía contemporánea. Un gran legado. La poesía de Zaid se inscribe en esta tradición de cambio, movimiento y ruptura, de la cual es heredero, protagonista y continuador. Es, en su mejor parte, obra abierta. Obra que, como la mayor parte de lo que se escribe hoy, está a la intemperie del descampado, donde no hay caminos o éstos son en el mejor caso inciertos, lo cual es reflejo de "esa desazón de cierta condición humana". Significativamente los compiladores de "Poesía en movimiento" no eligieron de este poeta ninguna de las formas fijas en que están escritas las impecables liras de su poema "Pecera con lechuga", ni sus bien hechos sonetos ni las sextetas endecasílabas de su "Fábula de Narciso y Ariadna". Optaron, claro, por poemas en que se expresa mejor el ánimo de la movilidad y la novedad, en presentaciones muy poco ortodoxas, en versos libres o tradicionales pero desarticulados en su puesta en escena (algún número de sílabas habían de tener), en la forma libre de sus planteamientos y de sus imágenes. Acaso influyó en ello lo que Octavio Paz dice de otros dos poetas ilustres en el prólogo que escribió para "Poesía en movimiento": "Las décimas de Villaurrutia y los sonetos de Pellicer entablan, dentro de su obra, un diálogo con sus otros poemas. ¿Lo entablan con nosotros?" La duda que desliza en la pregunta es la respuesta.

Pero hay otras preguntas: ¿Cuál es el sentido de que diga Paz que le asusta la maestría de Zaid? ¿Considera que el oficio que demuestra tener, su dominio de las formas fijas puede llegar a serle un obstáculo, apartarlo del don de la poesía como ocurrió con Salvador Novo, ganarlo para las huestes de lo que más tarde llamarían los artífices de "Poesía en movimiento", en la intensa polémica que sostuvieron, "el decoro" (la estética del soneto, el bien cuidado jardín de las formas regulares, etc.) en menoscabo de "la aventura" (la experimentación, la duda, la intemperie del ánimo y la forma abierta)?

El dramaturgo y educador español Antonio Gil y Zárate (1796-1861), autor de un famoso en su tiempo *Manual de Historia Literaria*, prevenía ya a mediados del XIX acerca de lo que Zaid escribe sobre el prólogo de Paz a "Poesía en movimiento", en su artículo de 1967, "Recuento de un año antológico", reproducido luego en "Leer poesía" (Random House Mondadori, 2008): "... Acuñar el concepto "tradición de la ruptura", ¿no alentará una parda "poesía revolucionaria institucional"? La sana y renovadora oposición al academismo formalista que estaba en el poder hace treinta años, no tiene el mismo sentido ahora que, con Octavio Paz, la revolución se ha hecho gobierno". Por su parte Gil y Zárate advertía en su *Manual*: "El verso libre... es sólo para poetas eminentes... ya que ninguna otra clase de verso presenta más dificultades".

Formas: prendas

Verso libre o cautivo, forma cerrada, abierta o entreabierta: intentos, prendas en busca de la palabra que refleje todo lo justo, pertinente, hermoso o profundo; que deje mirar, oír o al menos presentir lo informe del mundo (la no-forma) que es de suyo inapresable e incomunicable; aquella que nos permita abarcar la eternidad en que estamos inmersos, así como comprender y aceptar la temporalidad en que nos movemos y ante la cual adquirimos una responsabilidad y una misión por el hecho de estar vivos.

Y la labor de los poetas: ayudar a depurar el idioma, esforzarse al máximo por escribir bien lo que se escribe, hacer de la propia obra, modesta o vasta y ambiciosa, no importa, una obra impecable de honestidad moral, artística e intelectual. ¿Es mucho anhelar? La obra de Zaid en prosa y en verso apunta en esa dirección, ha mostrado ese empeño a lo largo de toda una vida.

Acerca del significado, el poeta Shiki Masaoka (1867-1902),[6] uno de los más brillantes impugnadores y herederos de Matsúo Basho, dice: "Sólo un tonto pregunta lo que un poema significa; lo que cuenta es la carga que trae, el efecto que produce." Por su parte el poeta y crítico Junzaburo Nishiwaki (1894-1974),[7] autor de libros de teoría poética, entre otros *Teoría de la literatura surrealista* (1930) y *Literatura inglesa contemporánea* (1934), traductor así mismo de *The waste land* de T. S. Eliot, y figura que ha ejercido una gran influencia entre los poetas japoneses de la posguerra, escribió: "Lo que define a la literatura no es el contenido del pensamiento sino el método de producir un pensamiento… la elaboración del aparato de aberturas por medio de las cuales se ve al otro lado del poema lo que llamamos *eternidad*; aparato que resulta más eficaz si no tiene sentido."

Gabriel Zaid con economía de medios lo describe como un presentimiento de algo que no acaba de decirse o mostrarse, pero que ha estado allí a la vista o al oído como una aurora desde el principio. Véase su poema "Alba de proa":

"Navegar,
navegar.
Ir es encontrar.
Todo ha nacido a ver.
Todo está por llegar.
Todo está por romper
a cantar."

[6] "An introduction to haiku. An anthology of poems and poets from Basho to Shiki". Harold G. Henderson, Doubleday, 1958.

[7] Citado en "Un rebaño bajo el sol. Poesía japonesa moderna". Trad. Átsuko Tanabe, Universidad Autónoma Metropolitana, México, 1988.

Formas, prendas: anzuelos o garfios de niebla para atrapar al lector y arrastrarlo (si se deja) a las profundidades insondables de la poesía. Véase este fragmento del poema "Campo nudista":

> "...Otra cosa, otra cosa buscamos.
> No se deja domesticar.
> Nos provoca y se esconde.
> Libertad: libertad."

Y su poema "Pastoral":

> "Una tarde con árboles,
> callada y encendida.
> Las cosas su silencio
> Llevan como su esquila.
> Tienen sombra: la aceptan.
> Tienen nombre: lo olvidan."

*

Algunos poetas de nuestra lengua. Siglos XII *al* XXI se terminó de imprimir el 15 de febrero de 2017, en los talleres de Ediciones Verbolibre, S.A. de C.V., 1o. de mayo núm. 161-A, Col. Santa Anita, Deleg. Iztacalco, México, D.F., C.P. 08300. Tel.: 3182-0035. <edicionesverbolibre@gmail.com>. La edición consta de 1,000 ejemplares.

Made in United States
North Haven, CT
10 November 2026

22084231R00229